루돌프 코는
정말 놀라운 코

루돌프 코는 정말 놀라운 코

"자폐스펙트럼, 소통하지 못하는 특별함에 대하여"

고윤주 지음

궁리
KungRee

지금까지 루돌프연구소를 다녀간

모든 어린이와 어른을 생각하며 이 책을 씁니다.

•

루돌프 사슴코는 매우 반짝이는 코

만일 네가 봤다면 불붙는다 했겠지

다른 모든 사슴들 놀려대며 웃었네

가엾은 저 루돌프 외톨이가 되었네

안개 낀 성탄절날 산타 말하길

루돌프 코가 밝으니 썰매를 끌어주렴

그 후론 사슴들이 그를 매우 사랑했네

루돌프 사슴코는 길이길이 기억되리

– <루돌프 사슴코> 노랫말

서문

초등학교 3학년 때 루돌프연구소를 찾아와 사회성 치료를 받았던 연우가 대학생이 돼 다시 찾아왔다. 연우가 처음 루돌프연구소에 왔을 때는 사람들에게 겁먹은 듯 위축된 모습이었다. 친절하게 말을 거는 사람보다는 그저 무심하게 대하는 사람들을 더 편안해했다. 그 당시 연우는 학교에서 아이들과 어울리지 못했고 따돌림을 당한다고 했다. 자폐적인 아이들 중에 부정적인 사회 경험을 많이 한 아이들이 그렇듯이 연우도 사람들을 두려워했다. 또래에 비해 언어 발달이 늦었던 연우는 만 4세부터 언어 치료를 받았다. 서울의 전철역 이름을 머릿속에 모두 꿰고 있었지만, 말이 어눌하고 검사 상황에 신속하게 대응하지 못하는 아이들이 대부분 그렇듯 연우는 지능검사 점수도 또래의 평균보다 낮았다. 소리에도 민감한 아이였는지 당시 검사 자료를 다시 자세히 읽어보니 밖에서 작은 소음만 들려도 "안 시끄러운 건물(에서) 좀 살아요"라는 말을 몇 번이나 했다고 기록돼 있다.

연우가 찾아왔던 2006년은 루돌프연구소가 문을 연 지 채 1년이 안 된 시기였고 루돌프연구소가 공동 주관한 '자폐스펙트럼 장애 유병률 국제 공동 연구'가 시작된 초기였다. 국내뿐 아니라 국외에서도 '자폐스펙트럼'이라는 용어는 낯선 단어였다. 당시 국내 전문가들이 가장 많이 참고하던 『정신 장애 진단 및 통계 편람DSM: Diagnostic and Statistical Manual of Mental Disorder』 4판[1]에는 '자폐 장애' 유병률이 1만 명 중 2~5명으로 나와 있다. 그보다 넓은 범위의 용어로, 경미한 증상의 자폐적인 사람들까지도 포함하는 '자폐스펙트럼 장애'라는 용어는 당시 진단기준서에 나와 있지 않았다. 의료진들이나 연구자들도 어느 선까지 자폐 관련 진단을 해야 할지 확신하지 못했으며, 통념보다는 훨씬 많은 사람들이 자폐적인 장애를 가지고 있다고 막연하게 생각할 때였다.

2011년 우리 국제 공동 연구팀이 수행한 유병률 역학 연구Epidemiological Study에서 '100명 중 2.64명이 자폐스펙트럼 장애를 가지고 있다'는 결과를 담은 논문이 《미국정신과학회지》에 발표되자 전 세계가 놀랐다. 전 세계가 놀라다니 좀 과장된 표현 아닐까 생각할 수도 있을 것이다. 실제로 우리 논문이 《미국정신과학회지》에 발표된 날부터 거의 일주일을 공동 연구 책임자였던 당시 예일대학의 김영신 교수는 미국 언론과 인터뷰하느라 정신없이 보냈고, 한국 측 연구 책임자인 나도 국내의 주요 일간지는 물론 CNN TV와도 인터뷰를 했다. 그렇게 주목받은 결과였는지 그해 연말에는 《네이처》 학술지의 편집진이 각 분야별로 하나씩 선정하는 2011년 '올해의 연구' 중 하나로 소개되기도 했다. 그때부터 자폐스펙트럼은 새로운 지평이 열리기 시작했다.

자폐스펙트럼 장애에 대한 연구 결과를 국제 사회에서 인정받기 위해서는 자폐스펙트럼 장애에 관한 특정 진단 검사 도구를 사용해서 연구를 진행해야만 한다. ADI-R(자폐 진단을 위한 부모 인터뷰 검사)[2]과 ADOS (자폐 진단을 위한 피검사자 관찰 검사)[3]라는 자폐스펙트럼 장애 진단 검사 도구인데 엄격한 트레이닝을 받은 후 이 진단 검사 도구들을 사용할 수 있는 자격을 얻어야만 연구를 시작할 수 있다. 그 당시에는 미국을 비롯하여 전 세계 단 몇 곳에서만 트레이닝을 받을 수 있었고, 자격을 얻기 위해서는 시간과 비용이 많이 들었다. 2008년 런던에서 열린 자폐학회(IMFAR)에서는 ADI-R과 ADOS 검사 도구 관계자들에게 질문을 하는 자리가, 주최 측의 의도와는 달리 검사 트레이닝 과정에 대한 어려움을 성토하는 자리로 바뀌었을 정도다.

　나도 그런 과정을 거쳐서 자폐스펙트럼 장애 진단 검사를 실시할 수 있는 자격을 얻었다. 검사를 실시하는 과정도 쉽지 않다. 2가지 검사를 다 완수하는 데 평균 3시간 정도가 걸린다. 때로는 더 길어지기도 한다. 검사의 일부인 ADOS는 검사자가 피검사자와 함께 1시간가량 놀이나 이야기를 하면서 행동을 직접 관찰하는 검사이며, ADI-R은 양육자 인터뷰로 진행되는데 어린 시절을 쭉 회상하면서 같이 이야기를 하다가 아이를 키운 과정이 너무 서러워서 우는 어머니가 드물지 않다. 검사 중간 중간에 부모로서 이해가 되지 않았던 아이의 특이한 행동에 대해 이유를 설명하거나 때로는 아이의 문제 행동을 중단시키고 적응적인 행동을 교육하는 방법을 알려주면서 시간이 더 길어지기도 한다.

한번은 국립 특수학교인 경진학교에서 맞벌이 부모 대신 손주를 키운 외할머니와 검사를 진행한 적이 있다. 아이가 초등학교 3학년이 된 그 당시까지 할머니는 손주가 선천적인 장애인 자폐 장애를 가지고 있다는 사실을 모르고 살아왔다. 첫돌 때까지 똘똘하고 귀엽던 아기가 점점 이상한 행동을 하면서 장애 증상들을 보이기 시작하자 할머니는 자신이 잘 못 키워서 그렇게 됐다고 생각했다. 잠시 안 보는 사이 아기가 침대에서 떨어져 머리를 부딪힌 일 때문인가 자책도 했다. 아이가 이유 없이 너무 심하게 떼를 써서 엉덩이를 때리고 크게 혼냈던 일도 마음에서 지워지지 않았다. 할머니는 10년도 넘게 자신이 무엇을 잘못했을까 고민하면서 아이를 키우고 있었다. 경진학교는 자폐 전문 특수학교인데도 자폐 장애 진단이 아닌 '지적 장애'나 '반응성 애착 장애' 같은 진단으로 입학한 아이들도 많았다. 당시 한 선생님은 경진학교에 다니는 아이들의 반 정도가 자폐 진단을 가지고 있다고 했다. 할머니와 2시간 정도 인터뷰를 마치고, "할머니 손주는 선천적으로 자폐 장애를 가지고 태어났어요. 할머니가 잘 못 키워서 장애가 생긴 것이 아니에요"라고 말하자, 할머니는 그 자리에서 눈물을 하염없이 닦았다. 그동안 너무나 무거운 짐을 지고 살아온 것이다.

　전문가들이 사람들과 어울리지 못하는 아이들에게 자폐 장애보다는 '반응성 애착 장애' 진단을 하는 경우가 흔했다. 반응성 애착 장애는 학대를 당하거나 방임돼 건전한 인간관계를 맺는 방법을 배우지 못한 아이들이 받는 진단이다. 놀라운 것은 엄마들이 자폐 장애보다는 부모의 양육 과정과 방식을 탓하는 반응성 애착 장애를 더 선호하는 경우가 드물지 않았다는 점이다. 그 엄마들은 자신들이 노력해 사랑을 주면 아이가 정상적으로 되돌아올 것으로 믿고 싶은 것이 아닐까. 자폐스펙트럼 장애 진단과 함께 아이의 기이한 행동에 대해 충분한 설명을 다 듣고 나서도 다른 기관에 가서 내 진단이 틀렸다는 말을 듣고 싶어하는 부모도 적지 않았다. 어떤 부모들은 자폐스펙트럼 장애 진단을 사형선고 정도로 생각하기도 했고, 어떤 부모들은 자녀의 진단을 감추기 위해 루돌프연구소에 왔던 사실을 비밀로 했다.

루돌프연구소를 설립한 지 15년이 되는 지금은 자폐스펙트럼 장애라는 용어가 예전에 비해 사람들 입에 쉽게 오르내리고 있다. 어느 정도로 달라졌냐면 검사 결과를 바로 말하지 못하고 부모의 충격을 어떻게 덜어줄까 생각하고 있는 내게 "우리 아이 자폐스펙트럼 맞죠? 그럼 장애 등록을 해야 하나요?", "장애 등록을 해야 치료 지원을 받을 수 있어서 진단을 받으러 왔어요", "아무래도 군대 가서 적응하기 힘들 것 같아 어릴 때 미리 장애 등록을 받을 생각이에요"라고도 한다.

연우는 대학에 입학했고 군 입대를 앞두고 신검을 준비하기 위해서 루돌프연구소를 다시 찾아온 것이다. 15년 전 당시 루돌프연구소를 찾아오는 일반적인 부모들과는 달리 연우 부모는 검사 결과를 바로 받아들였다. 모든 것을 인정하고 자신들의 감정을 신경쓰기보다는 아이만을 생각하여 치료에 몰두했던 것으로 기억하고 있다. 연우는 광명 집에서 서울 루돌프연구소까지 매주 그룹 치료로 진행되는 사회성 발달 프로그램에 참여하기 위해 아빠와 함께 왔다. 연우 부모는 사회성을 높여주는 동시에 연우가 뭔가 잘하는 것을 하나 집중해서 키워주자는 생각을 했다. 자폐적인 아이에게는 자신만의 특별한 능력이 있을 것이라는 믿음이 있었다.

연우가 소리에 민감하고 목청이 좋아서 목관악기를 하면 잘할 수 있지 않을까 하는 생각에서 플루트를 선택했다. 어린 연우가 악기에 소질이 있다는 생각은 있었지만 플루트를 얼마나 잘할지 그리고 음악인으로서 성공할지는 확신할 수 없었다. 친구가 없는 연우는 누구보다 플루트에 매달렸다. 예술 중고등학교를 우수하게 졸업했고 관련 분야에서 명문으로 꼽히는 대학으로 진학했다. 친구 대신 자신만의 악기를 삶의 동반자로 얻은 연우는 대학에서도 뛰어난 능력을 발휘하고 있다. 군 입대 신검에서 중요한 의료 자료인 성인용 자폐스펙트럼 장애 진단 검사를 진행하는 도중에 연우는 여전히 쑥스러워하며 나한테 어눌하게 말했다. "(루돌프연구소에 왔던) 처음엔 어색하니까 말을 제대로 못했는데, 치료를 못했다면 (지금도 여전히) 말을 제대로 못했을 것 같아요." 연우는 진심으로 내게 감사의 마음을 표현하며 나와 소통하고 있었다. 앞으로 연우가 한 명의 음악가로 어떤 삶을 펼쳐 나갈지 기대된다.

음악 분야에서 특별한 능력을 발휘했거나 발휘하고 있는 작곡가나 연주가, 피아노 조율사 중에 주변을 괴롭히거나 주변으로부터 괴롭힘을 당하는 '괴팍한 사람들' 대부분은 자폐스펙트럼 장애를 가지고 있을 것으로 추정된다. 지금은 자폐스펙트럼 장애란 진단명으로 흡수된 '아스퍼거증후군'의 어원인 한스 아스퍼거Hans Asperger(1906~1980) 박사는 이런 특별한 능력과 정신발달 장애는 떼려야 뗄 수 없는 관계라는 것을 이미 1940년대에 논문으로 발표한 바 있다. 아스퍼거가 논문을 발표한 지 70년이 넘는 세월이 흐른 오늘날에도 자폐스펙트럼 장애는 여전히 대부분의 사람들에게 낯설다.

100명 중 2, 3명이면 사회생활을 하면서 종종 만날 수 있는 숫자다. 어른인데도 주변에서 '어린아이 같다'라는 말을 듣거나, 눈치가 너무 없어서 '4차원' 또는 엉뚱한 말로 주변을 썰렁하게 하거나 빵 터지게 해서 '사오정'이라는 별명으로 불리기도 한다. 나이에 맞지 않게 철없는 생각과 행동을 해서 가정, 직장, 결혼식, 장례식 등에서 상황을 황당하게 만들기도 한다. 남에게 폐를 끼치지 않겠다는 생각으로 너무 고지식하게 처신하거나, 정반대로 이기적인 까칠함으로 주위 사람들을 항상 불편하게 만들기도 한다. 나이보다 너무 순진하고 어리숙하거나, 대화의 맥락을 이해 못해 동문서답하는 사람들, 눈맞춤을 잘 못하거나, 하이 톤의 목소리로 말하거나, '몸치' 또는 '길치'라는 말을 듣는 사람들, 군대생활에서 '고문관'으로 불리는 사람들은 자폐스펙트럼 장애를 가지고 있을 가능성이 높다. 사람들과 이런 이야기를 하면서, "혹시 주변에 이런 사람 없어요" 하면 대부분 "아, 누가 생각나요"라는 말을 들을 수 있다. 그 사람은 친구나 직장 동료일 수도 있고, 우리의 가족일 수도 있고, 어쩌면 나 자신일 수도 있다.

영국의 정신과 의사인 피츠제럴드Michael Fitzgerald와 오브라이언 Brendan O'Brien이 함께 쓴 『천재들의 유전자Genius Genes』[4]라는 책이 있다. 다윈, 뉴턴, 아인슈타인, 테슬라 같은 과학자들, 그리고 토마스 제퍼슨이나 샤를 드골 같은 정치인들의 '특별한 능력과 괴팍함'을 다루고 있는데, 모두 자폐스펙트럼 장애를 가지고 있었을 것으로 추정되는 역사적 인물들이다. 인터넷에서 검색해보면, 스티브 잡스 같은 IT 전문가, 그리고 모차르트나 화가 앤디 워홀, 영화감독 팀 버튼과 같은 예술가들이 자폐스펙트럼 장애를 가진 걸로 알려져 있다. 미국 항공우주국NASA은 자폐적인 천재들의 집합소란 유머가 사실은 유머가 아니다. 이 사람들을 내가 직접 만나보지 않았으니 정확하게 말할 수는 없지만, 내가 직접 만났던 서울대, 포항공대, 카이스트 교수들 그리고 많은 전문가들 집단에서 이렇게 특별한 사람들을 쉽게 찾아낼 수 있었다. 이 사람들의 공통점은, 소통을 잘 못하고 사회적 교류가 어설프지만 특별한 창의성과 능력을 가진 것이다.

나는 이 책에서 내가 만나본 특별한 사람들, 심지어 기이할 수도 있는 아이디어와 열정을 가진 어린이와 어른에 대해 이야기하려고 한다. 자폐스펙트럼 장애를 가지고 있는 사람들, 그들과 생활하는 가족, 함께 우정을 나누는 친구들, 그리고 협력해야 하는 동료들이 자폐스펙트럼 장애를 편견 없이 이해하는 데 조금이라도 도움이 되기를 바라는 마음에서, 내가 지난 15년 동안 루돌프연구소에서 보고 직접 들은 것들을 지금부터 하나하나 풀어놓으려 한다.

차례

🌿

서문   ‥9

1장

자폐스펙트럼 장애라는 진단명이 세상에 나오기까지

1・독특한 아이들   ‥25

2・두 명의 선구자   ‥30

3・의혹: 환상과 환각으로 가득 찬 자폐의 세상   ‥39

4・과학적 연구 결과, 그리고 아무것도 없었다   ‥45

5・새로운 국면   ‥52

2장

어떤 사람이 자폐적인가?

1・정신 장애 진단은 질병 진단과 다르지 않다   ‥57

2・소통과 교류가 어려운 아이들   ‥62

3・남다른 행동과 특이한 취미   ‥119

4・진단을 받는다는 것은   ‥160

3장

자폐스펙트럼 장애 유병률 100명 중 2.64명

1 · 한 번 하면 다시 하지 않는다는 역학 연구 ·· 181
2 · 세상에는 자폐적인 사람들이 얼마나 있을까 ·· 202

4장

소통 못하는 특별함

1 · 냉정한 엄마? ·· 209
2 · 자폐적 유전자 ·· 213
3 · 소통 못하는 뇌 ·· 217

5장

너무나 다양해서 자폐스펙트럼

1 · 자폐스펙트럼 장애와 함께 오는 합병증 ·· 237
2 · 자폐적 지능 ·· 255

3 · 사춘기 ·· 268

4 · 성격의 두 축 ·· 273

5 · 씩씩한 엄마들 ·· 287

6 · 맞춤 교육 프로젝트 ·· 295

7 · 온타리오에서 온 편지 ·· 311

6장

자폐스펙트럼 장애, 어디까지 진단해야 하나?

1 · 자폐라는 퍼즐을 완성하기 위한 스펙트럼 조각들 ·· 321

2 · 어른으로 성장한 자폐적인 아이들 ·· 325

에필로그 ·· 347

참고문헌 ·· 357

찾아보기 ·· 363

1장

자폐스펙트럼 장애라는
진단명이 세상에 나오기까지

2004년 여름의 일이다. 성난 목소리의 질문들이 상담실 안에서 이어지고 있었다.

"아스퍼거증후군이 처음 알려진 게 언젭니까?"

"1944년 한스 아스퍼거가 독일어 학술지에 처음으로 이러한 증상을 가진 아이들을 보고했습니다."

"도대체 그 아스퍼거인지 뭔지의 원인은 뭡니까?"

"아직 정확히 알려지지 않았습니다. 그러나 환경적인 영향에 의한 것이라기보다는 선천적으로 사회성 발달과 관련된 뇌의 기능에 문제가 있는 것으로 보고되고 있습니다."

"아니, 원인도 모르면서 무슨 진단을 하고 치료를 한단 말이지?"

"우리는 많은 병의 원인을 모르지만 치료하고 또 치료 받고 있습니다. 예를 들면, 암의 원인도 아직 명확하게 규명되지 않았습니다. 그러나 원인을 모른다고 해서 치료를 포기하지는 않습니다."

"…"

"아무튼 시간 낭비 돈 낭비하고, 세 살밖에 안 된 멀쩡한 애를 검사니 뭐니 해서 장애아로 만들었군."

민영이 아빠가 문을 쾅 닫고 나가자 보고서와 검사 자료들이 책상 위에서 흩어져 떨어졌다. 남편 옆에 앉아 있던 민영이 엄마는 눈시울이 붉어진 채로 아이의 미래에 대한 걱정과 함께 남편의 무례함이 민망해서 어찌할 바를 모르고 있었다.

이상은 내가 연세대학교 부설 상담센터에서 아이들을 만나기 시작한 초기에 생애 처음으로 아스퍼거증후군을 가진 아이의 검사 결과를 부모에게 보고했던 장면이다. 대학교수인 민영이 아빠는 나를 논문 심사 받는 학생 대하듯 꼬치꼬치 캐묻고 나서도 분을 못 이겨 엄청나게 화를 내고 나갔다. 상담이 끝나고 나서 민영이는 내가 의뢰해준 대학 병원에서 아스퍼거증후군 확진을 받았다.

한참 후에 만나게 된 민영이의 주치의는 내게 민영이의 근황을 전하면서 아스퍼거증후군을 가진 아이들의 아빠들이 아스퍼거증후군을 가지고 있는 경우가 아주 흔하다는 이야기도 덧붙였다. 주변 사람을 전혀 생각하지 않고 함부로 고래고래 소리를 지르던 민영이 아빠가 떠올랐다. 그때는 깨닫지 못했지만 민영이는 내 앞길을 정해준 이정표였다. 당시는 지금과 비교할 때 국내에서 아스퍼거증후군 진단을 받는 아이들이 매우 적었는데, 민영이 일을 경험한 다음부터 나는 아스퍼거증후군에 특별한 관심을 갖기 시작했다. 아스퍼거증후군은 자폐적이지만 말을 잘 하고 지능도 평균 이상인 아이들이 받는 진단이며 2013년 이후에는 '자폐스펙트럼 장애'에 흡수되고 사라진 진단명이다.

1

독특한 아이들

　민영이는 만 3세 남자아이였다. 포동포동하고 귀여운 얼굴의 민영이는 말도 여자아이처럼 아주 예쁘고 귀엽게 했다. 자세히 들어보면, 작은 목소리의 단조롭고 높은 톤을 가진 다소 독특한 말투였다. 당시 민영이는 유치원에서 다른 학부모들에 의해 쫓겨날 상황에 처해 있었다. 민영이는 좋아하는 아이를 보면 달려가서 그 아이의 얼굴을 두 손으로 마구 만졌다. 좋아서 같이 놀자고 하는 표현이었는데 상대방 아이의 엄마 눈에는 자기 아이를 괴롭히는 모습으로 보였다. 민영이 엄마는 그런 행동을 하지 못하도록 민영이를 타이르기도 하고 야단치기도 했다. 그러나 착하게만 보이는 민영이는 다음 날 또 다시 자기가 좋아하는 아이를 보면 달려가서 얼굴을 마구 비비고 만졌다. 그것은 민영이만의 애정 표현 방식이었다.

　이런 행동뿐 아니라 민영이는 남들이 이해하기 어려운 특별함을 보였다. 그 나이의 아이치고는 놀라울 정도로 공룡에 대해 많이 알고 있었다. 공룡의 학명은 물론 생김새까지 줄줄이 꿰고 있었다. 반면에 손힘은 아주 약해서 젓가락질이나 손으로 무언가를 만드는 활동을 거의 하지 못했다. 검사 후 내가 악수를 하며 민영이 손을 잡았을 때 마치 의식을 잃은 아이의 손을 잡은 듯 힘이 하나도 느껴지지 않았다. 유치원 선생님은 민영이에게 대단한 문제가 있다고 생각하지는 않았지만, 아무리 주의를 주어도 반복해서 다른 아이들을 만지는 행동을 멈추는 방법을 알고 싶어했다.

당시 대학 부속 어린이 상담기관이 드문 시절이어서 그랬는지, 민영이처럼 심각하게 보이지는 않지만 한두 가지 이상한 행동들로 눈길을 끄는 유아들, 그리고 아이들의 놀림이나 선생님의 화를 돋우는 행동을 반복적으로 하는 초등학생들을 데리고 엄마들이 찾아왔다. 그중 일부는 소아정신과 병원에서 진료를 받았던 아이들도 있었는데, 딱히 심각한 문제가 없어 보이니 엄마들이 예민하게 행동하지 말고 부모 교육을 받고 아이를 잘 교육하라는 식의 이야기를 듣고 왔다.

이런 독특한 아이들은 대부분 특이한 관심사가 있었다. 자동차 '박사'이거나, 동식물에 대한 지식이 거의 백과사전 수준이거나, 공룡의 긴 학명을 줄줄이 외우고 있었다. 어떤 아이는 지하철 노선도를 머리에 갖고 있는 것처럼 모든 지하철역 이름을 외우고 있었다. 가르치지 않았는데 숫자나 영어 알파벳을 두루 꿰고 있거나, 『마법천자문』 만화책을 달달 외워서 많은 한자를 알고 있는 유치원생도 있었다. 말보다 글을 더 먼저 읽기 시작하는 아이도 있었는데, 이런 아이들은 주변의 권유로 영재교육센터에 가서 검사를 받은 경험도 있었다. 지능이 영재 수준으로 높은 아이도 있었지만 지능검사 점수가 생각보다 무척 낮아 놀라서 오는 경우도 있었다.

자기 아이들이 지식이 많아서 걱정된다고 상담을 하러 오는 부모는 없다. 이렇게 똑똑하게 보이는 아이들이 사회생활을 너무 못하기 때문에 상담하러 찾아온 것이다. 그 아이들은 민영이처럼 아이들과 놀고 싶은데 방법을 잘 몰라서 문제가 생긴 것이다. 눈치 있게 끼어들지 못하고 얼쩡거리면서 방해하다가 밀려나거나, 친구들에게 반갑다고 만지고 안고 뽀뽀까지 해서 딸 가진 엄마 아빠들을 흥분하게 하거나, 안 놀아준다고 꼬집거나 물어서 수시로 원장실에 격리되었다. 초등학교에 입학해서는 그런 행동들이 훨씬 빨리 드러났다. 입학식 하는 날부터 자신의 지식을 과시해서 다른 학부모들을 놀라게 한 반면, 줄서기나 기다리기는 못했다. 자신이 원하는 것은 줄서기가 아니라 무조건 일등으로 하는 것이라 줄을 설 수 없었던 것이다. 선생님이 무슨 말만 하면 "그건 틀렸어요"라고 끼어들어서 미운 털이 박히고, 다른 아이들은 과제를 다 마치고 다음 수업을 준비하는데 혼자 딴짓을 하고 있어서 화를 키웠다.

엄마들이 자기 아이들 때문에 자존심이 상하면 상담실을 찾아오는 시기가 더 빨라진다. 그런 아이들은 대부분 선생님이나 다른 아이들의 말귀를 못 알아듣고 엉뚱한 행동을 하거나 눈치 없이 행동해서 웃음거리가 된다. 그런데 정작 본인은 주변이 즐거워하는 모습을 보고 자신이 인기 있다고 생각하여 유사한 행동을 반복한다. 이런 행동들이 정신적 장애라는 생각은 전혀 안 하기 때문에 병원까지 갈 생각은 안 하지만 상담은 받아봐야겠다는 생각이 드는 것이다. 학교 수업을 마칠 시간에 다른 학부모들과 함께 기다리고 있는데 다른 아이들보다 먼저 달려 나오면서 큰 소리로 말한다. "엄마, 나 받아쓰기 65점이래, 내 짝은 90점이고, 내가 우리 반에서 34등이래." 엄마는 내 아이가 아닌 척하고 싶은데 주변 엄마들은 위로랍시고 한마디 한다. "아이가 참 솔직하고 밝으네요, 너무 귀여워요." 상담 온 몇몇 엄마들은 "우리 아이는 창피한 게 뭔지 전혀 몰라요"라며 분통을 터뜨리곤 했다.

대기실에서 기다릴 때도 관심을 끌었다. 아직 4세가 안 된 윤재는 소파에 앉기 전에 책꽂이에 눈길을 돌렸다. 그 나이 아이들이 좋아하는 그림책이나 동화책이 아니라 NASA의 우주 발사 프로젝트라는 표지의 《과학동아》를 꺼내들고 앉았다. 우주과학 전문용어들을 중얼거리면서 과학 잡지책에 몰입하고 있었다. 형우는 마치 중요한 미션을 받은 아이처럼 대기실 바닥에 도미노를 세우고 있었다. 도미노는 하나만 쓰러져도 다 넘어지기 때문에 상담실 직원들은 극도로 조심해서 움직여야 했는데, 아이는 아랑곳하지 않고 한 시간 이상 도미노에 몰입하고 있었다. 바닥 한가득 도미노가 가득 찰 때까지 도미노 세우기 미션은 중단될 수 없어서 상담이 끝난 엄마는 한쪽에서 인내하면서 기다리고 있었다. 준서는 대기실 한 귀퉁이에 놓여 있는 작은 칠판에 암호처럼 보이는 작은 숫자를 빼곡히 쓰고 있었는데 무슨 숫자를 쓰는지는 끝까지 말해주지 않았다.

루돌프연구소를 설립하고 '자폐스펙트럼 장애 유병률 국제 공동연구'가 시작되면서 대학 상담실을 떠나기 직전 마지막으로 만났던 소연이는 두 돌이 채 안 된 아기였다. '엄마'라는 말을 하기는커녕 잘 걷지도 못했다. 주로 앉아 있거나 누워서 뒹굴었다. 엄마 아빠를 포함하여 사람들을 전혀 쳐다보지 않았고, 이름을 불러도 반응을 하지 않았다. 엄마 아빠가 모두 40대 정도였던 것으로 기억한다. 소연이를 바닥의 큰 담요 위에 내려놓고 엄마랑 내가 함께 놀아보았는데, 어떤 장난감을 보여주어도 소연이가 전혀 반응을 하지 않았다. 낯선 상황이 싫어서 그랬는지 어느 순간 갑자기 바닥에 머리를 '쿵쿵' 박기 시작했다. 모두가 당황했다. 엄마가 안아 올리자 온 힘을 다해 뒤로 넘어가면서 다시 바닥에 뒤통수를 '쿵' 하고 박았다.

소연이는 운동 발달과 언어 발달 등의 초기 발달이 모두 지연되고 있었다. 눈맞춤이 안 되고, 표정 변화가 없었으며, 이름을 불러도 반응을 하지 않았고, 원하는 것을 가리키는 행동 등의 간단한 소통 수단도 사용하지 않았다. 상담실에서는 관찰되지 않았으나, 기어가서 선풍기나 드럼 세탁기와 같은 가전제품이 돌아가는 것을 보거나 비상등 같은 빨간 불을 보면 하염없이 보고 있다고 했다. 소연이가 몰입하고 있는 행동을 중단시키면 검사 과정에서 보였던 것처럼 머리를 박는다고 했다. 소연이는 소통과 사회적 교류를 전혀 못하며, 특이한 관심사와 상동행동(틀에 박힌 패턴화된 행동)을 보이고 있었다. 소연이는 짧은 시간 동안 그 당시의 자폐 장애 진단 기준 3가지를 모두 보여줬다.

2

두 명의 선구자

1943년 레오 캐너Leo Kanner(1894~1981)가 미국에서 자폐증에 관한 논문을 학계 최초로 발표했고, 같은 해에 한스 아스퍼거 역시 학계 최초로 아스퍼거증후군을 가진 아이들에 대한 논문을 독일어 학술지에 제출해서 이듬해 1944년에 출판했다. 매우 근접한 시기에 서로 다른 대륙에서 일했던 두 정신과 의사가 자폐 장애를 가진 아이들에 관한 논문을 각각 독자적으로 발표한 것이다.

레오 캐너

자폐 장애에 대해 이야기할 때 가장 먼저 언급하게 되는 사람은 레오 캐너다. 캐너 박사는 1894년, 지금은 우크라이나에 속하지만 오스트리아-헝가리의 지배를 받던 클레코토우에서 태어났다. 12세 때 독일 베를린에 있는 숙부의 집으로 보내져 그곳에서 성장하고 베를린

의대에서 공부했다. 1차 세계대전에서 패배한 독일을 떠나 미국으로 간 캐너는 사우스다코다주 작은 지역의 정신병원에서 4년 간 일하면서 정신과학 분야의 경력을 쌓았다. 30대 초반인 1928년부터는 존스홉킨스대학교 헨리 필립 정신과 병원에서 일하기 시작했다.

1943년 자폐증에 관한 최초의 논문인 「정서적인 접촉의 자폐적 방해Autistic Disturbances of Affective Contact」[5]를 발표한 후 캐너는 자폐증 분야에서 최고의 권위를 가진 정신과의사가 된다. 이 논문에서 캐너는 출생할 때부터 다른 사람들과 관계를 맺지 못하는 11명의 남녀 어린이들을 소개했다. 캐너는 그 당시에 이미, 현재까지 발견된 전형적인 자폐 증상들 대부분을 11명의 아이들에게서 관찰하여 기술했다. 소통의 어려움, 사회적 교류나 타인에 대한 무관심, 그리고 나중에 상동행동이라고 이름 붙여질 다양한 집착과 강박 행동들을 논문에서 다루었다.

11명의 아이들은 첫 진료를 받을 때 2세에서 11세 사이였는데, 몇 년 동안의 관찰 결과가 논문에 나와 있다. 11명의 아이들은 지능이나 언어 능력이 다양했다. 지능이 지체된 아이부터 아이큐가 140이 넘는 아이들까지 있었다. 11명 중에서 8명은 정상적으로 제때에 말을 시작했거나 또는 관찰 기간 동안 언어가 발달했고 3명은 논문이 발표될 때까지 말을 하지 못했다. 말을 하는 아이들 중에 상당수는 단순 암기력이 뛰어나서 많은 것들(숫자, 알파벳, 기도문, 노래 가사, 외국어 등)을 외워서 알고 있었다. 그러나 사람들과 자연스럽게 기능적으로 대화하고 소통한 아이는 한 명도 없었다. 대부분의 아이들이 진료진을 포함하여 사람들에게 관심을 보이지 않았으며 그보다는 특정한 사물이나 주제에 집착했다.

캐너는 아이들의 외모나 신체에 대해서도 주목했는데, 심각하거나 무표정한 표정이지만 대부분 지적인 외모를 보였다고 했다. 신체 특징으로 몇 명의 머리 둘레가 큰 점이 지적되었고, 겨드랑이에 젖꼭지를 하나 더 가지고 있던 아이와 발작을 했던 아이에 관한 기록이 있다. 매우 지적인 가정환경도 특이한 점으로 언급됐다. 캐너는 이 아이들이 심각하게 자폐적이고 사람들과 상호작용을 하려는 의도 자체가 태어날 때부터 없었음을 강조했다. 예를 들어, 아이 몇몇이 음식을 거부하거나 소리에 예민한 점에 대해서도 외부의 방해로부터 자신을 보호하고 자폐적인 상태에 머물기 위해서 그런 행동을 한다고 생각했다(지금은 외부의 방해를 거부하기 위해서가 아니라 자폐적인 아이들이 흔히 가지고 있는 예민한 감각의 문제로 보고 있다).

캐너는 당시 조현병(우리나라에서는 정신분열병을 조현병으로 명명하기 때문에 조현병으로 기술했음)의 한 증상이었던 자폐적인 행동들을 조현병의 관점에서 비교했다. 극단적으로 자폐적이고, 강박적이며, 상동적인 행동 그리고 반향어 등이 혼재된 모습이 조현병과의 관계를 생각해보게 한다고 했다. 그러나 캐너는 이미 형성되어 있는 다른 사람과의 관계가 망가지는 조현병과는 달리 자폐증을 가진 아이들은 처음부터 다른 사람과 관계를 만들지 못하는 점이 다르다고 강조했다. 아기를 안기 위해 엄마는 다가가는데 안기기 위한 어떠한 반응도 하지 않았던 자폐적인 아이를 사례로 들기도 했다. 캐너는 그 논문의 결론에서 자폐증이 선천적인 장애임을 주장했다.

한스 아스퍼거 ──────

한스 아스퍼거는 오스트리아에서 캐너보다 12년 늦게 태어났다. 아스퍼거는 어학과 의학에 모두 자질이 있었고 비엔나 의과대학에서 공부한 후 같은 대학의 의대 교수가 됐다. 캐너가 「정서적인 접촉의 자폐적 방해」라는 제목으로 논문을 발표한 같은 해인 1943년 아스퍼거는 「아동기의 자폐적인 사이코패스들"Die autistischen psychopathen" im Kindesalter」이라는 논문[6]을 제출했고, 이 논문은 다음해에 세상에 발표됐다. 그러나 아스퍼거의 논문은 오랫동안 주목을 받지 못하다가 아스퍼거가 사망한 다음 해인 1981년에 영국의 정신과 의사인 로나 윙Lorna Wing에 의해 재조명받게 된다.

아스퍼거는 세상과 교류하지 않는 아이들을 어떻게 정의할 것인지에 대해 캐너보다 더 심도있게 고민했다. 당시까지 알려져 있던 다양한 성격 이론들을 폭넓게 검토한 끝에 '자폐적인'이라는 용어를 선택했다. 아스퍼거는 논문에서 남자아이 4명의 사례를 기술했다. 당시 6세인 프리츠는 행동이 번잡하고 산만했으며 어른들의 말을 듣지 않았다. 독일어에는 우리처럼 존댓말과 반말이 분명하게 구분되어 있는데 프리츠는 어른들에게도 무조건 반말을 사용했다. 또래 아이들에게는 관심이 없었고, 대신 숫자에 관심이 많아서 배우지 않았는데도 계산을 잘했다. 그런데 초등학교 입학 첫날부터 혼자 돌아다니고 옷

걸이를 망가뜨려서 학교 부적응 아동으로 찍히게 되어 빈아동병원에 의뢰됐다.

상당히 영리했던 8세 하로라는 아이도 학교생활에 적응하는 데 실패하여 학교의 의뢰로 병원에 오게 됐다. 하로는 한 마디로 상당히 조숙한 아이였다. 혼자서 기차를 타고 다니고, 나이에 걸맞지 않는 성적인 행동도 서슴없이 했다. 아이답지 않게 자신에 대해서도 관조적으로 이야기하는 아이였다. 예를 들어, "나는 지독한 왼손잡이거든요"라는 식이었다. 사물이나 사람들에게 무심했고 대화를 할 때는 먼 산을 보고 말했다. 너무나 독립적인 아이였다.

7세 에른스트 역시 학교에서 의뢰했던 아이인데, 집중을 잘 못하고 행동과 학업 양면에서 문제아였다. 그런데 역설적이게도 에른스트는 매우 정확한 아이였다. 어떤 물건이든 있어야 하는 자리에 반드시 있어야 했고, 무슨 일이든 항상 같은 방식으로 진행돼야만 했다.

11세의 뚱뚱한 헬무트 역시 사회적응에 실패한 아이인데, 내가 만났던 민영이처럼 악수를 하면 마치 뼈가 없는 것처럼 힘없이 느껴졌다고 한다. 헬무트는 태어날 때 산소 공급에 문제가 있어서 응급조치를 받았던 아이다. 발달도 느려서 두 돌이 거의 다 될 무렵에야 걷고 말하기 시작했다. 그러나 한번 말이 트이자 '애어른'처럼 말을 잘했다고 한다. 헬무트는 특이한 단어들을 선택하여 말하거나 시적인 표현으로 말을 했고 어학에 뛰어난 반면에 수학은 매우 못했다.

아스퍼거는 캐너와 마찬가지로 이들의 사회적 부적응에는 선천적인 원인이 있는 것으로 보았다. 그는 아이들의 가족력에 관심을 가졌는데, 특히 그 아이들의 아버지들이 아들들과 유사한 행동 성향을 보이는 점을 볼 때, 분명히 유전적인 원인이 존재할 것이라고 생각했다. 아스퍼거는 네 아이의 자기중심적인 성향에 관심을 많이 가졌는데, 지식을 얻는 방식마저도 달랐던 아이들의 지적인 능력을 묘사하기 위해 '자폐적 지능'이라는 용어도 만들었다. 권위있는 지식을 전수받아 자신의 것으로 만들어가기보다는 자신만의 방식으로 습득하여 얻은 지식에 더 치우쳐서 발달하는 지능을 말한다.

캐너가 연구한 아이들과 아스퍼거가 연구한 아이들을 같은 부류로 볼 수 있는가 하는 문제는 전문가들의 논쟁거리였다. 하지만 논문이 발표된 1943~1944년으로부터 70여 년이 지나서 자폐스펙트럼 장애라는 새로운 진단명을 쓰는 내가 보기에는 두 거장의 사례들이 자폐스펙트럼 장애라는 범주의 일부분일 뿐 큰 차이를 느끼지 못한다. 굳이 구분을 해본다면, 자폐 증상의 심각성과 병원에 의뢰된 나이, 그리고 의뢰된 이유에서 오는 차이들이 보인다.

첫째, 증상의 심각성에서 차이가 있다. 아스퍼거가 연구한 아이들은 학교에서 부적응 문제를 겪기는 했지만 말도 하고 지능도 지체되지 않아서 일반 학교에서 공부했던 아이들이다. 캐너가 연구한 아이들 중에는 말을 못하는 아이도 있었고 지능이 지체된 아이도 있었다. 일부 아이들이 몬테소리 교육을 하는 드브로학교에 다니기는 했지만, 대부분 일반적인 학교를 다녔던 아스퍼거의 아이들에 비해서 자폐증상이 심하고 일상생활 능력이 떨어졌을 것 같다.

둘째, 의뢰된 나이에 따른 아이 모습에서 차이가 있다. 캐너가 보고 한 학교 입학 전의 유아들은 행동 반경이 좁고 본격적으로 사회생활을 시작하지 않았기 때문에 행동이 더 단순하게 보일 수 있다. 반면에 초등학교에 입학할 즈음이 되면, 많은 자폐적인 아이들이 어린 시절에 보였던 물건 돌리기나 줄 세우기 같은 전형적인 자폐적 상동행동들을 그만둔다. 그리고 많은 사람들이 함께 생활하는 큰 사회에 편입되면서 지금까지 보이지 않았던 개인 특유의 자폐적인 행동들을 다양하게 드러내기 시작한다.

셋째, 캐너가 연구한 아이들은 부모들이 의뢰한 아이들인 반면에 아스퍼거 사례는 대부분 학교에서 의뢰한 아이들이다. 부모들이 의뢰한 아이들은 부모도 다루기 어렵고 같이 생활하는 게 아주 힘든 아이들이었을 것이다. 학교에서 의뢰한 아이들이라면 부모는 심각한 문제로 인식하지 못하고 있거나 적어도 그럭저럭 지낼 만하지만 선생님들은 참기 어려운 아이들일 수 있다.

캐너가 연구한 아이들이나 아스퍼거가 연구한 아이들 모두 그들이 속한 사회에 적응하는 데 실패한 아이들인 건 분명하다. 그러나 두 사람이 바라본 아이들에 대한 생각은 크게 다른 것 같다. 정신적인 장애를 가진 아이들로만 바라보았던 캐너와는 달리, 아스퍼거는 자신이 연구한 아이들을 특별한 아이들로 기술하고 있다. 그 당시의 시대적 배경과 아스퍼거의 행적에 대해서는 스티브 실버만Steve Silberman의 책 『뉴로트라이브』[7]에 자세히 나와 있다. 아스퍼거는 매우 불행한 상황에 처해 있었다. 아스퍼거가 논문을 제출하고 발표한 1943~1944년은 2차 대전 중이었고, 나치의 인종주의가 극에 달했던 시기였다.

우수한 인종의 유전자를 보호한다는 목적을 가진 우생학을 앞세워서 열등한 유전자를 가졌을 것으로 간주되는 많은 아이들을 안락사했던 시절이다. 아스퍼거는 정신과 의사로서 정신적인 장애를 가진 아이들의 운명을 좌지우지해야 하는 위치에 있었으며 어쩌면 열등한 품종으로 간주되어 지구상에서 사라질 수 있는 아이들을 구하기 위해 더 간절한 눈으로 자폐적인 아이들을 바라보았던 것 같다.

아스퍼거가 세상에 내놓은 네 아이는 200명 가까운 자신의 어린 환자들을 대표하는 아이들이었고, 아스퍼거는 아이들이 앞으로 세상에서 발휘할 능력을 옹호하는 입장에 있었다. 실제로 그들 중 한 명은 훗날 뉴턴의 오류를 바로잡은 천문학과 교수가 되었고 또 한 명은 노벨문학상을 수상했다. 이 아이들이 1994년부터 2013년까지 약 20년간 사용되던 '아스퍼거증후군'이란 진단명의 원형이라 할 수 있다. 아스퍼거증후군 진단명은 1994년 DSM 3판이 4판으로 개정되면서 처음 등장했다. DSM은 정신과 분야에서 일하는 사람들에게 진단의 기준을 제공하는 책으로 '정신 장애 진단기준서'라고 할 수 있다. 각 정신장애 별로 증상들이 나열되어 있어서 증상의 유무를 확인하고 진단을 할 수 있도록 안내해주는 책이라고 보면 된다. 2013년 DSM이 4판에서 5판[8]으로 개정될 때, 자폐 장애와 아스퍼거증후군을 통합하여 '자폐스펙트럼 장애'로 진단하도록 지침이 변경되면서, 아스퍼거증후군이라는 진단명은 더 이상 사용하지 않는다. 아스퍼거증후군은 전문가들 사이에서 특별한 진단으로 인식됐다. 아스퍼거증후군이라는 진단명이 존재하지 않았을 때 살다 간 아이작 뉴턴이나 알버트 아인슈타인과 같은 세기의 천재들이 아스퍼거증후군을 가지고 있었을 것이라고 주장하는 사람들이 많았다. 그들은 동시대 사람들의 사고 수준을 뛰어넘는 놀라운 발상으로 인류의 과학 수준을 다음 단계로 끌어올린 사람들이면서 동시에 그에 훨씬 못 미치는 사회적응 능력과 인격의 미성숙함으로 사람들을 또 한번 놀라게 한 과학자들이다.

아스퍼거의 「아동기의 자폐적인 사이코패스들」 논문은 발표되고 나서 거의 40년이 지나서야 영국의 정신의학자인 윙[9]에 의해 세상에 알려졌다. 윙은 아스퍼거가 사용한 '자폐적인 사이코패스' 대신 '아스퍼거증후군'이라는 용어를 만들어냈다. 사이코패스하면 소시오패스나 범죄자들을 연상하는 일반인들의 오해를 막기 위해서였다. 아스퍼거가 사용한 '사이코패스'라는 용어는 논문의 맥락으로 볼 때 '정신적으로 문제가 있는 사람들' 정도의 의미로 사용됐다고 나는 생각한다.

3

의혹:
환상과 환각으로
가득 찬
자폐의 세상

캐너와 아스퍼거가 거의 비슷한 시기에 서로 다른 대륙에서 독자적으로 자폐적인 사람들의 행동에 관한 연구 결과를 발표했다는 것이 흥미롭다. 그런데 내가 더 흥미롭게 생각하는 것은 서로 다른 지역에서 아직 정의하지 않았던 인간의 행동과 증상들을 '자폐적'이라는 동일한 용어로 표현했다는 점이다.

'자폐적'이라는 단어는 오이겐 블로일러Eugen Bleuler(1857~1939)가 조현병 환자들의 증상을 기술하기 위해 사용한 용어다. 스위스의 정신과 의사이며 정신분석학자인 블로일러는 1908년 독일 정신과학회에서 '조현병schizophrenia'이라는 용어를 사용하면서, 조현병을 설명하는 중요한 개념들 중 하나로 '자폐'라는 단어를 언급했다. 그는 자폐적인 증상을 '만족할 수 없는 현실을 부정하고 회피하기 위해 외부와의 교류를 차단하고 자기 세계에 빠지는 증상으로, 자폐적인 사고는 환상과 환각으로 가득 찬 유아기의 소망들에 갇혀 있는 것'이라고 기술했다.

　블로일러가 주장한 자폐 개념은 20세기 중반까지 이어져 유아들을 대상으로 연구했던 정신분석학자들은 유아기 자폐증이 아무렇게나 연결된 비현실적이고 불완전한 환각과 환상에 빠져 주변과의 교류를 차단하는 정신병이라고 생각했다. 정신분석학자들은 눈에 보이지 않는 무의식을 분석하며 환자들의 내면을 들여다보려 했기 때문에 분석가의 주관적인 통찰이나 상상이 분석 과정에 개입될 수밖에 없었을 것이다. 현실도피의 수단으로 자폐적인 모습을 보이는 성인 조현병 환자들과 마찬가지로 유아들도 사회적 교류를 거부하고 자기 세계에 틀어박힌 것이라고 생각한 것이다.

　블로일러와 오스트리아 출신 지그문트 프로이트Sigmund Freud (1856~1939)는 당시 정신분석학계를 이끌어 가던 정신과 의사들이었다. 캐너와 아스퍼거의 할아버지 세대에 속했던 프로이트는 자폐에 관한 역사적인 두 논문이 출판되기 4~5년 전에 이미 세상을 떠났다. 따라서 캐너와 아스퍼거가 연구 결과를 처음 발표한 때는 이미 프로이트의 사상이 과학 분야뿐만 아니라 문화와 예술 등 다양한 분야의 지식인들 사고에 깊게 뿌리를 내린 시기였을 것이다. 프로이트의 업적은 인간 내면에 '무의식'이 존재하고 스스로 인식할 수 없는 그 무의식이 인간의 생각과 행동을 지배한다는 개념을 만들어낸 것이다. 프로이트 이전에는 '무의식'이라는 개념이 일반인들의 일상적인 삶에 특별한 의미가 없었다. 지금은 정신의학 분야와 아무 관련이 없는 사람들도 무의식이란 단어를 아무 거부감 없이 쉽게 사용한다.

프로이트가 실제 어떤 영향을 미쳤는지에 대해서 설명하려면 조지 워싱턴대학의 인류학 교수인 리처드 그린커Richard Grinker의 도움을 받아야 할 것 같다. 루돌프연구소를 설립한 후 수행한 첫 연구인 '자폐스펙트럼 장애 유병률 국제 공동 연구'의 공동 연구책임자였던 그린커는 그의 저서 『낯설지 않은 아이들Unstrange Minds』[10]에서 자신의 할아버지 이야기를 했다. 그린커의 할아버지 로이 리처드 그린커 시니어는 1900년에 태어나서 캐너나 아스퍼거의 활동 시기인 1930년대 초반부터 1992년까지 정신과 의사로 일했다. 당시 정신과 의사들은 정신병 환자들의 창고라 할 정도의 대규모 정신병동에서 일했다고 한다. 미국 정신의학회는 '정신병자들을 위한 시설의 의료감독관 협회'라는 또 다른 이름이 있었다. 대부분의 수용 시설은 침울하고 비위생적이었으며 환기도 잘 되지 않았다. 그런 곳에서 일하는 정신과 의사들은 2류 의료기관의 하찮은 관리인 같은 취급을 받았다고 한다. 그런 시대 상황에서 그린커의 할아버지는 신체적으로 건강하고 미래가 조금이라도 보이는 환자들을 치료하는 정신분석가가 되겠다는 생각으로 1935년 록펠러 재단의 지원을 받아 오스트리아 빈까지 찾아가 프로이트에게 값비싼 수련을 받았다. 그는 이 경험을 바탕으로 미국의 명문인 시카고대학에 정신과 학부를 만들었고 미국 정신과학 분야의 선구자 역할을 했다. 이것만 보아도 당시에 프로이트의 권위와 정신분석학의 위세를 짐작할 만하다.

아스퍼거는 그의 1944년 논문에서 블로일러의 '자폐적'이라는 용어를 차용해 자폐적인 것의 의미를 다음과 같이 설명했다. "정상적인 인간은 환경과 끊임없이 상호작용을 하면서 서로에게 영향을 미치면서 살아간다. 그런데 자폐적이라고 말한다면, 현실과의 접촉을 잃어버린 상태이며 심각한 수준으로 자신의 환경에 대해 관여하지 않음을 의미한다. 주변 사람과의 상호작용이 심각하게 망가진 상태다. 그런 상태에서는 주도적인, 목적을 가진, 또는 현실을 직시하는 그 어떤 것도 없으며, 많은 개별 행동들은 외부로부터 충족되지 않는 욕구 때문에 발생한다."

캐너와 아스퍼거는 모두 당시에 존재하는 정신과 분야의 언어 중 아이들의 행동에 가장 근접한 용어로 '자폐'를 선택할 수밖에 없었을 것이고 그것이 최선이었을 수 있다. 그러나 불행한 현실로 가득 찬 세상을 스스로 등지고 혼자만의 환상으로 가득한 자기 세계에 갇혀 있다는 의미를 가진 '자폐'라는 정신분석학의 용어를 사용함으로써 자폐 장애에 대한 의학적인 발전을 방해하는 결과를 초래한 측면이 있다. 대표적으로 '냉장고 엄마'라는 말이 있다. 자폐증이 선천적인 장애라고 논문에 분명하게 못을 박았던 캐너는 부모들의 냉랭한 육아 방식 때문에 아이들이 자폐적이 되었다고 주장하는 이중적인 태도를 보였다.

솔직히 고백하자면, 나는 '자폐'라는 말을 좋아하지 않는다. 그 어원을 생각하면 더욱더 그렇다. 이런 생각은 그냥 책상에 앉아서 머릿속에 떠오른 것이 아니다. 동민이와 같은 아이들을 수없이 만나면서 정리된 생각이다.

동민이를 부르는 노래 ——————•

　동민이는 따뜻한 가정에서 자란 사랑스러운 아이였다. 엄마 아빠 그리고 위로 연년생 형이 둘이나 있었는데, 루돌프연구소에 올 때마다 가족이 모두 함께 와서 동민이에 대한 걱정과 관심을 함께 나누었다. 동민이 발달에 문제가 있다고 알아챈 시기가 언제인지 내가 물었을 때 동민이 엄마는 조금 머뭇거리다가 동민이가 태어나 처음 품에 안겼을 때라고 대답했다. 동민이는 셋째 아이였다. 정확하게 말할 수는 없지만, 첫째나 둘째 아이 때와는 다른 느낌이었고 그것은 엄마만 알 수 있는 것이라고 했다. 어떤 느낌이냐고 물으니, "아, 이 아이는 내가 많이 보호해주어야 하겠구나"라는 생각이 들었다고 했다.

　동민이의 자폐 증상이 중증은 아니었지만 경미하지도 않았다. 당시 3세였는데 언어로는 거의 소통이 안 되는 상황이었다. 아이 이름을 불러도 반응을 하지 않으면 온 가족이 함께 박수를 치며 노래를 불렀다. "동민이를 부르면, 예. 예. 예." 짧고 경쾌한 멜로디의 노래였고, 온 가족이 함께 이 노래를 부르면 이름을 부를 때는 잘 반응하지 않던 동민이도 즐겁게 반응했다. 당시 동민이 엄마도 아이가 자폐 장애를 가지고 있는지, 아니면 지적 장애인지, 또는 애착 장애인지 무척 혼란스러워했다. 동민이 엄마와 아빠는 자폐 장애라는 검사 결과를 듣고 그 진단을 무겁게 받아들였지만 그것보다는 동민이에게 무엇을 어떻게 해주어야 하는지에 더 관심을 보였다.

　그런 동민이 가족을 생각하면, 자폐 장애가 냉정한 엄마와의 관계에서 만들어지며 아이가 자기 세계에 갇힘으로써 엄마를 통해서 채워지지 않는 소망과 욕구를 스스로 충족하려고 한다고 바라보는 정신분석학적 해석은 너무나 잔인하다. 동민이는 소통과 교류를 할 수 있는 사회적 행동이 잘 발달되지 않았지만, 아기를 처음 안은 순간부터 시작된 엄마의 염려와 사랑으로 해맑게 자라고 있었다. 15년이 지난 지금도 검사 결과를 듣고 있었던 엄마 아빠의 진지한 표정이 떠오르며, "동민이를 부르면, 예. 예. 예." 노랫소리가 들리는 것 같다. 마음의 상처 또는 트라우마가 있는 환자들에게는 정신분석적인 심리 치료 방법이 도움이 될 수도 있다. 그러나 삶의 다양한 갈등이나 고난을 거의 경험해보지 못한 아기나 유아들에게 고전적인 정신분석학을 그대로 적용하는 것을 나는 받아들이기 어렵다.

4

과학적
연구 결과,
그리고
아무것도 없었다

모즐리병원은 1923년 런던에 세워진 정신병원이면서 정신의학 분야의 연구를 주도하고 정신과학자들을 훈련시키는 교육기관이다. 지금까지 자폐 관련 연구에 매우 큰 공헌을 하고 있다. 예를 들어 모즐리병원과 연계된 킹스칼리지의 정신과학연구소(이하, 킹스연구소)는 자폐 분야 사람들이라면 누구나 아는 유명한 자폐 전문가들이 거쳐 간 곳이다. 헨리 모즐리Henry Maudsley와 함께 모즐리병원을 창립한 신경병리학자 프레드릭 모트Frederick Walker Mott는 독일의 정신과 의사인 에밀 크레펠린Emil Kraepelin에게 흠뻑 빠진 사람이었다. 크레펠린은 무의식에 집중한 프로이트와는 달리 환자들의 말과 행동을 연구해야 한다고 생각했다. 정신병적인 행동들을 하는 이유는 선천적으로 타고난 소인이 있기 때문이며 정신 장애를 가진 사람의 증상을 정확하게 알아야 그 장애를 규명하고 정확하게 진단을 할 수 있다고 믿었다. 이러한 생각들이 오늘날 증상들을 근거로 정신 장애를 진단하는 DSM

같은 진단기준서를 만들 수 있는 토대가 됐다. 크레펠린의 방식에 매료된 모트는 당연히 모즐리병원에서 진행된 연구들에도 그 방식을 적용했다.

영국은 1959년에 그 어느 나라보다 일찍 정신병자들을 집단 수용하지 말고 지역 사회에서 돌봐야 한다는 정신보건법을 국회에서 통과시킨 나라다. 킹스연구소에서 일하고 있던 보니 에반스Bonnie Evans가 2013년 발표한 「자폐증은 어떻게 자폐증이 되었는가?How Autism Became Autism?」라는 제목의 논문[11]에, 영국의 자폐 전문가들이 그 당시에 어떻게 정신분석학자들의 주장을 극복하고 과학적인 연구들을 진행했는지에 대해 잘 나와 있다. 1959년에 제정된 영국정신보건법의 목적은 정신병원과 다른 병원을 구분하지 말아야 하며, 정신병을 가진 사람들을 병원이 아니라 지역 사회에서 돌봐야 한다는 것이다. 정신병원에 입원해 있던, 더 정확하게는 수용돼 있던 사람들이 사회로 나오면서 이 사람들에 대한 표준화된 연구가 절실해졌다. 이 법안이 통과될 것을 상정한 모즐리병원에서는 1958년에 이미 '사회적 정신 장애 연구실'을 만들었다. 이 연구실의 주요 업무는 개인을 치료와 연구 대상으로 했던 정신분석학자들과는 달리 전체 인구를 대상으로 역학 연구를 하고 통계치를 작성하는 것이었다. 특히 조현병과 자폐증에 관련된 객관적인 자료를 얻는 것이 주요 목표였다. 조사 대상은 모호하고 주관적인 무의식이 아니라, 객관적으로 관찰할 수 있는 행동으로 바뀌었다. 이것은 인간을 연구하는 사람들이 '관찰된 행동'을 근거로 판단하는 과학적인 연구 방법을 선택한 것을 의미한다.

다른 여러 정신병들과 자폐증이 분명하게 구분되어 있지 않았던 1961년에 밀드레드 크릭Mildred Creak이 전문가 13명으로 공동 연구팀을 구성하여 아동기 정신분열적 증후군의 9가지 특성을 정리했다[12]. 크릭 연구팀은 모든 정신과 의사들이 동의할 수 있는 진단 기준을 만든다면 전 인구를 대상으로 하는 연구가 가능하다고 생각했다. 그 9가지 정신분열적 증후군의 특성은 아래와 같다.

(1) 사람들과의 정서적인 유대가 전반적이고도 지속적으로 손상됨

(2) 자신의 개인적인 정체성을 모르는 게 분명함

(3) 특정 사물에 병적으로 집착함

(4) 환경 변화에 지속적으로 저항함

(5) 비정상적인 감각적 경험

(6) 심각하고 과도하며 비논리적으로 보이는 불안

(7) 말을 못하게 되거나 습득한 적이 없음

(8) 왜곡된 형태의 몸 움직임

(9) 심각하게 지체되어 있으면서도, 부분적으로 정상적이거나 거의 정상이거나 또는 특별한 지적 기능이나 기술을 보임

(2)와 (9) 항목은 관찰할 수 없는 항목으로, 나중에 대규모 역학 연구들에서 (2)는 폐기되고 (9)는 객관적인 검사 점수로 대치됐다.

빅터 로터Victor Lotter의 역학 연구팀은 위의 9가지 특성을 기초로 자폐증과 관련된 구체적인 행동 평가표를 만들어서 영국의 미들섹스

지역의 초등학생 76,388명을 조사했다. 이 조사를 통해 1966년에 발표된 유병률은 1만 명 중 4.5명이었다.[13] 로터 팀의 연구는 자폐적 아이들에 대한 유병률을 최초로 조사한 역학 연구 결과로서의 의미가 있다. 통계 분석을 기본으로 하는 과학적인 연구들을 통해 얻은 더 중요한 것은, 다른 정신병들과 자폐증을 구별할 수 있는 '발병 시기'가 중요한 이슈로 등장했다는 것이다. 정신적인 장애가 비교적 늦게 발병하는 아이들은 환상이나 환각 증상을 보이는 경우가 있으나, 초기에 발병하는 아이들은 대체로 그렇지 않았다. 초기에 발병하는 아이들이 자폐적인 빈도가 높다는 결론이 내려졌다.[14] 초기에 발병하는 아이들은 언어 발달에 문제가 있었고 소통에 어려움이 있었다. 따라서 자폐적인 아이들에게는 정서적인 문제가 아니라 언어 발달에 문제가 있다는 결론에 이르렀다.

그런데 자폐적인 아이들의 언어 장애를 연구하면서, 순수하게 언어 장애만 있는 아이들과는 다른 언어 행동 양상을 보인다는 것을 발견했다. 반향어(특정 단어나 표현을 반복하는 특정한 언어 표현 패턴), 맥락에 맞지 않는 부적절한 표현들, '나'와 '너'를 혼동하거나, 자신을 제3자처럼 이름으로 지칭하거나, 일반적으로 사용하지 않는 단어들이나 표현을 혼자서 만들어 사용하는 등의 비정상적으로 보이는 언어 행동들이 관찰됐다. 몇 가지 예를 들어보면, 어른들이 "너 이름 뭐야?"라고 질문했을 때 "너 이름 뭐야"라고 대답을 한다. "너 몇 살인데?" 하면 "너 몇 살인데"라고 대답한다. 이런 패턴이 전형적인 반향어의 예다. 마치 입력된 말을 반복하는 인형처럼, "이기고 지는 것은 중요하지 않아"라고 똑같은 문장을 아무 때나 반복해 말하는 아이도 있다. 이것은 같은 말을 반복하는 상동어 사용의 전형적인 예이다. 어떤 아이는 "그건 아니에요"라고 대답하고 나서 항상 다시 한 번 되뇌듯 작게 "그건 아니에요"라고 한 번 더 말한다. 꼬마 어른처럼 말하기도 하는데, 오늘 기분이 어떠냐는 질문에 "분노가 심해서 우울감이 커졌어요"라고 대답하는 유치원생이 있다. 언젠가 들은 어른들이 한 말을 그대로 기억했다 말하는 것이다. 연구소를 처음 방문하는 아이인데도, 큰 소리로 "윤수 왔어요"라고 소리치며 들어온다. 그리고 돌아갈 때는 "안녕히 가세요"라고 인사하며 나간다. 자신을 제3자처럼 표현하거나 자신과 상대방의 입장을 혼동해서 인사하는 예다.

이렇게 전체 인구를 대상으로 통계적인 방법을 사용하여 관찰 가능한 행동을 조사하는 역학 연구가 진행되면서, 자폐증은 정서적인 문제에서 언어 소통의 문제로 인식이 변화했다. 그 이후 소통의 문제는 다시 인지적인 문제로 바뀐다.

킹스연구소에서 진행된 많은 역학 연구들의 중심에 윙이 있다. 윙은 크릭이 제시한 정신분열 증후군의 9가지 행동 특성을 자폐증에 관해서 3가지 손상으로 정리했다.[9] 그것은 '소통의 어려움', '사회적 교류의 어려움', '상상의 결핍'이다. 상상의 결핍이 무엇을 의미하는지는 '마음이론Theory of Mind' 연구가 잘 설명해준다. 학업과 연구를 위해 킹스연구소와 깊은 인연을 맺었던 사이먼 바론-코헨Simon Baron-Cohen과 동료들[15]은 자폐적인 아이들에게 마음이론이 잘 작동되지 않는다는 연구 결과를 발표했다. 마음이론은 자신과 타인의 믿음, 욕망,

의도, 시각 그리고 알고 있는 지식을 이해하고 추론하고 공감하는 지적인 과정을 의미한다. 자폐적인 아이들에게는 이러한 사고 과정이 손상되어 있다는 것이다. 자폐적인 아이들의 마음에는 세상에 대한 불만과 자신을 위로할 많은 환상과 환각이 가득 차 있다는 가설은 결국 반대의 결과로 판명났다. 오히려 자폐적인 아이들은 자신과 주변 사람들에 대한 생각이 아주 빈약하다는 것이다. 자폐 연구의 거장이며 킹스연구소에서 수행한 많은 역학 연구들을 주도했던 마이클 러터Michael Rutter는 다음과 같이 결론지었다.[16] "자폐라는 것은 자신만의 환상에 틀어박히는 것을 의미하는데, 자폐증에서는 나타나지 않는 일이다." [11]

상상력이 결핍된 자폐적인 아이들은 또래 아이들이 엄마나 아빠가 되는 소꿉놀이를 하거나, 인형을 가지고 공주나 영웅이 되는 상상놀이를 할 때 끼어들어 함께 놀지 못하며, 또래들보다 뒤늦게 상상놀이를 시작해도 내용이 단순하고 반복적인 경향을 보인다. 그 대신 물건을 돌리거나 줄 세우거나, 또는 가르친 적이 없는데도 알파벳이나 숫자들을 외우거나 쓰면서 논다. 공룡 백과사전에 빠져들거나 장시간 개미들을 관찰하기도 한다. 이런 특이한 취미 활동들을 전문가들은 '상동적이고 반복적인 행동'이라고 정의한다. 윙이 정리한 자폐증의 3가지 손상은 '소통 능력', '사회적 교류 능력', '상동적이고 반복적인 행동'이라는 자폐증의 3가지 중요한 진단 기준으로 범주화되었고,[17] 이것들은 다시 2013년에 개정된 DSM 5판에서 '사회적 의사소통과 상호작용의 결함'과 '제한적이고 반복적인 행동이나 흥미 또는 활동' 등 2가지 범주로 정립됐다.

앞에서 언급했듯이 윙은 아스퍼거의 연구 결과를 세상에 소개하고 아스퍼거증후군이라는 개념을 만들었다. 윙이 기여한 중요한 또 1가지는 자폐 장애를 자폐스펙트럼 장애로 개념을 확대시킨 것이다. 증상이 경미하고 더 나아가 일부는 특별한 능력을 가진 사람으로 성장하는 아스퍼거증후군을 자폐스펙트럼의 범주에 포함시킴으로써 심각한 수준으로 사회 부적응적인 자폐 증상을 가진 사람들에게만 집중했던 자폐증의 영역을 한층 넓힌 것이다. 윙의 딸 수지는 경미하지 않은 자폐 증상을 가지고 있었다. 윙은 자폐증을 가진 아이의 엄마로서 그리고 진정한 연구자로서 자폐 연구에 헌신했다. 윙은 세상을 떠나기 몇 년 전인 2011년 《가디언》지와의 인터뷰에서, "우리 대부분은 누구나 어느 정도 자폐적인 모습을 가지고 있다"는 말을 남겼다.

5

새로운 국면

내가 '자폐스펙트럼 장애 유병률 국제 공동 연구'에 참여한 2000년대 초반은 전 세계적으로 자폐 연구의 부흥기라 해도 과언이 아니었다. 자폐 장애를 진단할 때 가장 신뢰할 수 있는 기준이 된 ADI와 ADOS라는 진단 도구가 영국과 미국 연구자들의 합작으로 만들어져서 전 세계의 아이들이 같은 도구로 진단을 받을 수 있게 됐다. 이때부터 세계 여러 지역에서 경쟁적으로 역학 연구를 진행되면서, 연구 결과가 발표될 때마다 유병률이 증가하는 현상이 나타났다. 공식적으로, 1966년 아이들의 자폐증 유병률이 1만 명 중 4.5명이라는 발표가 나온 지 반세기가 지난 현재의 유병률은 비교할 수 없을 정도로 높아졌다. 2018년 미국질병관리본부가 발표한 자폐스펙트럼 장애 유병률은 59명 중 1명이다.

나는 이 현상을 자폐적인 사람들이 증가해서 유병률이 높아지는 것으로 생각하지 않는다. 자폐증이 자폐스펙트럼 장애로 진단의 범위가 확장되니까 당연히 유병률이 증가할 수밖에 없다. 유병률이 증가하니까 자폐스펙트럼 장애에 대한 일반인들의 관심이 높아지고, 미국에서는 자폐스펙트럼 장애 연구를 지원하는 기관과 기금도 급격하게 늘어났다. 『뉴로트라이브』의 저자인 스티브 실버만의 조사에 의하면, 2000년에서 2011년까지 미국국립보건원의 자폐 연구 기금은 매년 5,100만 달러(한화 약 560억 원)씩 증가했다. 루돌프연구소는 2005년에서 2008년까지 기간에 자폐스펙트럼 장애 어린이들을 돕는 미국의 민간 재단 '오티즘 스픽스Autism Speaks'의 지원을 받아 유병률과 발병률 연구를 수행했고, 2012년부터 5년 간 미국국립보건원의 지원으로 한국 어린이들의 자폐스펙트럼 장애 유전자 연구를 수행했다.

　자폐스펙트럼 장애 연구는 새로운 국면으로 들어서고 있다. 자폐스펙트럼 장애 행동들을 직접 관찰하고, 반복해서 검증하는 방식으로 과학적인 연구가 진행되고 있다. 이제 자폐스펙트럼 장애를 연구하는 과학자들은 자폐적인 증상들뿐 아니라, 자폐적인 유전자, 자폐적인 사람들의 뇌 기능, 그리고 그들을 대상으로 다양한 약물과 행동 치료의 효과를 조사하고 검증하는 시대로 진입했다. 불치병을 가진 아이들로 인식되던 자폐적인 아이들이 세상을 잘 살아가도록 돕는 다양한 치료 방법들이 나오고, 치료사들을 양성하는 프로그램들이 개발되고 있다. 자폐스펙트럼 장애에 대해 과학적인 방법으로 밝혀진 연구 결과들에 대해서는 이 책의 4장에서 더 자세히 다루기로 한다.

어떤 사람이 자폐적인가?

영화를 보면 정신과 의사는 환자와 많은 이야기를 나눈다. 환자와 나눈 이야기가 기록된 차트를 읽어보기도 하고, 혼자 낙엽이 떨어지는 호숫가를 산책하며 환자의 말과 행동에 대해 생각하기도 한다. 보호자나 주변인의 이야기를 듣기도 하고, 멀리서 환자의 행동을 바라보기도 한다. 그 환자가 가지고 있는 문제가 무엇인지 상당한 시간을 할애하여 검토한 후 진단을 내린다. 한편, 응급실에 실려온 환자에게는 각종 의료 기구를 동원하여 신체 상태를 검사한 후 결과가 나오자마자 진단이 내려진다.

어쩐지 신체적인 병을 진단하는 과정은 과학적으로 보여지는 반면, 정신적인 문제를 진단하는 과정은 과학과는 좀 더 거리가 있어 보인다. 하지만 실제로 그 두 과정이 거의 비슷하다. 정신과를 찾아온 환자들도 다양한 심리 검사를 받고, 필요한 경우 뇌파 검사나 MRI 등 신체 상태와 관련된 검사를 받기도 한다. 검사 결과가 나오면 증상들을 종합적으로 검토하여 진단한다.

1 정신 장애 진단은 질병 진단과 다르지 않다

루돌프연구소에 자폐스펙트럼 장애 진단 검사를 받으러 아이를 데리고 온 부모 중에는 검사 결과에 따라 진단을 설명하면 자기 아이의 문제를 어떻게 3시간 정도의 검사로 판단할 수 있냐고 항의하는 사람들이 있다. 그런가 하면, 10분 정도 아이를 보여주고 나서, 이 아이가 어떤 문제가 있으며, 증상은 어느 정도인지, 또는 앞으로 어떤 학교를 보내야 할지, 어느 정도나 '정상적인' 발달을 할 수 있는지, 그리고 군대는 보내도 되는지 등 아주 다양한 질문을 던지기도 한다. 어떤 엄마는 인터넷 카페에서 정보를 얻고 와서, "소장님은 딱 보면 아신다면서요. 우리 아이는 앞으로 어떻게 되나요?"라고 질문하기도 한다. 이런 예들은, 심리 검사가 과학적인 검진 과정이라는 믿음이 없기 때문이다. 정신과 검사 과정도 신체적인 병을 찾아내는 과정과 같이 과학적으로 관찰한 증거들을 근거로 진단을 내린다. 그리고 그 증거들을 근거로 치료 방법을 정하고 예후를 예측한다.

정신 장애 전문가들 사이에 합의된 진단기준서가 있다. 주로 사용되는 진단기준서로 앞에서 설명한 DSM과 국제질병사인분류ICD:International Statistical Classification of Diseases and Related Health Problems가 있다. 미국 정신의학회에서 발간하는 진단기준서인 DSM은 1952년에 첫 번째 책이 나왔으며, 2013년 개정판인 DSM 5판이 최신 버전이다. ICD는 1893년부터 국제통계기구에서 발간해 오다가, 1948년부터 세계보건기구WHO가 관여하기 시작했다. 모든 질병과 증상을 분류해 놓은 것으로 '정신 및 행동 장애'에 관한 진단 기준도 다루고 있는데, 2018년 6월에 ICD 11번째 개정판이 공표됐다. 우리나라에서는 많은 소아정신과 의사들이 DSM을 진단기준서로 사용하고 있으며, 루돌프 연구소에서도 국제 공동 연구를 수행할 때 DSM을 기준으로 하기 때문에 이 책에서도 앞으로 DSM에 명시된 자폐스펙트럼 장애 진단 기준을 기본으로 이야기할 것이다.

정신 장애 진단 과정이 다른 의학 분야의 진단 과정과 크게 다르지 않기는 하지만, 신체적인 증상을 진단할 때도 질병에 따라 쉬운 경우가 있고 좀 더 어려운 경우가 있는 것처럼 정신 장애 진단도 마찬가지이다. 자폐스펙트럼 장애의 진단은 좀 더 어려운 편이다. 자폐적인 증상이 매우 다양하기 때문에 진단 검사가 쉽지 않으며, 증상이 경미한 경우에는 전문가들도 진단에 대한 의견이 엇갈리는 경우가 종종 있다.

조현병과 ADHD의 진단 기준 ─────

정신 장애를 진단하는 기준은 증상이다. 자폐스펙트럼 장애와 관련이 많고 또 일반인들에게 많이 알려진 정신 장애 중에 하나인 조현병의 증상들을 예로 들어보겠다. DSM 5판에 나와 있는 조현병 진단을 위한 증상들을 〈표2-1〉에 실었다. 이 증상들 중에서 2가지 이상이 나타나고, 그 중 하나는 반드시 a, b, c 중 하나여야 조현병으로 진단한다. 그 밖에 세부적인 진단 기준은 너무 전문적이므로 생략한다. 예를 들어, 망상 또는 환각이 있으며 횡설수설하면 조현병으로 진단한다. 전문가가 아닌 일반인들도 가족 중에 누군가가 이런 행동을 하면 정신적으로 문제가 있다는 것을 바로 알게 된다.

〈표 2-1〉 DSM 5판의 조현병 진단을 위한 증상들

a. 망상
b. 환각
c. 와해된 언어(예, 빈번한 탈선 혹은 지리멸렬)
d. 극도로 와해된 또는 긴장성 행동
e. 음성 증상(예, 감퇴된 감정 표현 혹은 무의욕증)

정신 장애에 속하지만, 전형적인 정신병이라기보다는 지적 장애나 자폐스펙트럼 장애 또는 틱 장애나 주의력 결핍 과잉행동 장애(이하 ADHD: Attention Deficit Hyperactivity Disorder)와 같이 뇌 발달의 문제와 관련된 신경 발달 장애에 대해 살펴보자.

DSM 5판에 나와 있는 ADHD의 증상들을 〈표2-2〉에 실었다. 표에 나와 있는 바와 같이 진단을 위한 증상들이 '부주의'와 '과잉행동-충동성'이라는 두 종류로 나뉘며 쉽게 관찰할 수 있는 구체적인 행동으

〈표 2-2〉 DSM 5판의 ADHD 진단을 위한 증상들

| 부주의 |

a · 종종 세부적인 면에 대해 면밀한 주의를 기울이지 못하거나, 학업, 작업 또는 다른 활동에서 부주의한 실수를 저지름

b · 종종 과제를 하거나 놀이를 할 때 지속적으로 주의집중을 할 수 없음

c · 종종 다른 사람이 직접 말을 할 때 경청하지 않는 것처럼 보임

d · 종종 지시를 완수하지 못하고, 학업, 잡일 또는 작업장에서의 임무를 수행하지 못함

e · 종종 과제와 활동을 체계화하는 데 어려움이 있음

f · 종종 지속적인 정신적 노력을 요구하는 과제에 참여하기를 기피하고, 싫어하거나 저항함

g · 과제나 활동에 꼭 필요한 물건들을 자주 잃어버림

h · 종종 외부 자극에 의해 쉽게 산만해짐

i · 종종 일상적인 활동을 잊어버림

| 과잉행동-충동성 |

a · 종종 손발을 만지작거리며 가만두지 못하거나 의자에 앉아서도 몸을 꿈틀거림

b · 종종 앉아 있도록 요구되는 교실이나 다른 상황에서 자리를 떠남

c · 종종 지나치게 뛰어다니거나 기어오름

d · 종종 조용히 여가 활동에 참여하거나 놀지 못함

e · 종종 끊임없이 활동하거나 마치 '태엽 풀린 자동차처럼' 행동함

f · 종종 지나치게 수다스럽게 말함

g · 종종 질문이 끝나기 전에 성급하게 대답함

h · 종종 자신의 차례를 기다리지 못함

i · 종종 다른 사람의 활동을 방해하거나 침해함

로 기술되어 있다. ADHD 진단 기준에 따르면 2개의 범주로 분류된 각각의 9개의 증상 중에서 6개 이상이 확인되면 진단을 한다. 예컨대 '부주의'에서만 6가지 이상의 증상을 보인다면 '주의력 결핍 우세형' ADHD, 그리고 '과잉행동-충동성'에서만 6가지 이상의 증상을 보인다면 '과잉행동/충동 우세형' ADHD, 또한 2가지 범주 모두에서 6가지 이상의 증상이 확인된다면 '복합형' ADHD로 진단한다. 학교 선생님이나 아이들과 관련된 일을 하는 사람들은 정신과학 분야의 전문가가 아니어도 ADHD 증상과 관계된 행동들을 비교적 쉽게 가려낸다. ADHD에 대해서는 언론에서도 많이 다루어서 그런지, 자기 아이들이 이런 행동을 보이면 조기에 검사를 받는 부모들이 늘어나고 있다. 지능검사의 수치를 중요한 기준으로 삼는 지적 장애는 물론, 눈으로 확인할 수 있는 틱 장애나 ADHD의 증상은 정상적인 행동과 구별이 비교적 쉽기 때문에 자폐스펙트럼 장애보다 진단하기가 좀 더 쉽다.

2

소통과 교류가
어려운 아이들

DSM 5판에 나와 있는 자폐스펙트럼 장애 진단 증상들을 〈표 2-3〉
에서 볼 수 있는데, 한편 모호하기도 하고 한편 매우 구체적이기도 하
다. '장난감 정렬하기'와 같이 아주 구체적인 행동이 기술되어 있는가
하면, '정상적인 대화의 실패' 또는 '사회적 상황에 적합한 행동의 어
려움'같이 광범위한 내용을 내포하고 있기도 하다. 실제로 검사하고
진단하는 과정에서 정상적인 대화에 실패하는 이유와 형태는 매우
다양하며, 발달 장애 없이 평범하게 발달한 사람들도 상황에 따라서
는 보일 수 있는 행동들이다.

자폐스펙트럼 장애는 증상의 모호성과 광범위함 때문에 경험이 풍
부한 전문가가 아니면 정확하게 진단을 하지 못하거나 오진하기 쉽
다. 주변 사람들에게 전혀 관심을 보이지 않고 하루 종일 장난감 자
동차의 바퀴만 돌리고 있는 전형적인 자폐 증상이 아니라면 주변 사
람들이 쉽게 인지하지 못하는 증상들이 많다. 내가 2005년 자폐스펙

<표 2-3> DSM 5판의 자폐스펙트럼 장애 진단을 위한 증상들

| 자폐스펙트럼 장애 진단 기준 |

A · 다양한 영역에 걸쳐서 나타나는 사회적 의사소통 및 사회적 상호작용의 지속적인 결함으로 현재 또는 과거력상 다음과 같은 특징이 나타난다. (예시들은 실례이며 증상을 총망라한 것이 아님)

1 · 사회적-감정적 상호성의 결함: 예, 비정상적인 사회적 접근과 정상적인 대화의 실패, 흥미나 감정 공유의 감소, 사회적 상호작용의 시작과 반응의 실패

2 · 사회적 상호작용을 위한 비언어적인 의사소통의 결함: 예, 언어적·비언어적 의사소통의 불완전한 통합, 비정상적인 눈맞춤과 몸짓 언어, 몸짓의 이해와 사용의 결함, 얼굴 표정과 비언어적 의사소통의 전반적인 결핍

3 · 관계 발전, 유지 및 관계에 대한 이해의 결함: 예, 다양한 사회적 상황에 적합한 적응적 행동의 어려움, 상상놀이를 공유하거나 친구 사귀기가 어려움, 동료에 대한 관심 결여

B · 제한적이고 반복적인 행동이나 흥미 또는 활동이 현재 또는 과거력상 다음 항목들 가운데 적어도 2가지 이상 나타난다. (예시들은 실례이며 증상을 총망라한 것이 아님)

1 · 상동증적이거나 반복적인 운동성 동작, 물건 사용 또는 말하기: 예, 단순 운동 상동증, 장난감 정렬하기, 또는 물체 튕기기, 반향어, 특이한 문구 사용

2 · 동일성에 대한 고집, 일상적인 것에 대한 융통성 없는 집착, 또는 의례적인 언어나 비언어적인 행동 양상: 예, 작은 변화에 대한 극심한 고통, 변화의 어려움, 완고한 사고방식, 의례적인 인사, 같은 길로만 다니기, 매일 같은 음식 먹기

3 · 강도나 초점에 있어서 비정상적으로 극도로 제한되고 고정된 흥미: 예, 특이한 물체에 대한 애착 또는 집착, 과도하게 국한되거나 고집스러운 흥미

4 · 감각정보에 대한 과잉 또는 과소 반응, 또는 환경의 감각 영역에 대한 특이한 관심: 예, 통증/온도에 대한 명백한 무관심, 특정 소리나 감촉에 대한 부정적 반응, 과도한 냄새 맡기 또는 물체 만지기, 빛이나 움직임에 대한 시각적 매료

트럼 장애 유병률 연구를 시작할 때, 자폐 증상이 심각한 아이들이 다니는 특수학교에서도 자폐스펙트럼 장애를 가진 아이들의 반 정도는 자폐 진단 없이 특수학교에 입학했다는 사실을 확인하고 놀랐다. 자폐 진단이 없는 아이들의 대부분은 '지적 장애' 진단만 가지고 있거나 '반응성 애착 장애'와 같이 잘못된 진단을 받은 아이들도 드물지 않았다. DSM 5판에 나와 있는 증상들이 실제 생활에서 어떤 모습으로 드러나는지 실례와 함께 설명하겠다.

소통을 위한 행동이 없다 ———•

의사소통의 결함에 대해 이야기하기 전에 먼저 우리가 어떻게 소통하는지 알아보자. 우리는 소통을 시도할 때 '말'을 하기도 하고, '몸짓'을 사용하거나, '표정'을 짓는다. 보통 3가지를 함께 사용하는데, 자폐스펙트럼 장애를 가진 사람들은 3가지를 모두 사용하지 않거나, 아니면 3가지 중 일부만 사용하거나, 또는 3가지를 다 사용하지만 의사 전달에 실패하기도 한다. 경우에 따라서는 3가지 이외에 다른 방법을 사용하기도 한다.

자폐 증상이 아주 심한 경우, 말을 하지 못하고, 제스처도 사용하지 않는다. 무표정해서 표정으로 마음을 읽기도 힘들다. 부모들은 아이가 뭘 원하는지 경험을 통해서 파악해야 한다. 원하는 것을 표현하기가 어려우면 본인뿐 아니라 가족도 함께 하는 생활이 아주 힘들다. 아이가 전혀 표현하지 않으면 보호자들이 짐작해서 해주기도 하지만,

기질이 아주 순한 아기의 경우 주변에서 알아채지 못해 아기의 욕구가 충족되지 않은 채 지나치기도 쉽다. 기저귀가 다 젖어도 그냥 있어서 엉덩이가 짓무르거나, 배가 고파도 울지 않다가 젖을 주면 허겁지겁 먹는다.

타인의 신체를 도구처럼 사용한다 ─────

2008년 런던에서 열린 자폐학회(IMFAR)의 한 강연에서 동영상을 보여준 적이 있다. 아이가 퍼즐을 맞추다가 조각이 부족하자, 자신의 시선은 퍼즐 판에 고정한 채로 오른팔을 쭉 뻗더니 뒤쪽에 앉아 있던 엄마의 손을 잡아당겨서 퍼즐 조각 통 위에 올려놓는 장면이다. 퍼즐 조각들을 꺼내서 퍼즐 판에 올려놓으라는 의사 표현이다. 동영상을 보고 있던 청중들이 "아" 하고 탄식하는 소리가 합창처럼 울려퍼졌다. 그 탄식은 '아, 너도 자폐 장애를 가지고 있구나' 하는 의미였다. ADOS 검사를 하다보면, 내 손을 마치 도구처럼 사용하는 아이들이 있다. 내 손을 자신이 원하는 물건에 올려놓거나, 내 손을 잡아서 몇 번 흔들거나 들었다 놨다를 반복한다. 나를 보거나 내게 아무 말도 하지 않고 손만 건드리는 것이다. 하고 싶지 않은 것을 거절할 때도 마찬가지다. 싫다는 말을 하지 못하거나 고개를 저어서 거부 의사를 드러내지도 않는다. 나를 보지도 않은 채 그냥 내 손을 밀쳐버린다. 하지 말라는 의사 표현이다. 아이에게 내 손은 자신이 원하는 것을 해결해주는 도구인 것이다. 원하는 것을 말이나 손짓 또는 표정으로 표현하지 못하는 아이들이 사용하는 전형적인 해결 방법이다.

공격적 행동과 자해 ──────

아주 순한 아기가 아니라면 무작정 울거나 떼를 쓰는 방법으로 자신이 원하는 것이 있다는 표현을 하는데, 공격적인 아이라면 주변 사람을 물거나 때리기도 하고 아무데서나 드러눕고 발버둥을 치다가 심하면 자해 행동을 하기도 한다. 주로 머리를 바닥이나 벽에 쿵쿵 박는데, 가장 강력하게 불만을 표현할 수 있는 방법이다. 공공장소에서 벽을 박거나 또는 그냥 뒤로 벌렁 자빠지면서 머리를 바닥에 박으면 대부분의 주변 사람들은 부모를 탓한다. 아이가 무엇을 원하는지 모르는 얼치기 부모라고 하거나, 아이 교육을 도대체 어떻게 했길래 저 모양이냐고 비난을 하는 경우가 많다. 이런 주변의 비난 때문인지는 모르겠으나, 심각하게 소통이 안 되는 아이 엄마들 중에는 자기 잘못이라는 죄책감을 가지고 있는 경우가 많다.

소통이 매우 어려운 자폐적인 사람들은 두려움을 말로 표현하지 못할 때 자해를 하기도 한다. 어릴 때 순하고 자해를 하지 않았는데, 다 커서 갑자기 자해를 하거나 가까운 사람들에게 공격적인 행동을 하는 경우가 있다. 이럴 때 잘 점검해보면, 혼자 감당하기 어려운 두려움을 누군가와 소통하지 못할 때 이런 방식으로 표현한다.

나이가 어리거나 말이 유창하지 못한 중증 자폐 장애를 가진 사람들만 자해를 하는 것은 아니다. 말을 할 수 있는 좀 더 큰 아이나 성인도 이런 식의 자해를 해서 불만을 표현하는 경우가 있다. 초등학교 2학년 승태는 말을 못하는 아이가 아닌데도 강박적이기도 하고 공격적인 성향도 있어서 자기 방식대로 안 해주면 남을 때리기도 하고 화를 못 참으면 자해를 하기도 했다. 전형적인 자해 방법인 뒤로 넘어지며 머리를 박는 행동을 했다. 씩씩한 승태 엄마는, "그러면 너만 아프지, 엄마는 아무렇지도 않아"라고 대응했다고 한다. 결국 승태는 그래봤자 자기 머리만 아프다는 결론을 내렸는지 머리 박는 행동을 그만두었다.

자신이 원하는 것을 말로 표현하지 못할 때 또는 더 이상 상대방을 설득할 수 없을 때 자폐적인 아이들은 자해 행동을 한다. 한동안 하지 않다가 청소년기나 성인기에 다시 자해 행동을 하는 경우도 있다. 엄마 아빠와 이야기하다가 머리를 벽에 박거나 자신의 머리카락을 뽑기도 한다. 극단적인 상황도 발생한다. 아빠와 싸우다가 아파트에서 뛰어내린 아이, 군대에서 자살을 시도한 청년도 있다. 가까운 가족도 자신을 알아주지 않는다고 생각할 때, 이 세상에서 넘지 못할 벽을 느낄 때 이런 선택을 하기도 한다.

말이 늦는 아이들 ————•

평범하게 발달하는 아이들은 첫돌 즈음에 한 단어 말로 원하는 것을 표현하기 시작하고, 두 돌 전후로 단어들을 붙여서 간단한 문장으로 소통하기 시작한다. 그런데 자폐적인 아이들은 이렇게 원만하게 언어 발달을 하지 못하는 경우가 많다. 언어 능력이 발달하기 위해서는 여러 가지가 함께 발달해야 한다. 첫째, 자신에게 주어진 언어의 문법이나 내용을 잘 이해할 수 있도록 뇌 신경이 잘 발달해야 한다. 둘째, 남의 말을 들을 수 있도록 청각 기관과 자신의 생각을 소리로 낼 수 있는 구강 기관이 정상적으로 발달해야 한다. 셋째, 자신에게 들리는 말을 실제로 사용하는 방법을 터득하기 위해 부단한 듣기와 말하기 연습이 필요하다.

자폐 증상이 심한 경우 말을 전혀 하지 못하거나 한 단어 정도의 말만 하는데, 이 3가지 중 어떤 것이 언어 발달에 문제를 일으키는지 알아내기가 쉽지 않다. 만 4~5세 이전에 말을 시작하는 아이들은 언어 발달이 늦기는 하지만 언어와 관련된 뇌의 발달에 큰 문제가 없는 것 같다. 이 경우 말은 잘 못하지만 어릴 때부터 어른들의 지시를 다 알아듣고 있어서 말을 이해하고 있다는 것을 주변 사람들이 알 수 있다.

청각 장애는 자폐 장애와 별개로 다룰 수 있기 때문에 여기서 제외한다. 소리를 내는 발성 기관이 미성숙한 경우라면 나이가 들어서 신체 기관이 성숙하면서 서서히 말을 하기 시작한다. 자폐적인 사람들 중에는 말을 잘 하더라도 소리를 힘차게 내 리듬감 있고 자연스럽게 말하는 것이 어려운 사람들이 흔히 있다. 목소리를 제대로 조절하지 못한다는 말이다. 억양의 높낮이 폭이 너무 작아서 로봇이 말하듯이 단조롭게 말을 하기도 하고, 반대로 과장되게 억양을 표현해서 특이한 목소리를 낸다. 비정상적으로 높거나 낮은 목소리로 말하거나, 목소리 조절을 잘 못해 너무 크게 말하거나 작게 말하기도 한다. 너무

느리게 말하기도 하고 너무 빨리 말하기도 한다. 나이에 비해 발음이 불분명할 수도 있다. 모두 말을 하기 위한 목소리 조절이 원활하지 않은 경우에 나타나는 증상이다.

민상이는 두 돌이 지나서 단어를 한 개씩 말하기 시작해 4세 즈음에 간단한 문장으로 말을 하기 시작했다. 4세 때 루돌프연구소를 찾아온 민상이는 "민상이가 해볼게요"라는 식으로 두 단어 정도를 사용해 말을 했다. 민상이는 숫자를 읽을 수 있고 한글 철자와 영어 알파벳도 알았는데 말은 잘 못했다. 억양이 별로 없이 단조롭게 말을 하고 발음도 안 좋았는데, 소리를 힘차게 내지 못해 처음 말을 시작할 때는 목소리가 확 크게 나오기도 하고 반대로 작게 나오기도 했다. 이런 경우 자연히 리듬감이 떨어진다. 우리가 어떤 물건을 들고 돌린다고 생각해보자. 가볍게 들 수 있는 물건이라면 쉽고 부드럽게 돌릴 수 있다. 그러나 무거워서 힘들게 들어 올린 물건은 돌리기가 쉽지 않을 것이다. 힘에 부치는 행동은 부드럽고 자연스럽게 하기 어렵다. 말도 마찬가지다.

민상이는 소리를 내는 기관들이 제대로 발달하지 않았을 뿐만 아니라 남이 한 말을 기억했다가 그대로 사용하는 자폐적인 언어 표현을 하는 경우가 많았다. 예를 들어, 재미있게 놀고 있을 때, 아이들은 보통 "선생님 재미있어요"라고 말하는데, 민상이는 "재미있어?"라고 말했다. 재미있을 때 어른들이 민상이에게 한 말을 기억했다가 유사한 상황에서 그대로 사용하는 것이다. 이런 말들을 '지연반향어'라고 하며, '상동적 언어 행동'으로 분류한다.

민상이의 발달에 대한 엄마 면접 검사에서 민상이 엄마는 조심스럽게 내게 물었다. "우리 민상이가 말을 잘 하게 될까요?" 나는 바로 대답했다. "당연하죠. 다른 아이들처럼 말을 하게 될 거예요." 민상이 엄마 눈에서 갑자기 눈물이 또르르 흘러내렸다. 나는 설명을 이어갔다. "목소리를 내기 위해 일하는 신체 기관들이 더 성숙해지면 말을 더 자연스럽게 할 거예요. 그리고 무엇보다 민상이는 '상징'을 이해할 수 있어요. 숫자나 알파벳을 알 뿐만 아니라 검사 상황에서 보여준 것과 같이 누가 이끌어주면 생일 파티 놀이 같은 상상놀이에 참여할 수 있어요. 언어와 같은 상징들이 무슨 의미를 가지고 있는지 알 수 있고, 다른 사람들과 생각과 상상을 공유해야 하는 상상놀이를 조금씩이라도 할 수 있다면, 언어 발달을 할 수 있는 기본은 갖추고 있는 거예요." 실제로 민상이는 반향어 증상도 보였지만 자발적인 의사 표현도 단순하지만 조금씩 하고 있었다.

내가 캐나다 몬트리올의 맥길대학에서 박사후 연구원으로 일하고 있을 때, 내 연구와는 관계없더라도 대학에 개설된 모든 강의들을 자유롭게 청강할 수 있었다. 독일에서 공부한 나는 북미의 대학들은 어떻게 강의를 하는지 궁금했던 터라 심리학을 처음 배우는 학생들을 위한 언어 발달 수업에 들어갔던 적이 있다. 그 수업에서 아직도 잊혀지지 않는 동영상 장면이 있다. 침대를 잡고 간신히 서 있는 아기가 옹알이를 하는 모습을 길게 촬영한 것이었는데, 누가 있건 없건 아기가 엄청나게 많은 말 연습을 하고 있는 모습이었다. 일반적으로 아기들은 말을 전혀 못하는 상태에서 특별한 선생님이나 과외수업 없이 혼자서 24개월 정도가 되면 단어들을 붙여서 간단한 문장으로 말을 한다. 어른들은 아기가 키가 자라는 것처럼 말이 자라는 것으로 생각하기 쉽지만 스스로 엄청난 노력을 하면서 성장한다. 처음에는 옹알거리다가, 돌이 지나면 단어들을 말하기 시작하고, 몇 개월이 지나면 서서히 단어들을 붙여서 말하기 시작한다. 아이들에 따라서 말이 나오는 시기가 조금씩 다르지만, 대부분은 3세가 되기 전에 문장으로 말을 주고받는다. 누군가의 가르침 없이 3년 만에 유창한 발음과 제법 근사한 문법으로 말을 할 수 있다면 천재 아닐까? 이렇게 하기 위해서 아기들은 엄청나게 많은 시간을 연습한다.

언어를 이해할 수 있는 뇌를 가지고 있는 어른들이 외국어 학원을 다녀서 문법을 완벽하게 알게 됐더라도 그 외국어를 유창하게 말하기는 어렵다. 문법을 잘 아는 것보다 열심히 말하는 연습을 하고 그 언어를 사용하는 사람과 열심히 말을 해야 말을 잘할 수 있다. 외국어를 잘 하기 위해서 열심히 말을 배우고 연습하는 성인들은 대부분 말을 배워야만 하는 목적이 있는 경우가 많다. 그러나 아기들이 어른들이 하는 말을 듣고 열심히 배워서 유창하게 말을 하는 이유는 사람들과 소통을 하고 싶어서다. 옹알이 수준의 말을 하는 쌍둥이 아기 둘이 옹알이로 오랫동안 이야기를 나누는 유튜브 동영상이 전 세계적으로 많은 관심을 받은 적이 있다. 아기들은 순수하게 다른 사람과 말을 하고 싶어서 연습을 하는 것처럼 보인다.

말을 할 수 있는 준비가 다 되어 있는 것처럼 보이지만 말을 하지 않는 아이들이 있다. 많은 단어와 그에 해당되는 글씨를 알고 있었는데도 유민이는 말을 한 마디도 하지 않았다. '포도'라고 쓰여 있는 낱말 카드를 보면 포도 그림을 짚곤 했다. 그런데 유민이가 45개월쯤 된 어느날 갑자기 엄마 아빠와 밥을 먹다가, "그러니까 고양이가 쥐를 따라가서 잡은 거잖아"라고 분명한 발음으로 긴 문장의 첫말을 했다. 말을 못하는 아이로 알고 있었던 부모가 놀란 것은 당연하다. 자기들이 무엇을 잘못했기에 말을 할 수 있는 아이가 말을 하지 않았을까 이해하기 어려웠다. 유민이는 그 이후부터 그냥 늘 말을 했던 아이처럼 술술 자기가 하고 싶은 말을 했다. 유민이는 그동안 소통하려는 강렬한 욕구가 부족했던 것은 아닐까.

말로 소통하기 힘든 아이 ————·

뇌는 말할 준비가 되어 있는데 말을 하지 않고 있는 아이들은 사회적 교류를 못하는 것처럼 언어 교류를 못하는 것 같다. 그냥 영화를 보듯이 주변 어른들이 말하는 것을 구경만 하면서 살아가는 것처럼 보인다. 말을 안 해서 어린이집을 보내면 다른 아이들이 말하는 것을 가까이서 보면서 서서히 말을 시작하는 경우가 흔하다. 하지만 모든 준비를 마치고 사회생활을 시작하고 나서도 말하는 세계에 데뷔하는 데 유난히 어려운 아이들이 있다.

영준이의 자폐 증상은 중증이 아니지만 말은 한 마디도 하지 않았다. 지능도 낮지 않았다. 자폐 진단 검사를 하면서, 아이가 말을 하지 않아도 장난감을 가지고 노는 수준이나 원하는 것을 얻어내는 책략을 보면서 아이들의 지능을 대략적으로 짐작할 수 있다. 영준이는 예민하고 불안이 높은 아이였다. 상황이 조금만 자신의 생각과 달라져도 떼를 쓰거나 아주 신경질적인 반응을 보였다. 말을 끌어내기 위해서 '펙스PECS'를 적용했다. 펙스는 'Picture Exchange Communication System'의 약자로 '그림을 사용하는 소통 시스템'이다. 말을 하지 못하는 사람들의 소통을 위한 대체 언어 도구인데 펙스로 교육을 하다보면 말이 자연스럽게 나오는 경우가 흔히 있어서 자폐적인 아이들의 언어 발달을 치료할 때 사용한다. 영준이는 펙스의 마지막 단계를 모두 마치자 드디어 말을 조금씩 하기 시작했다. 하지만 아무 때나 아무 장소에서나 말을 하지는 않았다. 자신이 원할 때만 조금 말을 했다. 말을 할 수 있는 데 말을 하지 않는 경우 '선택적 함묵증'이라는 진단을 하는데, 영준이는 '언어 발달 장애' 진단을 '선택적 함묵증' 진단으로 바꾼 셈이다.

영준이와는 달리 말을 하고 싶지만 말을 못하는 경우도 있다. 수범이는 소위 농아라고 불리는 언어 장애를 가진 아이였다. 말은 못했지만 영리하게 보였고 검사에 협조적이었다. 글로 쓰게 해서 지능검사를 진행했는데 아이큐가 120이 넘는 높은 지능을 가진 아이였다. 수범이가 친구가 없거나 사람들과 소통을 잘 못하는 것 모두 언어 장애 때문이라 생각했는데 자폐스펙트럼 장애도 갖고 있다는 사실이 연구 참여로 밝혀졌다. 수범이처럼 중복 장애를 가지고 있는 경우가 생각보다 많다. 헬렌 켈러처럼 보지 못하고 듣지 못하고 말도 못하는 사람은 아주 드물다고 사람들은 생각하지만, 시각, 청각, 또는 언어 장애와 함께 자폐스펙트럼 장애를 가지고 있는 사례들이 적지 않다.

많은 단어를 알고 있고 충분히 대화할 수 있을 만큼 말을 잘 하는 아이들이 ADOS 검사를 시작하면, '예스 어린이'가 된다. 무슨 말을 해도 "네"로만 대답한다. 조금 융통성이 있는 아이는 "그런가요?" 또는 "그렇군요" 정도의 응용을 한다. 좀 더 말을 해야 하는 경우에는 묵비권을 행사하기도 하지만, 재치가 있는 아이들은 "비밀이에요"라고 하기도 하고, "기억이 나지 않아요" 하는 식으로 회피성 발언을 하기도 한다. "글쎄요" 또는 "그럴 수도 있고 아닐 수도 있어요"라는 애매한 대답을 반복하기도 한다. 소심한 아이들은 작은 목소리로 "모르겠어요"라는 말을 반복하며 울먹이기도 한다.

소통을 하는 일은 문법에 맞게 다양한 단어로 문장을 만들어서 말하는 일 그 이상이다. 먼저 공통의 주제를 찾아내야 한다. 상대방이 속한 문화에 익숙해야 쉽게 관심사를 알아낼 수 있다. 찾아낸 주제와 관련하여 상대방의 생각이나 감정을 묻고 자신의 생각도 적절하게 표현해야 한다. 처음에는 넓게 시작하여 점점 구체적으로 다가가야 깊이 있는 대화가 완성된다. 사람들과 말하는 연습이나 경험이 충분히 있어야 한다. 서로의 감정을 이입하게 되는 대화는 단순히 말의 교환이 아니라 생각과 감정을 서로 함께하는 사회적 교류다. 진정으로 마음을 나누는 대화를 할 때 공감이라는 새로운 차원의 결과물이 나타난다.

자신이 원할 때만 말하는 아이 ————

완수는 밝은 표정으로 검사실에 들어왔다. 간단한 퍼즐 과제를 마칠 때까지 아무 문제가 없었다. 완성된 퍼즐은 기하학적 모양이었는데, "완수야 이 퍼즐 뭐같이 보여?"라며 가볍게 던진 내 질문을 무시했다. 전혀 들은 표정이 아니어서 딴생각하느라 못 들었나 싶어 다시 물었다. 다른 장난감을 보고 있는 완수의 얼굴은 단 한 번도 질문을 받은 적이 없는 무표정한 얼굴이었다. 나는 서늘한 느낌이 들었지만 내색하지 않고 다른 장난감들을 가지고 완수와 놀았다. 갑자기 자기가 좋아하는 장난감이 나오자 다시 밝은 얼굴로 "이거 지난번에 봤잖아요" 한다. 완수의 기분이 풀렸나 싶어서 얼른 맞장구를 쳐주고 나서 외계인에게 양치질을 가르쳐주는 놀이로 넘어갔다. 외계인 역인 나에게 완수가 양치질하는 법을 말하면서 보여주는 놀이였다. 예외가 있기는 하지만 대부분의 아이들이 잘하든 못하든 손으로 양치질하는 흉내를 내며 외계인에게 양치질을 가르쳐준다. 정말로 하고 싶지 않으면 "하기 싫어요"라며 거절하는 의사 표현이라도 한다. 하지만 완수는 미동도 하지 않았다. 당연히 아무 제안도 받지 않은 얼굴로 말이다. 자신에게 흥미 있는 상황에서는 반색을 하고 말하다가 하기 싫은 것이 나오면 아무 반응도 하지 않았다. 마치 두 명의 완수와 놀고 있는 느낌이었다. 검사 후반에 가서 또다시 내 질문에 대답할 의무나 책임을 전혀 느끼지 않는 표정을 하는 완수에게 "대답하기 싫어?" 하고 물으니까 아주 작은 소리로 "싫어요"라고 대답했다.

완수는 아주 순한 아기였다고 한다. 잘 울지도 않았고 옹알이를 하는 모습도 보지 못했다고 하니 아주 조용한 아기였을 것이다. 첫돌이 지나자 다른 아이들처럼 말을 하기 시작했다. 영어를 가르친 적이 없는데도 처음 한 말은 'a', 'b', 'c' 같은 알파벳이었다. 완수는 하고 싶은 것을 표현하거나 일상적인 말은 하지 않았지만 문자에 관심이 많아서 스스로 글을 먼저 배웠다. 글을 읽기 시작하면서 단어들을 말하기 시작했고, 3세가 되기 전에 글과 말을 소통이 될 수준으로 했다. 하지만 누구에게도 입을 잘 열지 않았다. 완수에게 언어는 소통의 수단이 아니었다. 단지, 자신이 원할 때만 사용하는 욕구 충족을 위한 도구였다. 그나마 그것도 평소에 잘 사용하지 않은 무딘 도구였다.

동문서답 ————

재영이는 언어 발달에 문제가 없지만 도무지 소통이 안 되는 아기였다. 평균 수준의 지능에 공부를 못하는 것도 아닌데 초등학생이 된 지금도 재영이는 소통이 너무 안 됐다. 초등학교 2학년 때 대학병원에서 사회성 발달에 문제가 있다는 이야기를 듣고 루돌프연구소를 찾아왔다.

검사 상황에서 나는 재영이에게 여러 사람들이 야외에 모여서 파티를 준비하는 그림을 보여주고 그림에 대해 이야기하자고 했다.

나: 사람들이 뭐하고 있지? 여기에 네가 좋아하는 음식도 있어?

재영: 교수님, 제 눈엔 가까운 것밖에 안 보여요. (이유는 알 수 없지만 재영이는 나를 교수님이라고 불렀다.)

나: 너 눈이 나빠? 이거 안 보여?

재영: 아니요. 보이는데 저 멀리 있는 것은 잘 안 보여요.

나: (손가락으로 그림에 있는 음식을 하나씩 짚었다.) 너 이거 안 보여? 이건 뭐야?

재영: 바나나요.

나: 이건?

재영: 생선이요.

나: 다 보이잖아.

재영: 저 눈 나쁘지 않아요. 0.7이에요.

나: 그 정도면 눈이 많이 나쁘지 않아서 이 그림은 볼 수 있어.

재영: 우리 반에 어떤 애는 0.9예요. 또 1.9도 있구요.

나: 1.9? 정말로?

재영: (묵묵부답)

나중에 녹화 테이프를 돌려보면서 재영이가 왜 안 보인다고 했을까 생각해보니, 샐러드같이 자신이 잘 모르는 음식의 그림은 무엇인지 알아볼 수 없다는 의미로 안 보인다고 한 것 같았다.

나: 너 오늘 학교 갔다 왔어?

재영: 아니요. 내일 개학이에요. 그런데 이상해요. 방학 때는 학교

에서 종을 안 치는데 아까 종소리를 들었어요.

나: 선생님은 지금 모든 학교가 개학했다고 생각하는데 아직도 방학이야? (검사일은 9월 중순이었다.)

재영: 지금 다 천장 공사 중이에요.

나: 아, 학교가 공사 중이라 쉬는 거구나.

재영: 게다가 제일 운이 나쁜 것은 내일부터 생존 수영해요.

나: 학교에서?

재영: 아뇨, 수영장에서요.

나: 너희 학교 학생들하고 같이 수영하니?

재영: 근데, 저 모기 물렸어요. 저는 A형, 저희 형은 AB형, 아빠는 A형, 엄마는 모르고 할머니는 AB형인데, 왜 A형인 나만 물리는지 모르겠어요

나: 선생님 생각에 혈액형과 모기에 물리는 건 별 관계가 없을 것 같은데.

재영: 엄마는 모기에 많이 물렸어요. 혈액형은 모르지만, 회사에 모기가 많대요.

나: 근데, 우리 생존 수영 얘기 하고 있었잖아. 수영하는데 왜 운이 나쁜거야?

재영: 저는 튜브 없으면 물에 못 들어가요. 저는 혼자 수영복 못 갈아입어요.

나: 그건 아니지. 수영복 혼자 입어야지.

재영: 아이들과 같이 갈아입어야 해요. 거기서 갈아입기 싫어요.

2장. 어떤 사람이 자폐적인가?

나: 선생님도 목욕탕 가면 다른 사람들하고 다 같이 옷 벗고 갈아 입어.

재영: 거기 제가 가장 싫어하고 제일 짜증나는 애 있다구요. 저를 왕따시키고 놀려요.

나: 너한테 어떻게 했는데?

재영: 몰라요. 기억은 안 나는데 걔가 저를 항상 놀려요. 왕따시키구. 바보 멍청이래요.

나: 그래서 어떻게 했어?

재영: 선생님에게 일렀어요.

나: 선생님은 어떻게 하셨어?

재영: 걔네들 혼내줬어요.

나: 그럼 됐잖아.

재영: 그리고 저는 우리 반에서 친구는 딱 한 명 민수, 같은 아파트에 사는데, 같은 동에 살지는 않아요. 저는 201동 걔는 203동, 그런데 이 신발(실내용 슬리퍼)이 자꾸 벗겨지네요.

나: 어린이는 여기서 그 신발 안 신어도 돼.

재영: 네. 어치피 저는 신발(재영이가 신고 온 실외용 신발) 신고 왔어요.

그림에 대한 이야기는 하지 못하고 생존 수영 이야기 하다가 모기와 혈액형 이야기로 빠지고 자신을 괴롭히는 아이들 이야기로 가는가 싶더니 신발 이야기로 마쳤다. 재영이와 나는 동문서답만 하다가 결국 자꾸 주제를 벗어나는 대화를 마무리 하지도 못한 채 끝냈다.

혼자만의 논리 ─────·

영석이는 항상 세상이 불공평하다는 생각을 했다. 친구가 있었으면 좋겠다는 생각이 아주 강했던 영석이는 루돌프연구소를 다니면서 친구들을 사귀려면 공통의 관심사가 있어야 된다는 것을 배웠다. 초등학교 2학년인 영석이는 삼촌이 좋아하는 건담에 빠진 아이다. 누구하고 만나도 건담 이야기를 하고 싶었다. 예전에는 루돌프연구소에 오는 아이들 중에 건담을 좋아하는 아이들이 많았지만 이제는 옛날 이야기다. 건담을 좋아하는 영석이는 올드 취향의 어린이가 된 것이다. 최근에는 학교뿐 아니라 루돌프연구소에서도 베이블레이드라는 장난감 팽이가 대세다. 영석이는 나름 베이블레이드에 관심을 가지려고 노력했고 아이들이 이야기할 때 맞장구도 쳐보려고 했다. 그러던 어느 날 더 이상 참지 못하고 갑자기 큰 소리를 지르며 분통을 터뜨렸다. "나는 아이들이 얘기할 때 열 번 중에 아홉 번 베이블레이드에 관심을 보여줬는데, 왜 다른 아이들은 단 한 번도 내가 좋아하는 건담에 관심을 써주지 않는거야? 너무나 불공평하잖아." 그리고 연구소에서 마주치는 선생님들 모두에게 물어보았다. "내가 아이들을 만날 때 90퍼센트나 베이블레이드 얘기를 함께 했는데, 왜 다른 아이들은 10퍼센트도 건담 이야기를 하지 않는 거예요. 그건 정말 불공평하고 불합리한 거 아니에요?"라고 울부짖었다. 영석이의 말을 따라가다보면 딱히 틀린 말은 아닌 것 같지만 현실과는 너무 동떨어진 이야기였다.

자폐스펙트럼 장애를 가진 사람들은 자신만의 논리 때문에 사람들에게 이해받지 못할 때가 흔히 있다. 사안의 다양한 측면을 생각해야 하는데, 일부에 대해서만 생각하고 그 생각을 관철하려는 집착을 보일 때가 많다. 나는 영석이처럼 영리하고 열정이 강한 자폐적인 아이들을 만나면 부모에게 당부하는 것이 있다. 아이가 자기 논리에 빠져서 외골수가 되지 않도록 하기 위해서는 아이의 생각이 상식적인 선에서 크게 벗어나지 않도록 잘 지켜봐야 한다고 말한다.

사실 이렇게 말하면서도 예외적인 현실을 인정해야 할 때가 있다. 우리 사회에서 궤변이 대중들에게 새로운 깨달음을 던질 때가 드물지 않기 때문이다. 자폐적인 사람들이 자신만의 주장을 익명의 댓글로 달거나, 아무도 나서지 않는 일에 나서서 비난을 감수하는 논객이 되거나, 또는 특이한 주제의 예술 작품으로 화제를 불러일으키는 일들이 적지 않은 것을 보면, 자신을 표현하고자 하는 욕구가 소통의 어려움이라는 핸디캡을 뛰어넘을 수 있다는 생각이 든다. 이러한 욕구가 고통을 가져다줄지 아니면 행운을 선물할지는 아무도 모른다. 다만, 소수자로 무언가를 할 때 감수해야 하는 위험들이 있음을 미리 알 수 있다면, 혹은 그런 위험을 막아줄 수 있는 지지자들이 있다면 좋겠다.

갈피를 잡을 수 없는 이야기 ————

어떤 부모들은 자녀가 자폐스펙트럼 장애 때문에 사회적 능력이 떨어지더라도 늦게 발달하는 것뿐이지 다 크면 결국에는 친구도 생기고 직장 생활도 원만하게 하면서 살아갈 수 있다고 생각한다. 어떤 아빠는 군대 갔다 오면 모든 게 다 해결된다는 말을 하기도 했다. 과연 그럴까? 이런 생각은 일부는 맞고 일부는 틀리다. 나는 그런 말을 하는 학부모들에게 장애를 갖고 있다는 것은 불리한 조건에서 태어난 것이라는 말을 한다. 마치 노래를 잘해야 성공하는 나라에서 음치로 태어나거나, 농구를 잘해야 성공하는 나라에서 작은 키로 태어난 것과 같은 것이다. 키가 작은 유전자를 가지고 태어난 아이라도 성인이 되면 더 자라겠지만 다른 성인들보다는 여전히 키가 작을 것이다. 시간이 지난다고 타고난 것이 사라지지는 않는다. 마찬가지로 소통을 자연스럽게 하지 못하는 아이가 어른이 됐다고 그냥 소통을 잘 하게 되는 것이 아니다. 물론 소통하는 법을 배우고 또 본인이 부단한 노력을 한다면 어느 정도까지 향상이 될 수는 있다. 하지만 단지 나이를 먹는 것만으로 문제가 해결되지는 않는다.

명문 대학을 졸업하고 금융계 회사에서 일하는 강택범은 작지만 다부지게 생긴 사람이다. 승진에서 늘 불이익을 당하는 점에 대해 아내와 고민을 하다가 본인에게 어떤 문제가 있는지 알고 싶어서 검사를 요청했다. 부모와 면접을 통해 어린 시절을 묻는 검사를 제외하면 피검사자만을 상대로 하는 검사는 보통 1시간 정도 걸리는데 강택범과의 검사는 2시간이 걸렸다. 말이 아주 빨랐는데도 워낙 말을 많이 했고 소통이 쉽게 되지 않아서 시간이 많이 걸렸다. 지리멸렬한 소통의 예라서 다소 길지만 나와 강택범이 나눈 대화를 그대로 옮긴다.

나:　지금하고 있는 일에 대해서 얘기해보고 싶어요. 어떤 일을

하세요?

강: 지금 전산실에서 근무하고 있습니다.

나: 원래 전공이 그쪽이에요?

강: 네, 컴퓨터 공학을 전공을 해서 그쪽 일을 하고 있구요, 기존에는 프로그램 개발 쪽에 있었는데, 지금은 서버 관리 운영을 하고 있습니다. 기존에는 현업 사람들이랑 직무 협의를 통해서 요구 사항을 도출해내고 그걸 프로그램에다가 녹여내서 기존의 작업 프로세스를 개선하거나 그런 부분의 일을 했다면, 지금은 그런 개발과는 달리 시스템을 사용하는 환경, 즉 쉽게 말하면, 개발자들이 어떤 서버 또는 컴퓨터를 사용한다고 할 때, 어떤 프로그램이나 컴퓨터의 사양을 선택해야 하는지, 가격은 얼마인지, 유지보수 계획은 되어 있는지, 노후 장비 교체를 어떻게 할 것인지…

나: 잠깐, (강택범의 말을 끊고) 그럼 그렇게 개발자의 일을 하다가 관리자로 옮겨가는 그런 트렌드가 있나요?

강: (머뭇거림)

나: 제 말은 프로그램 개발은 어떻게 생각하면 아주 머리가 빠릿빠릿하게 돌아갈 때 해야 하는 일 같아서, 시간이 지나면 좀 물러나는 면도 있고 경력이 쌓이니까 관리직으로 가는 것이 자연스러울 것 같은데 그런가요?

강: 그게 지금 커리어 패스에서 인프라를 운영하는 일은 시스템 개발과는 다른 트랙이에요.

나:　그럼 나이가 들어도 개발자들은 개발하는 일을 계속 하나
　　　요?

강:　회사마다 달라요. 보통 전문적인 회사 같은 경우는 계속 커
　　　지게 되서, 중간 관리자까지는 참여를 하죠. 그 위에서는 그
　　　러니까 예를 들자면, 어떤 큰 건물을 짓는다고 할 때 건물 전
　　　체의 일정을 짜고, 아니면 작업 간의 간섭을 체크하고, 공정
　　　을 관리하고 그 다음에 문제가 발생하면 외부 기관들 또는
　　　업체와 협업을 해서 풀어나가는…

　　이런 식의 이야기가 이어졌다. 나는 다른 사람의 말을 듣는 직업을
가진 사람이다. 그런데 강택범의 말은 어렵기도 하거니와 집중하려
고 노력해도 집중이 잘 되지 않았고 들은 말도 다 이해하기 어려웠다.
내가 모르는 전문 용어도 많이 나왔고, 무엇보다도 긴 이야기를 다 듣
고 나서도 내가 원하는 답을 얻지 못했다. 오랜 시간 이야기하고 나서
도, 기업에서 컴퓨터 프로그램 개발자가 평생 개발자로 남는지 아니
면 관리직으로 옮겨가는지 알 수가 없었다. 내 경험에 비추어 볼 때,
그건 강택범도 몰랐던 것 같다. 그 질문에 대답을 하려면, 자신이 일
하는 업종 즉 동종업계에서 빈번하게 일어나는 이직 사례에 대해 어
느 정도 알고 있어야 하고, 질문을 대해 답을 해야 할 때 어떤 사례들
이 있었는지 머릿속에 떠올려야 한다. 그런 사고 과정이 원활하게 되
지 않을 때 질문과 관련된 주변 이야기들로 말이 계속 겉돌게 된다.
　　이런 지리멸렬의 사례는 지식인들 중에서 의외로 많이 발견된다.

언론에 자주 나오는 명망있는 석학의 책을 샀는데, 외국어로 된 책을 번역한 게 아니라 원래 한글로 쓴 책이 분명한데도 이해하기가 매우 어려운 경우가 있다. 일반 독자들은 저자의 명성에 눌려 자신의 독서력을 탓하기 쉬운데, 실제로는 많은 지식이 저자의 생각으로 녹아서 일목요연하게 정리되어 있지 않고 그냥 잡동사니들이 쌓여 있듯이 지리멸렬하게 널려 있어서 그런 것이다. 아마도 지금 독자들 중에 머릿속에 떠오르는 교수님들이 한둘은 있을 것이다.

솔직한 잔인하게 솔직한 ────

솔직하게 고백하자면, 나는 소통이 힘들더라도 자폐적인 사람들과 대화하는 것을 싫어하지 않는다. 직업의식일 수도 있겠지만, 내 앞에 있는 이 사람이 또 어떤 말을 해서 나에게 '숨겨진 모습'을 보여줄까 하는 호기심도 크다. 꾸미지 않고 때로는 단순하게 자신의 생각을 그대로 드러내는 사람들의 말을 듣는 것도 좋다. 만약 자폐적인 아이들이 상대방의 마음을 배려해서 마음에도 없는 거짓말을 한다면 너무 서툴러서 상대방이 금방 알아차리게 될 게 뻔하다. 이렇게 가식 없이 자신을 드러내주는 사람들이 고맙다. 솔직함이라고 할까? 그런데, 아무리 좋은 것도 도가 지나치면 힘들다. 자폐적인 사람들, 특히 자폐적인 아이들의 솔직함은 어떤 경우에 잔인하기도 하다.

루돌프연구소에서 자폐스펙트럼 장애 진단을 받은 아이들이 했던 '솔직한' 말들을 몇 개만 소개한다. 아이가 한 말 때문에 너무 당황했거나 속상했던 적이 있었냐는 질문에 엄마들이 해준 말들이다. 약국에 약을 사러 갔다가 여드름 흉터가 심한 약사를 보고, "앗 오이다"라고 말해서 엄마는 황급히 아이를 끌고 약국을 나왔다. 어떤 아이는 마트에서 머리가 하얗게 샌 할머니를 보고, "마귀할멈이다"라고 큰 소리를 질렀다. 죽음에 관심이 많았던 한 아이는 집에 오신 친할머니에게, "할머니는 언제 죽어요?"라고 질문해서 엄마는 심장이 멎는 줄 알았다.

연구소에서 내가 직접 경험한 말들도 있다. 한 연구원이 여름 휴가 때 자동차 사고를 당해서 속상해했는데, 그 연구원의 치료 그룹 아이인 현성이가 아주 궁금한 얼굴로, "보통 사고 나면 다 죽는데, 선생님은 왜 안 죽었어요?"라고 물었다. 루돌프연구소 문 앞에서, "엄마, 왜 여기 이렇게 이상한 데 왔어? 나 이렇게 이상한 데 들어가기 싫어"라고 소리치고 들어와서 연구소 스태프들을 긴장시켰는데, 30분 후 실컷 놀고 난 뒤에는 집에 가기 싫다고 고래고래 소리 지른 아이가 있었다. 어떤 아이는 검사를 하는 내 지시를 거부하며, "엄마, 이 사람 아주 나쁜 사람이야. 칼로 찔러, 죽여, 그리고 잘라!"라고 소리쳤는데, 검사에 대한 불안이 사라지고 나서는 아주 착한 아이처럼 행동했다. 이렇게 잔인한 말들을 아무 생각 없이 아무렇지 않게 한다.

다음은 엄마들이 울면서 내게 해준 말들이다. 축구를 하다가 골키퍼인 자신의 방어를 뚫고 공을 넣은 친구에게 화가 나서 같은 편 친구들을 향해서, "죽여버려, 그리고 창자를 다 꺼내, 완전히 죽여"라고 말해서 친구 엄마들에 의해 바로 축구부에서 퇴출당했다고 하소연했다.

남편이 자살하고 혼자 아들을 키우는 엄마가 있었다. 안 그래도 힘들게 살아가는 엄마에게, 자신이 기분 나쁘다는 이유로 "엄마가 미워, 죽이고 싶어. 나가 죽어버려"라는 말을 수시로 했다. 엄마는 우울증에 걸렸다.

눈맞춤 ————•

소통은 말로만 하는 것이 아니다. 눈을 맞추고 다양하고 미묘한 표정을 보여가면서 때로는 손짓 발짓까지 동원하여 자신을 드러내는 동시에 집중해서 상대방의 마음을 읽어야 한다. 우리 인류가 몸에 지니고 있는 가장 강력한 무기 중 하나는 눈이다. 사람들의 만남은 눈맞춤으로 시작되고 눈길을 거둠으로써 끝난다. 만남의 클라이맥스도 눈맞춤이다. 사람들이 서로의 눈을 보며 상대방의 마음을 탐색하고 자신의 마음을 표현하며 갈구하는 모습은 매우 조용하지만 한편으로 역동적이고 강렬하다. 자폐스펙트럼 장애 진단에서 '눈맞춤에 대한 평가'는 매우 중요하다.

오감을 통해서 뇌로 전달되는 정보의 양은 초당 1,000만 비트가 넘는데, 시각 정보가 대략 초당 1,000만 비트에 가깝고 촉각 정보가 초당 100만 비트 정도이며 후각이나 미각 정보는 소량이라고 한다.[18] 사람들은 0.1초 만에 상대방에 대한 첫인상을 만든다는 연구 결과[19]가 허황되게 들리지 않는다. 한 번의 눈맞춤이 어떠한 일을 할 수 있는지 상상하기 어려울 정도다.

영화에서 보면, 한 번의 눈맞춤으로 두 사람이 사랑에 빠지고 미래가 결정되기도 한다. 우리말에서 "눈이 맞았다"라는 표현을 사전에서 찾아보니, "사랑에 빠졌다"로 풀이된다. 사람들이 만나면 끊임없이 눈을 맞추는데, 숨을 쉬는 것과 같이 무의식중에 일어나는 행위이기도 하지만 동시에 매우 의식이 개입된 행동이다.

'눈맞춤'을 위키피디아에서 찾아보면, "눈맞춤은 마주한 두 사람이 상대의 눈을 바라보며 서로의 시선을 일치시키는 커뮤니케이션의 한 형태로 서구권 문화에서 유래하는 관습이다." 이어서, "동아시아 문화권에서 대화 도중에 다른 사람의 눈을 직접 마주 보는 것은 전통적으로 무례한 행동으로 인식되나, 오늘날에는 서구화의 영향으로 그런 경향이 비교적 완화됐다. 현대의 대인관계에서 상대방의 눈을 보는 것은 기본적인 규칙으로 간주되고 있다." 그리고 "90년대 이전 한국이나 일본의 영화에서는 대화하는 상대의 눈을 바라보지 않고 이야기하는 모습이 보통으로 묘사되곤 하며, 현재에 이르러서도 여전히 한국, 일본 등 동아시아 문화권 지역에서 강한 눈맞춤은 상대에 대한 압박으로 해석되어 긴장을 낳는 경우도 흔하다"라고 나와 있다.

한국에서 태어나 유럽과 미대륙에서 모두 살아본 나에게는 나라마다 사람들이 만났을 때 눈맞춤의 강도나 빈도에 차이가 있다는 것을 인정한다. 체계적인 연구를 한 것은 아니지만 내가 다녔던 쾰른대학교에서의 경험을 예로 들면, 독일 학생들은 특별한 목적 없이 눈을 쉽게 맞추지 않는다. 심지어 강의 시간에 우연히 옆자리에 앉아서 잡담을 했던 독일 학생을 학교 식당에서 다시 만났을 때 눈을 맞추고 인사를 하는 경우보다는 그냥 무심히 지나치는 경우가 더 많았다. 학생들 사이를 교수가 지나갈 때도 주변의 학생들과 웃으며 인사하는 교수들보다는 앞만 보고 근엄하게 걸어가는 교수들이 더 많았다. 독일을 떠나서 유럽의 남쪽으로 여행을 하면 남쪽으로 내려갈수록 사람들에게서 더 편한 느낌을 받게 된다. 아마도 웃으며 눈을 맞추는 사람들이 늘어나서 그런 것 같다.

내가 박사학위를 받은 후 박사후 연구원으로 일한 맥길대학교는 캐나다 몬트리올에 있다. 몬트리올은 프랑스 문화와 영국 문화가 반반씩 섞인 도시인데, 맥길대학교 정문을 바라봤을 때 왼쪽 지역은 영어를 사용하고 오른쪽 지역은 불어를 사용했다. 왼쪽으로 가면 부촌이 많고 온화하게 눈을 맞추면서 형식을 갖춰 말을 하는 사람이 많았다. 오른쪽으로 가면 맛있는 식당이 많고, 특히 저녁이 되면 왼쪽 지역과는 비교가 안 될 정도로 왁자지껄했다. 당연히 눈을 맞추고 웃어주는 사람도 훨씬 많았다. 한국 사람들은 유럽이나 미대륙의 사람들에 비해 일상 생활에서 눈맞춤을 덜 하는 것 같다. 한국에서 엘리베이터를 탈 때 눈인사하는 사람들도 간혹 있지만 시선을 피하는 사람들이 더 많다.

자폐스펙트럼 장애 진단 검사에서 눈맞춤을 평가하는 일은 문화 차이를 조사하는 일이 아니다. 나와 피검사자간의 개인적인 눈맞춤을 세밀하게 탐색하는 과정이다. 두 사람이 대화를 하거나 놀이를 하거나 다른 무언가를 할 때 문화적 차이를 뛰어 넘는 내밀한 소통의 순간들이 존재하는데, 내가 하는 일은 서로의 주파수가 맞아야 하는 그 상황들에서 시선을 어떻게 처리하며 눈맞춤을 어떻게 활용하는지를 평가하는 것이다.

자폐적인 아이들은 자신에게 말하고 있는 상대방을 볼 때 눈보다는 입 주변을 본다는 연구 결과가 있다. 말할 때 얼굴에서 가장 많이 움직이는 부위이기 때문일까? 유아들에게 인형을 주면 안고 뽀뽀하거나 토닥이며 엄마처럼 돌보는 시늉을 하며 논다. 그러나 자폐적인 유아들에게 인형을 주면 유일하게 움직이는 부위인 '깜빡이는 눈'을 보거나 만지는 경우가 많다.

다른 사람들과 눈맞춤을 못하는 또 다른 이유는 눈을 보는 것이 어렵기 때문일 수도 있다. 자폐스펙트럼 장애를 가진 4세 남자아이의 엄마가 말하기를, 자기 아이는 엘리베이터에서 아기들이 빤히 쳐다보면 너무 무서워한다고 했다. 자폐적인 아이들은 이름을 부르거나 쳐다보라고 해도 시선을 맞추지 않는 아이들이 흔하며 눈맞춤 시간이 아주 짧은 아이들도 많다. 보라고 하면, "눈이 부시다"라고 말하는 아이도 있고 "눈이 아프다"라고 말하는 아이도 있다. 정반대로 빤히 보고 있는 아이도 있다. 마치 물건을 관찰하듯이 나를 보고 있다는 느낌이 들게 하거나 또는 눈싸움을 하고 있는 느낌이 들게 하는 아이도 있다. 어떤 아이는 나를 계속 보고 있기는 하지만 초점이 맞지 않은 눈으로 힘없이 봤는데, 마치 나를 투과하여 내 등 뒤의 무언가를 보고 있는 듯해서 내가 투명인간이 된 느낌이 들었다.

자폐스펙트럼 장애 진단 검사 과정에서 내가 1시간가량 아이들과 이야기하고 놀면서 관찰하는 것은 눈맞춤의 빈도와 강도 그리고 상황을 개시하고 조절하고 종료하기 위해 사용하는 시선 조절 여부다. 다시 말해 나는 소통을 위해 자신의 시선을 적절하고 효율적으로 사용하고 있는지, 동시에 말과 표정 그리고 제스처 같은 다른 비언어적인 소통 행동들과 조화롭게 시선을 사용하고 있는지 보는 것이다. 예를 들면, 다 놀고 나서 내게 장난감을 돌려줄 때에도 눈맞춤을 잘 하는 아이들은 나와 눈을 맞추어 장난감을 주겠다는 의사를 보이고, 내 손의 위치를 눈으로 확인하면서 팔을 내밀고, 장난감을 돌려주어서 아쉽다든가 아니면 잘 갖고 놀게 해주어서 고맙다든가 아니면 정말 마음에 드는 장난감이라는 등의 표정을 동반하는 눈맞춤으로 마무리 한다.

  엄마가 아이를 데리고 루돌프연구소에 첫 상담을 하러 오면, 나는 한 10분 정도 아이를 데리고 놀면서 눈맞춤을 관찰한다. 간혹 다른 기관에서 자폐스펙트럼 관련 검사 자료를 가지고 오는 경우가 있는데 반드시 눈맞춤에 대한 자료가 있다. 가장 먼저 찾아보는 눈맞춤에 관한 평가 결과가 내 견해와 다른 경우가 드물지만 있다. 어떤 사람이 눈맞춤을 적절하게 하고 있는지를 평가하는 것은 어렵다. 나도 확신을 가지고 눈맞춤을 평가할 때까지 오랜 경험이 필요했다. 눈맞춤에 대한 평가는 0점과 2점으로 한다. 자연스러운 눈맞춤은 0점이지만 완벽하게 안 되면 무조건 2점을 주게 되어 있다. 내가 고민하는 경우는 내 마음속에서 눈맞춤 점수가 100점이 아니지만 90점을 넘어갈 때다. 80점대는 당연히 2점이다. 자폐적인 아이들의 경우 아예 다른 사람을 쳐다보지 않는 경우가 흔한데, 그런 경우에 2점은 논란의 여지가 없다. 대부분의 상황에서 나를 보고 있어도 시선을 통해 마음과 느낌을 소통할 수 없다면 눈맞춤을 못하는 것이다.

눈맞춤을 평가하고 나서 보호자들과 생각이 달라서 곤란한 경우도 종종 있다. 아예 눈맞춤을 안 하는 경우에는 별 이견이 없지만 눈맞춤을 어느 정도 하는 아이들의 경우에는 사람이나 상황에 따라서 눈맞춤의 정도가 달라지는 경우가 많다. 가족들과는 눈맞춤을 잘한다고 하는데 낯선 사람이나 낯선 장소에서는 눈맞춤의 빈도나 질이 떨어지는 아이들이 적지 않다. 아이 엄마가 눈맞춤을 잘한다고 말해서 그 아이를 사회성이 좋은 동생과 비교해보라고 하면, "동생하고는 비교할 수준이 안 돼죠"라고 말한다. 이런 경우도 2점이다.

얼굴 표정 ────•

사람들은 멀리서 다가오는 상대방의 모습을 보면서 여러 가지 상상을 시작하지만 서로 마주보았을 때 비로소 소통이 시작된다. 눈을 통해서 상대방을 볼 때 눈만 보는 것은 아니다. 상대방의 표정도 함께 본다. 웃고 있거나 찌푸리고 있는 표정을 보고 어떤 소통이 될지 감을 잡는다. 심지어는 무표정한 얼굴에서도 상대방의 감정을 읽으려고 노력한다.

얼굴 표정도 눈맞춤처럼 문화적 차이가 있는 것이 분명하다. 어떤 사회에서는 사람들이 감정 표현을 절제하려 하고 어떤 사회에서는 감정을 거침없이 드러낸다. 감정을 표현하는 표정의 강도는 다르지만, 아기들은 첫돌 전에 이미 성인들 얼굴에서 나타나는 대부분의 기본적인 표정을 보인다. 기뻐하고, 슬퍼하고, 화내고, 삐치고, 무서워하거나 싫어하는 표정이 다 나타난다. 나이가 들수록 좀 더 미묘하고 섬세한 표정으로 분화되고 정교하게 다듬어지며 개인 특유의 표정도 만들어진다.

직접 대면하지 않으면서도 '얼굴 표정'을 사용해 좀 더 적극적으로 소통하려는 시도가 최근 만들어졌다. 우리나라의 대표적인 채팅앱인 '카카오톡'에서 이모티콘이 처음 등장한 2011년 11월 당시 6개의 이모티콘이 있었다. 7년이 지난 2018년 11월 현재 이모티콘이 6,500개로 늘었다고 한다. 월 평균 발송되는 이모티콘 메시지는 2억 건에 달하고, 매월 2,700만 명이 이용하고 있다.

나도 이모티콘을 즐겨 쓴다. 왠지 말만 사용하는 메시지를 보내면 내 마음이 충분히 전달되지 않는 것 같아서다. 어떨 때는 친구들과 말 없이 이모티콘만 주고받기도 한다. 보고 있지 않아도 감정을 알려주기 위해 표정을 보여주고 싶어하는 사람들이 이렇게 많은데, 얼굴을 직접 마주하고 있는 상황에서 표정을 보여주는 것은 마음을 활짝 열어놓는 것이다.

자폐적인 아이들 중에는 말에 어울리는 또는 표현하고자 하는 것에 적절한 표정을 짓지 못하는 아이들이 많다. 표정이 거의 변하지 않는 아이들도 있다. 무표정한 얼굴은 어떤 면에서는 심각하거나 진지해 보이기도 하는데, 어떤 엄마는 이런 자기 아이를 '시크한' 아이라고 불렀다. 또 어떤 아이는 늘 예쁘게 웃기만 해서 별명이 '스마일'이다. 사람들이 귀여워한다. 그런데, 누가 다쳐서 울거나 엄마가 마음 아파하는 모습을 보면서도 웃는다. 엄마들은 갑자기 아이가 아주 낯설어진다. 야단칠 때 깔깔 웃는 아이도 있다.

감정을 정확하게 느끼고 얼굴 표정으로 드러내는 것은 말을 배워서 이해하고 실제로 하는 것과 크게 다르지 않다. 감정을 느끼는 것은 매우 지적인 활동이다. 우선 아주 이완된 상태를 벗어나 각성을 하기 시작하면 얼굴에 상응하는 표정이 만들어진다. 감정을 느끼려면 각성의 정도에 따라 머리 속에서 해석해야 한다. "이 느낌은 뭐지?"라는 질문을 던지고 답하는 것이다. 각성된 상황에서 어떤 것을 목격하느냐에 따라서 감정에 대한 해석이 달라진다는 심리학적 실험 결과들이 있다. 예를 들면 요염한 모습으로 성적인 흥분을 자극하는 여자를 목격한 남자와 칼을 든 강도를 목격한 남자는 유사한 강도의 각성 상태에서 자신의 흥분 상태를 전혀 다르게 해석한다. 어떤 그림을 보느냐에 따라서 자신의 흥분 상태를 성적인 것으로 생각할 수도 있고, 혹은 두려움이나 공포감 때문이라고 생각할 수도 있는 것이다.

자폐적인 아이들은 어떤 자극으로 인해 흥분을 느끼거나 긴장이 되었을 때 무슨 감정 때문인지 신속하게 해석하지 못하는 경우가 많다. 어떤 아이들은 무표정하게 있기도 하고 또 다른 어떤 아이들은 자극을 받는 즉시 무조건 바로 웃기도 한다. 기쁘거나 화나거나 슬프거나 모든 상황에서 일단 웃기 때문에 엄마들을 혼란스럽게 만든다. 해석은 하지만 잘못 해석하는 경우도 있다. 엄마가 화난 얼굴로 소리를 지르는데, 야단치는 상황이 아니라 장난치는 상황으로 인지하는 것이다. 엄마가 더 화나서 소리를 크게 지르면 웃고 있다가 갑자기 울기도 한다.

어떤 이유든 부적절한 표정을 짓는 자폐적인 아이들은 '내가 이런 표정을 지었을 때 상대방이 어떤 기분이 될까'를 고려하지 못하는 것으로 보인다. 집안 어른들이나 학교 선생님이 야단치는데 웃는 아이들이 의외로 많다. "선생님에게 야단맞을 때 너무나 무서웠는데 웃으니까 무섭지도 않고 좋았어"라고 말한 아이도 있다. 자폐적인 사람들에게는 상황에 적절한 얼굴 표정 짓기가 나이와 함께 저절로 만들어지지 않는다.

사람들이 얼굴 표정을 지을 때 사용하는 근육은 21종으로 대부분 쌍을 이루고 있다. 이 근육들과 7,000여 개의 신경섬유들이 잘 협응해야만 다양한 표정을 자연스럽게 만들어낼 수 있다.[20] 뇌에서 정확하게 감정을 파악해서 보냈는데 얼굴 근육들이 제대로 조화롭게 움직이지 않을 수도 있다. 목소리를 자연스럽게 조절하는 것이 어려운 경우처럼 얼굴 근육들이 자연스럽게 조절되지 않아서 어색한 표정을 짓거나 혹은 일부러 만들고 있다는 느낌이 들게 표정을 짓기도 한다.

어색한 몸짓 ————

몸짓에는 다양한 종류가 있다. 특별히 의도하지 않아도 말과 어울리는 자연스러운 몸짓이 있다. 예를 들어, "이렇게 작은 꼬마가 있어"라고 말하면서 손을 허리 높이에 두는 제스처가 여기에 해당하는데,

'설명적인 몸짓'이라고 한다. 또 타인의 몸짓을 보고 모방을 통해서 배우는 '관습적인 몸짓'이 있다. "안녕, 빠이빠이" 하면서 손을 흔들거나 손가락으로 하트 모양을 만들어서 사랑한다는 표현을 하거나, 또는 입에 손을 대고 "쉿" 하는 몸짓 등이 모두 관습적인 제스처다. 일반적으로 자폐스펙트럼 장애를 가지고 있는 아이들은 말을 할 때 어떤 몸짓이든 적게 사용하는 편이다.

운동신경의 발달이 늦거나 순발력이 부족한 사람들의 경우 몸 움직임이 둔하고 제스처도 적다. 말을 하면서 자신의 말을 더 잘 표현하기 위해 설명적인 몸짓을 적극적으로 사용하지 못한다. 그리고 남에게 별로 관심이 없는 자폐적인 아이들은 다른 사람의 행동을 잘 모방하지 않으며, 따라서 당연히 관습적인 몸짓을 잘 사용하지 않는다. 말로 소통하는 언어 발달이 늦는 것처럼, 몸으로 소통하는 제스처의 발달도 늦다. 신체협응 능력이 떨어지고 공간지각 능력도 떨어지는 자폐적인 아이들이 흔히 있는데, 이들은 어른들이 관습적인 제스처를 가르치면 다른 방식으로 따라하기도 한다. 예를 들어, '빠이빠이' 할 때, 사람들은 상대방에게 손바닥을 보이며 손을 흔든다. 자폐적인 아이들 중에는 자신의 손등을 상대방에게 보이고 자신의 손바닥을 보면서 손을 흔드는 아이들이 있다.

정반대로, 어떤 아이들은 말을 할 때 제스처를 과도하게 사용하기도 한다. ADOS 검사를 할 때 아이를 일어서게 해서 간단한 이야기를 하게 하는 과제가 있다. 아이가 서서 하는 행동을 관찰하는 것이다. 서서 말하라고 하면 손가락을 튕기거나 빙글빙글 도는 등의 전형적인 신체적 상동 행동을 관찰하게 되는 경우가 있으며, 그 아이만의 특이한 몸동작과 제스처를 어떻게 사용하는지도 관찰한다. 말을 하면서 동시에 제스처를 사용하는, 소위 간단한 멀티태스크가 안 되는 아이들이 종종 있다. 말만 하는 아이에게 몸짓과 함께 말하라고 하면 입이 닫히고 판토마임이 된다. 말도 함께 하라고 하면 부동자세로 말만 한다. 물론 2가지를 동시에 할 수 있는 아이들도 있는데, 어떤 아이는 입을 열 때마다 손이 같이 움직인다. 이 아이는 모든 말에 설명적인 제스처를 함께 해서 마치 청각 장애를 가진 사람들을 위해 수화를 하는 것같이 보인다.

내가 2010년 미국소아정신과학회에서 들었던 인상깊은 강의가 있다. 한 미국 소아정신과 의사의 강연이었는데, 열두세 살 정도 된 소년의 동영상을 보여줬다. 그 소년의 제스처는 중년의 지적이고 원숙한 모습의 남성이 보여줄 것 같은 것이었다. 마치 대학교수가 강연을 하는 듯한 몸가짐이었는데, 소년의 앳된 모습과 너무나 맞지 않아서 마치 몸에 맞지 않는 아빠 옷을 입은 듯이 보였다. 강연자는 자신이 치료하고 있는 아스퍼거증후군(그 당시는 이 진단명이 사용됐다.)을 가진 남자아이라고 했다. 눈맞춤, 표정, 몸짓 등의 비언어적인 행동이 매우 세련되었지만 나이에 부적절한 모습이라고 설명했다. 이처럼 나이에 적절한 말과 행동이 자연스럽게 발달하지 못하고 어른들의 행동에서 관찰한 말과 몸짓을 그대로 차용해 사용하는 자폐적인 아이들이 종종 있다.

단지 어울리는 방법을 모를 뿐 ————•

아이가 걷기 시작하고 말도 한마디씩 하게 되면 어린이집을 가기 전에 미리 사회생활을 경험하도록 문화센터 같은 곳을 데리고 가는 부모들이 있다. 아이가 2세 정도 되면, 말을 다 알아듣는지는 알 수 없지만 선생님이 하는 말을 주의 깊게 보기도 하고 다른 아이들과 엄마를 한 번씩 번갈아 보면서 어설프지만 활동에 참여한다. 그런데 다른 사람들이 있든지 없든지 상관 없이 전자제품들을 들여다보거나 전선들을 만지고 다니면서 혼자서 이곳저곳 돌아다니는 아이가 있다. 선생님이 제지하거나 엄마가 불러도 쳐다보지 않는다. 어른들은 그냥 호기심이 많은 아이라고 생각할 수도 있다. 혹은 마치 오지 말아야 할 곳을 온 아이처럼 모든 활동을 거부한다. 놀이터에 가도 마찬가지다. 대부분의 아이들은 처음에는 쭈뼛거려도 시간이 조금 지나면 번갈아서 미끄럼을 타거나 다른 아이들의 흉내를 내면서 어울리게 된다. 그런데 어떤 아이는 혼자서 쭈그리고 앉아서 땅만 파고 있다. 또는 꼬마 생물학자라도 된 것처럼 혼자서 개미를 관찰하거나 식물을 관찰하고 다닌다.

반면에 다른 아이들을 보면 무작정 달려가는 아이가 있다. 마치 함께 놀다가 잠시 화장실 갔다온 아이처럼 바로 끼어서 같이 놀려고 한다. 놀던 아이들은 어안이 벙벙해 쳐다보거나 어떤 아이가 방해한다고 자기 엄마에게 이른다. 처음 보는 아이인데 마치 단짝 친구를 본 것처럼 반갑게 안기도 하고 심지어 뽀뽀도 한다. 무방비로 당한 아이는 운다. 까다로운 아이들보다는 쉽게 받아주는 어른들에게 접근하는 아이도 있다. 마치 자기 엄마나 할머니에게 하듯이 가서 안기기도 하고 말을 건다. 대부분의 어른들은 귀엽다고 받아주지만 엉뚱한 아이라는 생각을 지울 수 없다. 자폐적인 아이들 중에는 다른 사람들에게 전혀 관심이 없는 아이들부터 매우 관심을 보이며 달려드는 아이도 있다. 간혹 다른 사람들에게 관심을 많이 보이는 아이들은 사회성이 좋다는 말을 듣기도 한다. 자폐적인 아이들도 아이에 따라서 사람들과 어울리고 싶은 '사회적 욕구'의 양이 다 다르다. 다만 사회적 욕구의 유무와 상관 없이 자폐적인 아이들은 공통적으로 적절하게 다른 사람들 또는 또래들에게 다가가거나 어울리는 방법을 모른다.

자폐적인 아이들이 다른 사람들과 무언가를 같이 하려고 하지 않을 것이라는 생각은 일부만 맞는 셈이다. 외향적이고 활달한 성향을 가지고 태어난 자폐적인 아이들은 일찍부터 사회의 쓴맛을 경험하게 된다. 또래를 발견하면 달려가 자기가 좋아하는 물고기들의 이름, 서식지, 크기, 천적 등에 대해 일방적으로 말하다가 무시당한다. 어쩌다 놀이에 끼게 돼도 놀이 규칙을 모르거나 자기 방식을 우기다가 퇴출당한다. 화가 나면 말로 표현 못하고 판을 엎거나 폭력을 사용해 동네 악동으로 소문난다. 한 엄마는 놀이터에서 무리지어서 놀던 동네 여자아이들로부터 자신의 아들과 앞으로 같이 놀지 않겠다는 이야기를 듣고 잠 못 이루다가 루돌프연구소를 찾아온 경우도 있다. 다른 사람들과 어울리기 위해서는 서로의 관심을 공유하고 다른 아이들의 행동을 모방하여 배워야 하며 때로는 함께 규칙을 만들고 협력해서 지켜야 한다.

심한 자폐 증상을 가진 아이들은 혼자 있기만을 바라는 것처럼 보일 때가 많다. 구석에서 자기가 좋아하는 무언가를 하면서 혼자 있는 모습이 많기 때문이다. 아무리 자폐 증상이 심해도 혼자 있기만을 바라지는 않을 것이라는 믿음이 내게 있다. 낯선 곳이나 낯선 사람을 거부해 루돌프연구소의 현관에 들어서는 것도 어려운 아이들이 연구소에 들어오면 엄마가 어디에 있는지 끊임없이 확인하는 모습을 볼 수 있다. 누군가 의지할 사람이 필요한 것이다. 어떤 아이는 혼자서만 놀면서도 꼭 아이들 무리 안에서 놀려고 하지 따로 떨어져 놀려고 하지 않는 경우도 있다.

특수초등학교 3학년 현오는 자폐 증상이 심했다. '엄마'라는 말을 비슷하게 할 수 있었고 무엇을 요구하기 위해 손을 내밀 수 있었다. 그리고 그 이상 말은 못하지만, '가자', '앉자', '먹자'와 같은 아주 간단한 지시를 알아듣는 것 같았다. 그 외에는 거의 소통이 되지 않았고 잠시라도 지켜보지 않으면 머리를 벽이나 바닥에 박거나 손으로 자기 머리를 쥐어박았다. 엄마는 현오가 자기 머리를 때리지 못하도록 딱딱한 종이로 만든 팔토시를 끼워서 팔을 구부릴 수 없게 만들었다. 몸 움직임도 원활하지 못했다. 뇌성마비 증상도 있어서 관절을 부드럽게 굽히거나 펴지 못해 불편하게 걸었고 층계를 오르내릴 때는 양쪽에서 잡아주어야 했다. 자해 증상 이외에 현오가 검사 과정에서 한 행동은 접시를 흔들어보거나 검사 테이블을 탁탁 쳐서 소리를 내고 장난감에 달린 바퀴를 돌려보는 것이 전부였다. 아이에게 한없이 헌신하고 있는 엄마의 모습을 보며 나는 검사 내내 마음이 착잡했다. 일반 지능검사는 물론, 말을 사용하지 않고 제스처로만 지시하는 비언어 지능검사에도 현오는 전혀 반응하지 않아서 지능을 평가할 수 없었다. 현오는 엄마를 사랑하기나 하는 걸까? 아니, 엄마가 자신의 엄마인지 알기나 하는 걸까? 이런 생각을 하면서 검사가 끝났다. 먼저 나와서 검사를 마치고 나오는 현오를 기다리던 엄마의 얼굴에 반가움과 안쓰러움이 교차했고 엄마를 발견한 현오는 무표정하게 엄마를 향해 곧장 힘겹게 걸어가 안겼다. 나는 안도했다. 그날 이후 나에게는 '한 사람도 좋아하지 않는 사람은 없다'는 믿음이 생겼다.

사람들에 대한 무관심 ————

사람들은 보통 자폐적인 사람들을 상상할 때 다른 사람들과 어울리는 것을 피하고 자신이 하고 싶은 것만 하고 있는 내성적인 사람을 떠올릴 것이다. 하지만 자폐적인 성향을 가지고 있어도 외향적이고 사회적 욕구가 많은 아이들이 있다. 자기가 속한 사회에 끼어들지 못하거나 거부당하고 심하면 반복된 피해의 경험으로 스스로 사람들을 거부하기도 한다. 활달했던 아이들이 나이가 들면서 사회로부터 멀어지고 위축되는 과정이다. 천성이 내성적인데 이런 경험까지 반복하게 되면 결국 다른 사람들에 대해서 무관심하게 된다.

원진이는 초등학교 6학년 때 학교에서 동급생에게 괴롭힘을 당하고 소송에까지 휘말렸다. 원진이는 어릴 때부터 자폐적인 행동이나 모습이 있다는 말을 들었는데 분명하게 진단을 받은 것은 6학년 때 일어난 사건 때문이다. 어느 날 원진이네 집에서 일하던 도우미 아주머니가 원진이 얼굴을 보다가 깜짝 놀라 소리를 지르며 원진이 엄마를 찾았다. 원진이 속눈썹이 싹 잘려 나가서 하나도 남아 있지 않았기 때문이다. 원진이 엄마도 그 모습을 보고 깜짝 놀랐지만 정작 당사자인 원진이는 아무렇지도 않은 태도였다. 원진이를 한참 다그치자 학교에서 며칠 전에 있었던 일을 이야기했다.

그 사건을 요약하면 이렇다. 원진이가 복도에 있는데 같은 반 아이 K가 불러 화장실로 따라 갔다. 화장실에서 K는 가위로 원진이의 속눈썹을 잘랐다. 원진이 엄마는 원진이가 당한 것에 화가 나기도 했지만 또다시 이런 일이 재발될 것을 걱정했다. K를 만나서 사과를 받고 다시는 그런 짓을 하지 않겠다는 약속을 받아야겠다고 나섰다. 그런데 일이 예상과 다른 방향으로 진행됐다. K의 부모는 한 로펌의 변호사를 통해 원진이를 명예훼손으로 고소했다. K는 그런 일을 한 적이 없는데 원진이가 거짓말을 해서 K의 명예가 훼손됐다는 것이다.

K측에서 3년 넘게 집요하게 원진이의 잘못을 입증하려고 노력했지만 결국 원진이가 재판에서 이겼다. 마지막까지 K측의 주장은 '자폐스펙트럼 장애를 가지고 있는 사람도 거짓말을 한다'는 논문을 근거로 원진이가 처음부터 이 사건에 대해 거짓 증언을 했다는 것이다. 실제로 자폐스펙트럼 장애를 가지고 있는 사람들도 거짓말을 할 수 있다. 자폐 증상이 심하지 않고 지능이 그렇게 떨어지지 않는 사람이라면, 그리고 어떤 한 가지 사항에 대해 그것에만 집중해서 치밀하게 계획하는 사람이라면 일정 기간 성공적으로 거짓말을 하는 것이 가

능할 수도 있다.

자폐적인 사람들 중에는 거짓말을 쉽게 자주 하는 사람도 있다. 하지만 대부분 누가 봐도 뻔한 거짓말을 해서 그 즉시 탄로 나는 경우가 많다. 딱히 악의가 있어서 거짓말을 하는 것이 아니라, 말귀를 잘 못 알아듣거나 어떻게 반응해야 할지 모르는 아이들이 흔히 하는 반응이다. 자폐적인 아이들이 하는 거짓말의 형태는 다양하지만 대부분 앞뒤 생각 없이 불쑥 그냥 말이 그렇게 나왔을 뿐이고, 속일 의도가 없는 거짓말이라는 것이 더 정확한 표현일 것이다. 그런데 원진이는 이런 종류의 거짓말도 하지 않았다. 원진이는 꼭 말을 해야 하는 상황이 아니면 말을 잘 안 하는 아이다. 나는 원진이의 재판을 위해 소견서를 썼다. 다소 길더라도 자폐스펙트럼 장애를 이해하는 데 중요한 부분이 있어 소개한다.

"(앞부분 생략) 본인은 자폐스펙트럼 장애 진단 검사 당시, 조원진의 '자기방어' 능력에 대해 주목했습니다. 일반적으로 자폐스펙트럼 장애를 가지고 있는 사람들은 자기방어 능력이 취약한데, 조원진은 자기방어 능력이 특별하게 취약한 아동입니다. 타인에게 공격당할 때, 자신을 방어하는 방법과 수준을 크게 아래와 같이 분류할 수 있습니다.

수준1: 적절한 말로 가해자를 설득하고 제압하는 방법

수준2: 소리를 지르거나 같이 공격하거나 또는 도망치는 등 신체적 행동으로 막는 방법

수준3: 스스로 방어하지 못해 당하고 나서 주변 사람들에게 알리고

도움을 청하는 방법

수준4: 아무런 방어를 못함

일반적으로 자폐스펙트럼 장애를 가진 어린이들은 효율적이고 합리적인 언어 소통에 어려움이 있기 때문에 '수준1'의 방어를 하기는 어렵습니다. 그러나 '수준2'나 '수준3'의 방어를 하는 경우는 흔히 있습니다. 그 사건 당시, 조원진의 방어 행동은 '수준4', 즉 아무런 방어를 하지 못했던 것으로 판단됩니다. 무엇보다 조원진이 당한 행동이 피해자의 작은 움직임에도 가해를 하기 어려운 행동(속눈썹을 자르는 행동)이었음을 감안하면, 조원진의 자기방어 능력은 특별히 취약했다고 할 수 있습니다.

그런데 그 사건에 대해 진술한 조원진이 또래도 아닌 성인, 그것도 경찰을 대상으로 자신을 방어하는 거짓 진술을 했다고 한다면, 이는 조원진의 자기방어 능력이 '수준1'이라고 주장하는 것과 같습니다. 만약 그랬다면, 조원진이 또래 아동에게 속눈썹을 잘리는 일은 일어나지 않았을 것입니다.(이하 생략)"

원진이는 그 사건 이후 지방으로 이사하여 학교를 다녔다. 사는 곳이 멀어서 루돌프연구소에 정기적으로 오기 어려웠지만, 방학을 이용해 고등학교 때까지 루돌프연구소의 그룹 치료 프로그램에 참여했다. 동급생에게 괴롭힘을 당하고 경찰에 불려 다니고 재판을 받고 하는 과정을 겪으면서 원진이가 예전과는 달라졌을까? 그룹 프로그램에 참여하기 위해 대기실에 앉아 있는 원진이를 보면 늘 그랬던 것처럼 전혀 아무 일도 없었던 아이처럼 보였다. 내가 왔다 갔다 해도 모른 채, 아무 말 없이 혼자 그림만 열심히 그렸다.

이 사건을 겪으면서 원진이 엄마는 사회 곳곳에 도사리고 있는 위험으로부터 원진이를 보호하기 위해 장애 등록을 신청하기로 결심했다. 초등학교 때 이미 장애 등록을 위한 진단서가 있었지만, 앞으로 어떻게 자랄지 모르는 아이를 위해 장애 등록을 결심하는 것은 부모들에게 쉬운 일이 아니다. 특히 경제적으로 여유가 있는 부모의 힘으로 얼마든지 원진이를 잘 키울 수 있다고 생각했을 수도 있다. 장애 등록을 위해 2년 반 만에 재검사를 했을 때, 원진이는 정서적으로 많이 안정돼 있고 사람을 대하는 태도도 좀 더 유연했다. 초등학교 때 첫 검사에서는 우주과학에 대한 이야기 외에는 거의 말을 하지 않았는데, 재검사에서는 일상적인 대화를 어느 정도 주고받을 수 있었다. 학교에서 어울리는 친구도 있다고 했다. 경쟁적인 서울의 사립학교에서 지방에 있는 학교로 전학하고, 방학마다 사회성 발달 전문 치료를 받은 효과가 나타난 결과로 보였다.

사회적 거리감 오류 ————

대부분 할머니들이 '손주 돌봐준 공은 없다'고 말하곤 한다. 할머니를 가장 사랑하는 것처럼 품에서 놀던 아기가 퇴근한 엄마를 보면 언제 그랬냐는 듯이 바로 엄마 품으로 옮겨가기 때문이다. 그런데 일과 육아를 병행했던 기수 엄마가 출근할 때 기수는 한 번도 울거나 매달리지 않는 모습을 보고 아기지만 참 '쿨'하다는 생각을 했다고 한다. 자폐적인 아기들이 엄마에게 보이는 애착 행동은 매우 다양하다. 잠시도 안 떨어지는 아기가 있는가 하면 기수처럼 엄마와 떨어지는 데 아무 문제가 없는 아기도 있다. 두 경우 모두 평범하게 발달하는 모습은 아니다. 엄마는 기수가 클수록 과연 이 아이는 내가 이 세상에 하나밖에 없는 엄마라는 걸 아는지 점점 확신이 들지 않았다고 한다.

낯가림이 전혀 없는 아이들이 있다. 처음 보는 사람들에게도 친근하게 다가가고 배달 온 사람이나 전기수리 하러 온 기술자에게 마치 삼촌 대하듯 하는 아이들이 있다. 반갑게 맞이하고 냉장고에서 맛있는 것을 꺼내서 대접하고 옆에 붙어서 이야기를 하기도 한다. 처음에는 참 다정한 아이라고 생각하다가 시간이 지나면 이상한 느낌이 들게 하는 경우다. 친척과 낯선 사람들을 구분 못하는 아이에게 화가 나서 온 엄마들이 종종 있다.

초등학교 2학년 찬진이는 늘 자신의 행동을 제지하는 엄마와 아빠에게 화가 많이 나 있었다. 나와 결혼에 대해 이야기하고 있었는데, 자신은 커서 예쁜 친구랑 결혼할 거라는 말을 하다가 불쑥 엄마와 아빠가 많이 싸워서 이혼했으면 좋겠다는 말을 했다. 내가 "엄마 아빠가 이혼하면 너는 많이 속상할 걸" 했더니, 엄마 아빠가 자꾸 나를 혼내기 때문에 둘이 이혼했으면 좋겠다고 재차 말했다. "그렇게 되면 너는 엄마 아빠랑 같이 살기 힘들텐데"라고 말하니, 외할머니와 외할아버지가 잘해준다고 대답했다. 나는 지지 않고, "엄마 아빠가 이혼하면 외할머니 외할아버지가 화가 나서 지금처럼 너에게 잘해주지 않을 수도 있어." 그리고, "이 세상에서 엄마와 아빠보다 너에게 잘해주는 사람은 없어"라고 말하자, 놀라면서 반박했다. "친할아버지하고 친할머니는 저에게 더 잘해주실 거예요."

　루돌프연구소를 찾아 온 한 엄마에게 혈연관계가 있는 사람들 중에 아이와 유사한 사람이 있냐는 질문에 친정아버지 이야기를 했다. 그 분은 매사에 너무나 객관적이어서 가족 모두가 분개할 때가 많았다고 한다. 예를 들어, 다른 가족과 여행을 갔다가 다툼이 일어나 두 가족이 양편으로 갈려 싸움을 한 경우가 몇 번 있었다. 그런 상황이 될 때마다 친정아버지는 마치 자신이 심판자라도 되는 양 중립적인 입장을 취하기도 하고 심지어 자신의 가족을 야단치며 상대 가족 편에 선 적도 있었다. 친정아버지는 이 세상에서 누가 자신에게 중요한지 전혀 모르는 사람이라고 했다. 일반적으로 사람들은 자신과 누가 더 가깝고 중요한 사람인지 깊이 생각하지 않고도 본능적으로 안다.

상상놀이 ─────

　진단 기준 중에 '상상놀이를 함께 하지 못한다'는 항목이 있다. 윙이 말한 것처럼 자폐적인 아이들은 상상하는 것을 어려워하고 소꿉놀이나 역할놀이 같은 상상놀이를 잘 하지 못한다. 상상놀이가 실제 삶에서 어떤 역할을 하는지 내 경험담을 소개한다. 오래전 스코틀랜드를 여행하다가 네스호 가까운 작은 마을에 있는 한 어부의 집에 묵은 적이 있다. 20대 초반 정도로 보이는 어린 집주인 부부는 정말로 친절했다. "세계적으로 유명한 네스호에서 하루를 머무는 것이 너무 기뻐요. 더구나 네스호에는 한 괴물(a monster)이 살고 있잖아요?" 내가 말을 꺼냈다. 어린 부부는 정색을 하고, "아니에요. 네스호에는 괴물들(monsters)이 있어요. 괴물도 가족이 있어요. 우리도 가족, 당신들도 가족, 그런데 네스호의 괴물만 혼자 사는 것은 말이 안 되잖아요. 우리는 엄마 괴물, 아빠 괴물, 아기 괴물들이 다정하게 네스호에서 사는 것을 알고 있어요"라고 단호하게 말했다. "와! 정말요? 괴물 가족들도 화목하게 살고 있다는 사실을 알게 돼 너무나 기뻐요."나는 초롱초롱한 눈으로 말하는 어린 부부의 이야기를 듣는 순간 네스호에는 괴물 가족이 정말로 살고 있다고 믿겨졌다. 그리고 어린 가장이 그날 네스호에서 막 잡아온 생선구이를 아주 맛있게 먹고 깊이 잠들었다. 가족과 정답게 사는 괴물이 나를 해치지는 않을 것이라는 믿음이라도 생긴 것일까? 다음 날 네스호 괴물이 그려진 직사각형 모양의 쟁반을 기념품으로 사서 30년 지난 지금도 집에서 쓰고 있다.

네스호의 젊은 부부와 하룻밤 공유한 네스호 괴물에 대한 믿음 때문에 서로를 믿고 함께 살아가는 '인류 가족'이 된 경험담이다. 유발 하라리Yuval Noah Harari는 인류가 7만 년 전에서 3만 년 전 사이에 상상이 만든 허구를 공유하는 새로운 소통 능력을 갖게 됐으며 그것 때문에 지구를 지배하는 사피엔스가 되었다고 주장한다.[21] 이 상상의 공유를 통해 인간은 다른 동물 사회에는 존재하지 않는 사회, 정치, 금융 시스템들을 만들어냈다는 것이다. 대표적인 예를 들면, 물물교환으로 생존해왔던 인류가 허구의 물건인 화폐를 실제 가치를 가진 물건으로 바꿀 수 있었던 것도 상상의 공유 때문에 가능했다. 이제는 스마트폰을 몇 번 터치하는 행위로 먹고 싶은 것과 입고 싶은 것을 얻을 수 있는 세상으로 상상의 공유는 진화했다.

호모사피엔스 어린이라면 '엄마, 아빠가 됐다'는 믿음을 가지고 상상놀이를 할 수 있어야 한다. 가짜 음식을 대접하고 서로 먹는 시늉도 해야 한다. 사전 조율 없이 몇 개의 장난감만을 가지고 상상의 상황을 만들고 거기에서 상상의 이야기를 함께 전개하는 것이 소꿉놀이다. 내가 엄마이고 상대방이 아빠이며 우리 모두가 그 역할을 앞으로 한동안 잘 수행할 것이라는 믿음이 전제가 돼야 가능한 놀이이다.

검사 상황에서 나는 아이들과 상상놀이를 한다. "선생님은 환자야. 너는 치과 의사야. 이제부터 의사 선생님이 충치 환자에게 '치카치카' 하는 방법을 가르쳐주는 거야. 자, 잘 봐." 내가 빈손으로 테이블 위에 그림을 그리며 설명한다. "여기 우리가 세수하는 세면대가 있고, 여기는 칫솔 그리고 치약이 있어. 받아. 아, 됐다. 이제 의사선생님이 가르쳐주세요"라고 했을 때 끝까지 놀이를 거부하는 아이들이 있다. "에이, 다 가짜잖아요." 또는 "선생님은 충치 없잖아요. 칫솔도 없고, 치약도 없잖아요. 다 가짜예요"라고 하거나, "선생님도 사탕 좋아해서 충치 생겼어요?"라며 믿기 어렵다는 듯이 눈을 동그랗게 뜨는 아이도 있다. 가상의 상황을 받아들이지 못해서 놀이를 진행하지 못한다.

자폐적인 유아들은 또래들과 소꿉놀이나 엄마아빠 놀이 같은 상상놀이를 못하거나 그런 놀이들을 잘 할 수 없어서 싫어하는 경우가 많다. 또는 다른 아이들이 유아시절의 상상놀이를 다 끝낸 나이가 되어서야 어린 동생들과 또래들보다 단순한 놀이를 하는 경우가 종종 있다. 마음속의 생각을 공유하거나 공감하고 새로운 것을 함께 상상해내는 것이 어렵기 때문이다. 자폐 증상이 심하거나 지적 능력이 부족하거나 말을 하지 못해 상상놀이를 못하는 경우도 있지만, 지능이 우수하고 동화책을 많이 본 아이들도 자신만의 상상으로 이야기를 만들어가는 놀이를 어려워하는 경우가 많다. 상상놀이는 못하지만 이미 해본 놀이들은 할 수 있는 어떤 자폐적인 아이는 엄마가 도와서 같이 해봤던 상상놀이를 똑같이 반복하려고만 했다. 엄마와 자기가 전날 놀면서 했던 말을 똑같이 말하고 엄마에게도 똑같은 말을 해달라고 요구했다. 자연스럽게 새로운 이야기로 놀이를 진행해가려는 엄마는 매일 반복되는 아이의 똑같은 요구를 이해하지 못했다. 아이가 새로운 이야기를 상상하고 만들어내지 못한다는 사실을 몰랐기 때문이다. 평범하게 발달해가는 아이들은 말이 나오면서 아기 인형을 업고, 재우고, 무언가를 먹으라고 하고, 또래 아이들을 만나면 엄마와 아빠 역을 나누어 하면서 논다. 어른들의 행동에서 보고 배운 것들을 스스로 해보고 새로운 이야기를 만들어가는 상상놀이를 함께 할 수 없으면, 호모사피엔스들의 사회생활에 뛰어드는 데 빨간불이 켜지는 것이다.

초등학교에 입학하는 나이가 되면 아이들이 점점 상상놀이를 덜하게 된다. 하지만 자폐적인 아이들 중에는 유아 때는 하지 않다가 뒤늦게 상상놀이에 뛰어드는 아이들이 있다. 아이가 친구를 사귀지 못해서 연구소에 온 지영이 엄마는 아이가 집착하거나 몰두해서 하는 것이 있냐는 내 질문에, "얘는 맨날 인형 가지고 상상놀이만 해요"라고 대답했다. 나는 여자아이고 학교에도 들어갔으니 상상놀이를 어느 정도는 할 수도 있겠다고 생각했다. 아이에게 장난감 피규어들을 주고 "선생님은 남자 친구 할거야, 너는 여자 친구 하면 어때?"라고 물으니 흔쾌히 좋다고 했다. 나는 남자 목소리를 흉내 내며, "예쁜 아가씨 안녕하세요? 햄버거가 있는데 같이 먹을까요?" 하는데 갑자기 '퍽!' 하고 내 피규어를 때리고 나서 깔깔 웃었다. "어, 깜짝 놀랐네, 이건 폭력…" 하는데 벌써 옆에 있는 장난감 스패너로 내 피규어의 목을 조인다. 구타하고 깔고 뭉개고 막 웃는다. 지영이는 그렇게 말도 없이 이단옆차기, 목꺾기, 조르기 등을 반복하며 엄청 즐거워했다. 이런 상상놀이를 같이 하고 싶은 또래 여자아이들은 아주 드물지 않을까.

대부분의 아이들은 학교에 다니게 되면 자신이 아니라 남이 하는 상상놀이의 관객으로 바뀌어 가면서 영화나 연극을 보거나 소설을 읽는다. 이렇게 남들이 하는 간접적인 상상놀이도 자신의 일처럼 얼마든지 동참할 수 있다. 함께 웃고 눈물을 흘리고 때로는 잠들지 못하고 책의 결말에 도달하고야 만다. 그런데 상상의 이야기에 몰입하지 못하는 사람들이 있다. 자폐적인 어른들은 가족들이 보는 TV 드라마를 공감하는 것이 쉽지 않다. 극의 전개가 빠르게 느껴지고 신속하게 해독되지 않는 대사와 장면들이 반복되면 쉽게 흥미를 잃게 된다. 드라마보다는 디스커버리 채널의 다큐멘터리가 더 마음에 와닿는다. 여자들이나 보는 드라마를 보느니 역사물이나 시사 뉴스들을 보는 것이 삶에 더 도움이 된다고 생각을 하는 아빠들이 꽤 있다.

상상놀이, 소설, 드라마들에서 나오는 아주 간단한 이야기에도 그 사회의 문화와 관습, 부부나 부모 자녀 관계 등 다양한 사회적 관계에서 요구되는 사람들의 역할, 그리고 어떤 상황에 적절한 구체적인 행동 방식들이 녹아들어 있다. 루돌프연구소를 방문했던 한 엄마는 혈연관계가 있는 사람들 중 아이와 유사한 사람이 있냐는 질문에 시아버지 이야기를 들려줬다. 결혼 전에 처음으로 미래의 시댁을 방문하게 된 엄마는 시아버지가 마중 나오실 거라는 말을 들었다. 평소 사회성이 많이 떨어지고 말실수도 잦은 시아버지에게 시댁 식구들은 며느릿감을 보면 절대로 아무 말이나 함부로 해서는 안 된다고 신신당부했다고 한다. 결혼을 앞둔 상황이어서 그랬는지 시아버지도 긴장했던 것 같다. 역에서 만난 며느리에게 미소만 띤 채 아무 말도 하지 않았다고 한다. 새며느리는 말을 하지 않는 미래의 시아버지가 불편해서 오히려 자꾸 말을 걸었는데, 시아버지는 나중에 헤어질 때 차비로 주려고 준비했던 5만 원짜리 지폐 두 장을 얼른 쥐어주고는 먼저 차에 타버렸다고 한다. 유아 때부터 상상놀이를 많이 한 사람이었다면, 아니면 드라마라도 많이 보았더라면 이런 상황에서 당황하지 않고 행동했을 것이다. 그것은 사람들이 아무 고민 없이 하는 아주 일반적이고 평범한 행동들이다.

자폐적인 사람들은
자폐적인 사람들을 좋아할까? ————

자폐적인 사람들이 사회적응에 실패하거나 친밀한 관계를 맺지 못하는 가장 중요한 원인은 자신과 타인의 생각, 기분, 동기, 입장 등을 추론해보는 '마음이론'이 잘 작동하지 않기 때문이다. '공감'의 어려움이다. 서로를 잘 이해하지 못하고 그래서 마음이 통한다는 느낌이 없다면 관계가 만들어지기 어렵거나, 그나마 어렵게 만들어진 관계를 유지하는 것이 어렵게 될 것이다. 만약 공감이 어려운 사람들끼리 모이면 '동병상련'의 심정을 갖게 될까? 궁금해진다.

사람들은 자신과 비슷한 사람을 좋아한다는 일관된 심리학 연구 결과가 있다. 서로 공감이 쉽고 비슷한 생각을 나누다 보면 자신의 생각을 인정받는 느낌을 갖게 된다고 한다. 이것은 자폐적인 사람들에게도 적용할 수 있다. 18세 청년인 박석우가 입대를 연기하기 위한 자료를 준비하기 위해 엄마와 함께 루돌프연구소를 찾아왔다. 어릴 때부터 아스퍼거증후군이 있는 것 같다는 소견이 있었고, 불안을 줄이는 약물 치료를 받고 있었다. 학교 다니는 동안 수시로 따돌림을 당했고, 늘 친구가 없었다고 한다. 딱히 분명한 진단을 받은 적이 없었던 석우에게 주치의가 루돌프연구소에서 정확한 검사를 받아오라고 했다. 검사하는 도중에, 석우는 지금까지 친구가 딱 한 명 있는데 그 친구는 공부를 정말 잘해서 최고 수재들만 가는 대학에 올해 입학했다고 했다. 친구의 신상에 관한 이야기를 몇 가지 물어보고 생각나는 아이가 있어서 "혹시 그 친구 이름이 윤지석이니?" 물었더니, "어떻게 아세요?" 하며 깜짝 놀랐다. 윤지석은 초등학교 때 루돌프에서 사회성 치료 프로그램에 참여했던 아이로 자폐스펙트럼 장애 진단을 받은 아이였는데, 석우와 지석이가 서로 단짝 친구라는 사실을 그때 처음 알게 됐다.

친구가 없어서 루돌프연구소를 다니는 아이들도 치료 그룹에서 마음에 맞는 친구를 만나는 경우가 종종 있다. 서로 통하기 때문이다. 처음 둘이 만난 날, 간식으로 나온 과자 포장지에 쓰여 있는 영양성분표를 같이 보며 식재료의 특성과 칼로리에 대해 이야기하면서 친해진 아이들도 있다. 둘 다 알고 있는 건강 상식도 엄청나게 많아서 대화가 끝없이 이어졌다. 두 아이의 얼굴 표정을 보면, "애 아주 괜찮은데…" 하는 모습이다. 이렇게 관심을 공유할 수 있으면 서로 쉽게 끌리게 된다. 그러나 관계를 유지하기 위해서 필수적인 소통과 협력이 미숙한 그들의 관계가 길게 이어질지는 좀 더 두고 봐야 한다.

공대 교수인 남편 주변에는 친구들을 포함해서 자폐적인 대학교수나 연구원들이 많다. 남편이 연구 프로젝트를 진행하면서 친하게 된 대학 선배가 어떤 모임에 우리 부부를 초대했다. 와인을 좋아하는 사람들의 모임이라고 했다. 그 첫 만남에서 나는 친목 모임에 온 게 아니라 루돌프연구소에서 일하고 있는 느낌이 들었다. 거기 모인 사람들의 행동과 대화가 자폐적인 경계를 넘나든다고 느꼈기 때문이다.

각자 자신의 분야에서 성공한 사람들인 만큼 자신의 생각이나 알고 있는 것을 경쟁적으로 주장해서 대화가 원활하게 진행되지 않을 때가 자주 있었다. 때로는 나이나 사회적 지위에 맞지 않게 미성숙한 사고와 발언을 할 때도 있었다. 그 사람들은 첫 만남부터 내가 하는 일에 관심을 가졌고 자신뿐만 아니라 상대방에 대해 자폐스펙트럼 장애라고 서로 진단하기도 했다. 참석자 모두 대한민국 최고의 대학을 나와 미국의 명문 대학에서 박사학위를 받고 교수나 연구직에 있는 사람들이다. 아마도 대한민국 최고 자폐 엘리트들의 모임일 것 같다. 다수가 합의한 모임의 운영 방식을 받아들이지 못해 멤버 몇 사람이 탈퇴하기도 했지만 남은 사람들은 계속 친밀한 모임을 유지하고 있다.

일반적으로 동년배의 친구들로 구성된 친목 모임은 그 모임을 유지해가면서 갈등과 화해 그리고 합의와 협력 과정이 지속된다. 유유상종 모임이지만 그 사람들은 스스로 루돌프연구소의 그룹 치료 모임과 같은 자신들의 치료 모임을 만들어 운영하고 있는 셈이다.

유연한 협력과 공감 ————·

인간은 왜 이렇게 언어적 그리고 비언어적 수단을 모두 동원하여 정교하고도 섬세하게 소통을 하고, 서로 공감하려고 애쓰고, 친밀한 관계를 만들고 유지하려고 노력하는 것일까? 이것들은 오늘의 호모사피엔스 사회를 가능케 한 것으로, 유발 하라리가 지목하는 '유연한 협력'을 하는 데 없어서는 안 되는 조건들 아닐까. 내가 어릴 때는 아이들이 집 근처 골목에서 놀았다. 두 명만 모여도 자기주장과 다툼 그리고 타협이 이루어졌으며, 소통을 통해 나름대로 규칙을 만들었다. 아이들의 놀이가 별것 아닌 것 같아 보여도 나름대로 놀이 규칙이 있다. 놀면서 규칙을 만들어 지키고, 그 규칙에 문제가 있다고 모두 동의하면 고치거나 새로 만들며 다른 사람들과 함께 살아가는 방법을 배우는 것이다. 어른들의 세계도 사실 큰 차이가 없다. 만나서 소통을 하다보면 공감하여 약속과 규칙을 만들고, 규칙을 지키며 서로에 대한 신뢰를 쌓고 관계를 유지하다가, 규칙을 공유하는 사람들이 모여 집단을 형성한다.

자폐적인 아이들 중에서 외향적인 성격을 가진 아이들은 사회적 욕구가 매우 강하다. 어릴 때부터 어디를 가든 아이들을 보면 달려가서 같이 놀려고 한다. 초등학교에 입학한 초기에는 친구들을 많이 사귀고 나름 인기도 있다. 그런데 그게 오래가지 못한다. 시간이 조금 지나면 친구들과 다툼이 생겨 소원해지거나 따돌림을 당하게 된다. 친구 사이에 관계를 유지해가는 규칙을 만들고 지키는 것을 실패하기 때문이다. 몸으로 뛰어노는 시기가 지나서 마음을 나누어야 하는 나이가 되면 친구를 갖는 것이 더 어려워진다. 나이가 들수록 더 복잡해지는 관계 유지의 법칙을 공감하는 게 더 어려워지기 때문이다.

전문학술지《성인기의 자폐증》에 실린 자폐 전문가들의 토론에서 진정한 공감을 하기 위한 필수적인 3가지를 거론했다.[22] 인지적, 감정적, 경험적 공감이 필요하다는 것이다. 첫째, 어떤 상황에서 남의 감정이 어떤지 지적인 추론이 가능해야 한다. 둘째, 상황에 적절한 감정을 스스로 느껴야 한다. 셋째, 상황에 적절한 감정을 느끼기 위해서는 어느 정도 이상의 경험량이 필요하다. 이 모임에 참석한 전문가들은 자폐적인 사람들이 감정을 느끼는 것에는 큰 어려움이 없으나, 타인의 감정을 읽어내는 지적인 추론 과정이 상당히 어렵다고 결론내렸다.

자폐적인 아이들은 다른 사람과 공감하는 것이 매우 어렵다. 그런데 공감을 위한 3가지 조건들을 적용해보면 아이들마다 차이가 나타난다. 자폐적인 증상이 뚜렷한 아기를 데리고 온 엄마들 중에 "우리 아기는 감수성이 뛰어나요. 자폐일 리가 없어요"라고 말하는 경우가 적지 않다. 슬픈 음악이 나오거나 애니메이션에서 캐릭터들이 눈물을 흘리면 같이 운다고 한다. 나는 이런 자폐적인 아이들을 많이 경험했다. 그중 어떤 아기는 엄마가 울면 같이 눈물을 흘리거나 다가와서 눈물을 닦아준다. 그런데 그런 아이가 검사 상황에서 아무리 재미있는 장난감을 발견해도 엄마에게 보여주거나 함께 놀자고 하지 않는다. 혹은 내 지시를 따르지 않아서 엄마가 자기에게 화가 나 있는데 자신은 전혀 모르고 있다. 혹은 맛있는 간식을 주면 혼자만 먹고, 맛있냐고 묻는 엄마에게 아무 반응도 하지 않는다. 이런 아이가 과연 엄마와 감정을 공유하고 있는 것일까. 아니면 그냥 그 장면을 슬프게 느끼는 정도 아닐까.

한편 경미한 증상의 자폐적인 아이들 중에 그림책을 함께 보면서 이야기의 전개 과정을 고려해 등장인물들의 감정을 파악하는 아이들이 있다. 그런데 표정을 보면 자신이 알아챈 감정을 함께 공유하고 있는 것처럼 보이지는 않았다. 어떨 때 슬펐냐고 물으니 자신은 슬픈 적이 없었다고 대답한다. "선생님은 슬픈 영화를 보면 슬픈데…" 하니까, "나는 슬픈 영화라는 존재 자체를 몰라요"라고 말한 아이가 있었다. 슬픈 감정을 잘 느끼지 못한다는 표현이었다.

자폐적인 아이들이 타인을 공감하는 정도나 방식은 아이마다 다른 것 같다. 내가 알고 지내는 자폐적인 어떤 교수는 사사로운 일에도 화를 잘 내는 사람인데, 자신은 상대의 마음을 다 공감할 수 있다고 늘 말한다. 그러면서, "다만, 마음 속에서 절대로 용서가 안 될 뿐"이라는 말을 덧붙인다. 진정으로 공감한다면, '그래 내가 너라도 그런 생각과 행동을 할 수 있을 것 같다. 너는 또 나한테 얼마나 미안하겠니, 다 이해해'라는 마음과 함께 용서해야 하는 것 아닐까. 그런데 갈등으로 가득 찬 세상을 보면, 다른 사람들과 진정으로 공감하는 일은 자폐적이지 않은 사람들에게도 쉽지 않은 일로 보인다. 자폐적인 사람이든 아니든, 다양한 사람들을 이해하기 위해서는 실제로 그 입장이 되어보는 다양한 경험이 필요하다는 생각이다.

3

남다른 행동과
특이한 취미

자폐적인 사람들이 하는 상동행동에 대해 '집착', '몰입', '강박', '틀에 박힌', '반복적인' 또는 간단히 '꽂혔다'라는 표현들을 사용한다. 사람들과 소통하고 공감하고 교류하는 데 써야 할 많은 에너지를 상동행동에 사용하고 있는 것 같다. 내 경험적 관찰에 의하면, 루돌프연구소에서 사회적 행동을 배워 친구들과 어울려 놀기 시작하면 상동행동에 투입했던 에너지를 점점 더 사회적 행동을 위해 쓰게 된다. 아이들마다 다른 여러 상동행동들을 일상적으로 관찰하는 나는 상동행동들을 볼 때마다 모리츠 코르넬리스 에셔Maurits Cornelis Escher의 〈그림 그리는 손〉이란 작품을 떠올린다. 한 손이 다른 손을 그리고 있는데, 어디에서 시작되었는지 언제 마무리 될지 알 수 없으면서 서로를 계속 그리고 있는 두 손을 그린 것이다. 끊임없이 반복되고 끝나지 않을 것 같은 자폐적인 상동행동은 동일한 생각이나 말 또는 행동을 반복하는 것을 말하는데, 행동 유형이 매우 다양하고 나타나는 빈도도 개인에 따라 달라서 정확하게 평가하기가 쉽지 않다. 정신과학 분야의 전문가라도 자폐스펙트럼 장애에 대한 경험이 많지 않으면 아이를 관찰할 때 상동행동을 놓치는 경우가 적지 않다. DSM 5판에 크게 4가지로 제시된 상동행동 진단 기준들을 내가 관찰한 사례들과 함께 설명하기로 한다.

신체적 매너리즘 ————

신체적 매너리즘은 자신의 신체를 동일한 형태로 반복해 움직이는 것을 말한다. 같은 행동을 반복하기 때문에 매너리즘이라는 표현을 사용한다. 손에 국한된 행동으로는 손가락으로 마치 딱밤을 때리듯 튕기거나 또는 손가락끼리 꼬는 행동이 대표적이다. 검사자가 분명하게 관찰할 수 있도록 자신의 몸 앞에서 양손의 손가락을 빠르게 튕기는 행동을 반복하기도 한다.

그런데 항상 이렇게 하는 것은 아니다. 때로는 한 시간 행동 관찰 검사를 하는 동안 빈도가 몇 번에 그치는 경우도 있고, 한 번 허리춤에서 손가락을 튕기고 지나간다면 놓치기가 쉽다. 계속 코딱지를 후비는 아이가 빠르게 이런 행동을 하고 지나간다면, 코딱지를 튕겨서 날린 것인지 아니면 손가락으로 하는 매너리즘인지 확인하기 위해서 손가락이 튕기고 지나간 방향에 코딱지가 있는지, 아니면 그렇게 하려 했으나 아직 손에 코딱지가 붙어 있는지, 진짜로 아무 목적 없이 그냥 한 번씩 손가락을 튕기는 상동행동인지 끝까지 관찰해야 한다.

검사할 때 아이에게서 가능하면 눈을 떼지 않지만, 움직임이 많은 아이와 함께 노는 상황에서 완벽한 관찰은 쉽지 않다. 나중에 다시 확인하기 위해서 반드시 녹화를 해야 한다.

손가락을 꼬는 행동도 전형적인 상동행동이다. 흔히 둘째와 셋째 또는 셋째와 넷째 손가락을 꼬는데, 분명하게 꼬고 있기도 하고, 슬쩍 올려놓은 형태로만 있기도 한다. 어떤 경우든 꽤 긴 시간을 그렇게 있기도 하고, 아주 짧은 시간 스치듯이 하고 지나가기도 한다. 살짝 꼬아서 튕기기도 하는데, 이런 경우는 꼬는 행동과 튕기는 행동을 동시에 보여주는 것이다. 아주 순간적인 행동을 한 경우에 엄마 면접에서 확인하면 예전에는 자주 있었는데 지금은 하지 않는다고 말하는 경우가 흔히 있다.

양팔을 겨드랑이에서 크게 떼지 않은 상태에서 손과 팔을 좌우로 흔들며 다니거나 아예 퍼득거리며 날갯짓을 하듯 움직이기도 한다. 이런 행동은 기분이 좋거나 흥분했을 때 걸어가거나 뛰면서 많이 하기 때문에 슬쩍 보여주는 손 매너리즘보다 판단하기가 좀 더 수월하다. 자신의 몸을 빙글빙글 돌리기도 한다. 마치 피겨 스케이트를 탈 때 스핀을 하는 것처럼 팔을 쫙 벌리고 돌기도 하고 그냥 돌기도 한다. 빙글빙글 돌기 역시 계속 돌기도 하고, 한 번만 휙 돌기도 한다. 책상에 마주 앉아서 이야기하다가 일어서서 이야기를 해보라고 하면 한 번씩 빙글 돌면서 말을 이어가는 아이가 있다. 마치 큰 거인이 아이를 공처럼 튕기는 것처럼 두 발을 모으고 제자리를 콩콩 뛰기도 한다. 빙글빙글 돌기는 검사 상황에서 관찰되지 않아도 일정하고 반복적인 모습이기 때문에 엄마들에게 물어보면 잘 알고 대답해준다.

지금까지 설명한 상동행동들은 전형적으로 많이 관찰되는 행동이지만, 그 외에도 서서 좌우로 몸을 반복해서 움직이거나 앉아서 몸 전체를 특이한 형태로 반복해 움직이는 경우도 있다. '꼼짝 마!' 할 때 손을 들 듯이 양손을 들고 손가락을 빠르게 움직이거나 빤짝빤짝 접었다 펴기도 한다. 대부분 자연스러운 몸 움직임과는 거리가 있다.

반복적인 몸 움직임의 경우 틱일 가능성을 항상 염두에 두어야 한다. 전문가들도 틱과 상동행동의 구분을 어려워하는 경우가 많다. 자폐적인 상동행동은 그 행동을 하고 싶어서 하는 것처럼 보이고 그것에 몰두하는 것처럼 보인다. 손가락을 꼬거나 튕기면 어떤 자극을 느끼는 것 같다. 빙글빙글 돌며 어지러운 느낌을 즐기는 모습도 있다. 하지 말라고 하면 잠시이긴 하지만 주춤하거나 멈추는 경우가 많다. 한편, 틱은 좀 더 본인의 의지와 먼 행동처럼 보이고, 숨기고 싶지만 어쩔 수 없이 하는 것처럼 보이는 경향이 있다. 틱 전문가들에 의하면, 틱을 하기 전에 그 행동을 해야만 할 것 같은 전조 자극이 온다고 한다. 간지럽거나 불안이 엄습해서 해야만 할 것 같은 어떤 느낌, 그리고 틱을 하고 나면 마치 가려운 곳을 긁은 것처럼 시원한 보상이 있다고 한다. 하지 말라고 해도 멈추지 못하거나 고장난 장난감처럼 갑자기 심해지기도 한다. 이런 것들이 자폐적인 상동행동과 다른 점들이다. 그러나 사례마다 다르기 때문에, 본인이 정확하게 말해주지 않으면 검사자는 최대한 집중해서 관찰하고 다각도로 점검해보아야 한다.

물건 돌리고 줄 세우기 ―――――

자폐적인 아이들 중에 돌아가는 것을 좋아하는 아이들이 많다. 처음에는 팽이를 돌리고, 공을 돌리고, 냄비 뚜껑을 돌리다가, 자기 몸 크기만 한 것도 돌리고, 손에 잡히는 것은 무엇이든지 마구 돌린다. 모든 것을 돌리는 어린아이를 보고 집안 어른들이 환호하기도 한다. 재미있다고 하거나 재주가 많다고 하기도 하고 영리하다고 칭찬을 하기도 한다. 안 그래도 돌리는 것을 좋아하는 아이가 칭찬까지 받으니 눈만 뜨면 돌린다.

두 돌을 넘긴 지 얼마 안 된 성우는 검사 상황에서 아무리 재미있는 장난감을 보여주어도 반응하지 않고 눈길 한 번 주지 않았다. 돌리는 것을 좋아한다는 엄마 말이 떠올라 팽이들을 아이 앞에서 돌려줬다. 성우는 꼬물거리는 손가락으로 납작하게 바닥에 붙어서 돌아가는 CD 모양의 장난감 팽이를 세워서 돌렸다. 그 재주가 신기해서 나도 모르게 박수치면서 웃었다. 한 번도 나와 눈을 맞추지 않던 성우가 자신을 인정해주자 내 눈을 보면서 웃었다. 성우는 물건을 돌리는 것이 좋아서 돌리기 시작했을 것이다. 언어 발달은 늦고 있었지만 물건을 돌리면서 인정을 받았고, 그 순간만은 자기를 인정해주는 사람들과 눈을 맞추며 즐거움을 함께 공유했을 수 있다. 그래서 성우는 더욱더 돌리는 것에 몰두했을지도 모른다.

돌리기 다음으로 많이 하는 행동은 줄 세우기다. 강박적으로 똑바로 맞추어서 세우기도 하고 그냥 길게 이어놓기도 한다. 자로 잰듯이 반듯하기 세워진 물건들을 처음 본 사람들은 순간 멈칫하게 된다. 어떤 엄마는 섬뜩해서 막 흩트려놓았다고 한다. 그냥 다시 가서 똑바로 정리하는 아이가 있는가 하면, 울면서 난리를 치는 아이도 있다. 두 돌이 지나면서 자동차를 줄 세우기 시작했다고 말하는 엄마들이 많은데, 어떤 엄마는 아이가 주차장 놀이를 한다고 줄을 세웠다고 한다. 주차장 놀이를 한두 번 한다면 그냥 넘어갈 만하지만 자동차를 가지고 할 수 있는 더 재미있는 놀이가 많은데 늘 주차장 놀이만 했다면 상동행동으로 분류하는 것이 맞다. 장난감을 의미 없이 쌓아올리기도 한다. 그냥 쌓아올리고 무너뜨린다. 어떤 아이들은 장난감을 반복해서 던지거나 떨어뜨린다. 물건들이 무너지거나 떨어지는 걸 계속 보기 위해 이런 행동을 하기도 한다.

메아리 같은 반향어 ─────

반향어는 '에코랄리아echolalia'라고 하는데, 메아리라는 뜻의 '에코'가 어원이다. 누가 말을 하면 메아리처럼 그대로 따라하는 것이다. 바로 그 자리에서 따라하면, '즉각적인 반향어'라 하고, 한번 들은 말을 나중에 다른 상황에서 똑같이 사용하면 '지연반향어'라 한다. 예를 들어, 누가 "이거 한번 볼까?"라고 얘기했을 때 바로 "이거 한번 볼까?" 따라 하면 즉각적인 반향어이고, 어느 날 자기가 보고 싶은 물건을 발견했는데 마치 질문하듯이 "이거 한번 볼까?"라고 말하면 지연반향어다. 문장 전체를 다 따라 해야만 반향어가 되는 것은 아니다. 아침 일찍 검사하러 온 경수에게 "경수야, 너 오늘 아침에 일찍 일어나서 많이 힘들었지?"라고 내가 묻자, "오늘 아침 일찍 일어나서 많이 힘들었어요"라고 대답했다. 보통 아이들은 이런 질문을 받으면 "아니에요"라고 하거나 "괜찮아요", 아니면 "정말 힘들었어요"라고 대답한다. 경수 엄마는 경수가 엄마 질문에 "네" 또는 "아니오"라고 대답하는 것을 들어보고 싶다고 했다. 경수는 항상 엄마가 한 말을 그대로 사용해 대답했다. 내 경험에 의하면, 반향어가 자폐적인 언어 행동이기는 하지만 언어 발달 과정에서 과도기적인 형태로 나타나는 경우가 많다. 물론 그대로 발달이 멈추는 아이들도 있지만 대부분의 반향어를 하는 아이들은 그래도 말로 소통을 하려는 아이들이다. 아무 말도 하지 않는 아이들에 비하면 훨씬 긍정적이다.

지연반향어를 사용하는 경우는 다양하다. 자폐적인 아이가 자신에게 꽂힌 말을 반복해서 말하는 경우가 있다. 검사 도중에 시도 때도 없이 "흘리면 안 돼"라는 말을 반복한 아이가 있었다. 엄마가 밥 먹을 때 한 말을 반향어로 계속 반복한 것이다. 의사 표현을 위해서 지연반향어를 사용하기도 한다. 물이 먹고 싶을 때, 나에게 '물을 달라'고 하는 대신 "물 줄까?"라고 말한 아이도 있다. 목이 마를 때 엄마가 자신에게 했던 말을 그대로 사용하여 물을 달라고 표현한 것이다.

진범이는 낯선 상황이 되면 말이 잘 나오지 않는 5세 아이였다. 퍼즐을 맞추다가 조각이 부족해 내게 퍼즐 조각을 더 달라고 요구해야 하는 상황이었다. 요구하는 행동을 관찰하기 위해 일부러 조각을 덜 줬다. 진범이는 말을 잘 할 수 있는 아이지만, 처음 본 선생님에게 조각을 달라는 말을 어떻게 해야 할지 몰라서 머뭇거렸다. 엄마나 할머니에게 요구한 적은 있지만 처음 본 나에게 어떻게 요구해야 하는지 알 수 없는 것 같았다. 기다리다 지친 내가 "진범아, 조각 더 필요하지 않아? 선생님이 조각 더 있는데"라고 부추기자, "더 주시옵소서"라고 했다. 아마도 TV 사극에서 예의를 갖추어 하는 말을 기억했다가 내게 적용한 것 같다. 어떤 경우에는 자기 자신을 다스리기 위해 지연반향어를 사용하기도 한다. 늘 게임에서 이겨야 하고 지면 안 되는 자폐적인 아이들에게 치료사나 학부모는 "이기고 지는 것은 중요하지 않아"라고 가르칠 때가 많다. 지는 게 두려운 아이들은 게임에서 불리한 상황이 될 때마다, "이기고 지는 것은 중요하지 않아"라고 되뇌며 게임을 한다.

특이한 언어 표현

현수는 초등학교 2학년이다. 아이답지 않게 사자성어나 어른들이 사용하는 어려운 단어들을 자주 쓴다. 자폐적인 아이들 중에는 문어체 표현이나 전문 용어를 사용해 말하는 아이들이 흔히 있다.

나: 현수야, 외계인이 뭔지 아니?

현수: 지구 말고 다른 곳에 사는 외계 생물. 외계인 목격담도 꽤 있다고 하네요.

나: 친구가 약 올려서 어떻게 했어?

현수: 때에 따라 다르죠. 그때마다 응징하긴 하지만, 따지고 보면 그 애 죄상이 더 많으니까.

나: 친구는 어떤 사람이야?

현수: 동거동락하는 사이.

나: 어른들은 왜 결혼하지?

현수: 후손을 번창하려고요.

지영이도 초등학교 2학년이다. 지능이 평균보다 조금 낮은 지영이는 주로 3~4단어의 짧은 문장으로 말을 하는데, 말이 그 이상 길어지면 꼬여서 문장을 마무리하지 못한다. 긴 내용의 말은 머릿속에서 정리가 잘 안 되기 때문에 그냥 한 가지 내용의 말을 반복한다. 다음은 지영이와 내가 그림을 보며 나눈 대화다.

나: 지영아, 그림을 봐. 한 아저씨가 낚시를 하네. 그런데 고양이가 다가와서 물고기를 몰래 훔쳐갔어. 어쩌지?

지영: 고양이가 훔쳐가다가 넘어져서 코피가 나서 아저씨가 화가 났어요.

나: 지영아 고양이가 넘어져서 코피가 난 것 같지는 않아. 물고기를 나중에 먹으려고 숨겨놓았는데 새가 먹고 날아가고 있어.

지영: 새가 물고기를 물고 날아가다가 넘어져서 코피가 나서 아저씨가 화가 났어요.

나: 새가 넘어졌다고? 그런데 고양이가 물고기를 물고 가는 새

를 본 것 같아.

지영: 새가 물고기를 물고 가고, 물고기는 넘어져서 코피가 나서
아저씨가 화가 났어요.

나: 그랬구나. 우리 그냥 다른 이야기할까?

지영: 네.

지영이 엄마는 지영이가 얼마 전에 넘어져서 코피가 난 적이 있다
고 했다.

희준이는 자신이 한 말을 작게 한 번 반복한다. 마치 속으로 되뇌듯
반복하는 모습은 자신이 한 말을 다시 한 번 곰곰이 생각해보는 아이
처럼 보인다. 이런 식이다.

나: 희준아 오늘 급식하고 온 거야?

희준: 네, 급식하고 왔어요. (아주 작게) 급식하고 왔어요.

나: 맛있는 반찬 나왔어? 선생님은 다른 선생님들하고 점심으로
칼국수 먹었어.

희준: 네, 저는 칼국수 안 먹고 밥 먹었어요. (아주 작게) 칼국수 안
먹고 밥 먹었어요.

나: 나도 밥 먹으려고 했는데, 선생님들이 오랜만에 칼국수 먹자
고 해서 밥을 못 먹었네. 반찬은 맛있었어?

희준: 네, 맛있었어요. (아주 작게) 네, 맛있었어요.

알버트 아인슈타인이 어린 시절 이와 같이 자신의 말을 반복했다고 하는데,[4] 주로 언어 발달이 늦거나 원활하지 않았던 아이들에게서 많이 관찰되는 행동이다.

자기만 아는 표현을 사용해 말하는 아이들이 있다. 혜준이는 보드라운 물건을 만지면, "야물야물하다"라고 말한다. 그리고 대단하지는 않지만 생각지 않았던 일이 일어나면 "소박이다"라고 말한다. 사람들이 예기치 않았던 큰일이 생기면, "대박이다"라는 말을 하는 걸 염두에 두고 만든 말인 것 같다. 혜준이는 사자성어를 자기 마음대로 바꾸어서 말하는 것도 재미있어 한다. 예를 들어, 몸과 마음이 하나라는 의미의 '일심동체'를 응용하여, 몸은 둘이지만 마음은 하나라는 의미로 '일심두체'라는 말을 만들어 쓰기도 한다.

록 그룹 퀸에 관한 영화 〈보헤미안 랩소디〉를 보면 리드 싱어인 프레디 머큐리가 신조어를 많이 만들어냈음을 알 수 있다. 보헤미안 랩소디 가사 중 후렴구로 나오는 '갈릴레오 피가로 마그니피코Galileo Figaro Magnifico' 또는 '비스밀라Bismillah'에 대해 음반 제작자는 무슨 뜻이냐고 화를 낸다. 그 외에도 '비치'라는 성을 가진 음반사 직원에게 이름이 지루하니 '마이애미 비치'로 하자며 그 직원을 '마이애미'라고 부른다. 자신의 이름도 부모가 지어준 이름이 아닌 프레디 머큐리로 개명하고 자신이 속한 남자들만으로 구성된 밴드그룹의 이름도 여왕을 의미하는 퀸으로 작명했다.

프레디 머큐리가 했듯이 자기 마음대로 새로운 언어를 만들어내는 사람들이 있다. 20세기 위대한 고전 기하학자로 평가받는 도널드 콕

세터Donald Coxeter는 영국 출신의 캐나다 수학자다. 어린 시절 프랑스어와 라틴어를 배우면서, 자신만의 언어인 '아멜라이비아'어를 만들었다. 126쪽의 노트에 공 모양의 요정인 '바이니아' 들이 사는 '아멜라이비아'라는 나라의 단어집을 만들고, 지도, 역사, 족보들이 들어 있는 이야기를 만들었다. 그 노트에는 무게와 치수, 공식, 방정식, 아멜라이비아의 마법수들도 들어 있다고 한다.[23]

사람들이 오랜 세월에 걸쳐 만들고 사용해온 언어가 아닌 자신의 세계에서만 통하는 언어를 만들어내는 사람들이 있는데, 그 자신만의 언어들이 바로 자폐 전문가들이 말하는 신조어다. 아이가 신조어를 만들어 쓰면 귀여워하고 좋아하는 부모들도 있지만, 자폐 증상이라고 생각했던 어떤 엄마는 아이에게 "우리는 모두가 약속한 말로 말해야 사람들이 알아들을 수 있어. 네 말은 아무도 알 수 없어. 엄마도 몰라. 그래서 네가 그렇게 말하면 엄마는 알아들을 수가 없어"라고 분명하게 말해줬더니 자기 아이가 더 이상 신조어로 말하지 않았다고 했다.

강박증 1: 변화를 거부함 ─────·

강박증은 자폐적인 사람들이 흔히 보이는 동반 증상이다. 루돌프 연구소를 찾아 온 부모들은 '고집이 세다'는 말로 표현하는 경우가 많다. 고집을 부리는 대표적인 행동은 똑같은 방식으로 행동하려 하거나 변화를 거부하는 것이다.

자폐적인 학생들이 많이 다니는 특수학교 선생님들은 한 번 정해진 학사 활동을 바꾸는 것이 얼마나 어려운 일인지 잘 알고 있다. 자폐적인 학생들은 항상 같은 문으로 등교하려고 하고, 같은 시간에 같은 장소에서 같은 통학 버스를 타야 하며, 특정 시간에 등교하고 특정 시간에 하교하려고 한다. 학교에서 공사를 하면 선생님들은 아이들의 스트레스를 최소화하기 위해 기존의 동선을 가능하면 벗어나지 않도록 매우 고심을 해야 한다. 특수학교 학생들을 대상으로 연구를 진행할 때 가장 먼저 고심하는 것이 학생들이 일상적인 활동에서 벗어나지 않도록 검사 스케줄을 짜는 것이다. 우선 다른 연구 참여자들처럼 루돌프연구소로 초대하지 못하고 우리가 학교를 방문하는 것이 원칙이다. 낯선 장소를 거부하는 학생들이 아주 많고 그것 또한 일상에서 벗어난 활동이기 때문이다. 엄마들이 치료 센터를 가거나 마트를 갈 때도 아이들이 같은 길로 가려고 하거나 같은 일정을 고수하려 하기 때문에 힘들다는 말을 자주 한다. 예를 들면, 마트에 갈 때 항상 차를 세우는 장소에 차를 세워야 하기 때문에 가능하면 주차장이 한가한 시간에 가려고 노력하고, 매장의 특정 코너를 반드시 들러야 하고, 엘리베이터를 가장 높은 층까지 타고 올라갔다가 주차장으로 가야 하는 아이의 동선이 바뀌지 않도록 조심한다는 것이다.

민기가 어린이집 문 앞에서 들어가지 않고 갑자기 울면서 떼를 썼는데, 엄마는 도무지 영문을 알 수 없었다. 아이와 실랑이를 하다 지쳐 그냥 집으로 돌아왔다. 강박적인 아이라 변화를 싫어한다는 것은 알고 있었지만 말을 하지 못하니 물어봐도 대답이 없었다. 하루 종일 곰곰이 생각해도 평소와 다르게 한 게 없어서 답답했다. 다음 날 평소와 같은 시간에 같은 방식으로 어린이집에 다시 갔는데 민기가 또 울고 들어가려고 하지 않았다. 엄마는 일상에서 이렇게 한 번씩 벌어지는 사소한 일들 때문에 지쳐서 같이 울고 싶을 때가 많다고 했다. 그런데 어린이집 문 옆 담벼락에 있던 덩굴이 없어진 것을 발견했다. 민기는 평소에 어린이집 문을 들어가기 전에 덩굴 이파리를 한 번 만지고 들어간다. 그것을 할 수 없었던 민기는 어린이집을 그냥 들어갈 수 없어서 고집을 부리고 울었던 것이다. 민기가 울지 않고 어린이집을 다시 다닐 때까지는 며칠이 걸렸다.

민기가 덩굴 이파리를 만지지 못해서 울었는지, 아니면 덩굴이 없어져서 어린이집을 안 들어가려고 했는지는 미묘한 차이가 있다. 반드시 만져야 하는 강박증일 수도 있고, 변화를 거부하는 강박증일 수도 있다. 자폐적인 아이들 중에 낯선 것이나 새로운 것을 거부하는 성향을 보이는 아이들이 많다. 사는 집이 바뀌는 이사 같은 일은 엄청나게 큰 사건이다. 같은 집에서도 가구의 위치나 물건의 위치가 바뀌면 매우 불편해한다. 울거나 떼쓰는 행동까지는 안 하더라도 혼자서 원위치로 돌려놓으려고 낑낑거리는 모습을 볼 수도 있다. 가까운 사람들의 모습도 변화를 받아들이기 어려운 아이들에게는 달라지지 말아야 할 대상이다. 한 어린이집 선생님은 어느 날 직모였던 머리 스타일을 곱슬곱슬한 파마 머리로 바꿨다. 아이가 선생님을 보자마자 울기 시작했다. 가까이 오지도 못하게 하고 쳐다보지도 않았다. 결국 선생님은 아이 때문에 미장원에 가서 파마 머리를 다시 직모로 펼 수밖에 없었다. 엄마의 헤어스타일, 아빠의 안경테, 욕실의 목욕 제품들 모두가 변하면 안 되는 대상일 수 있다.

물건을 사는 일에도 강박증이 영향을 미친다. 엄마는 아이에게 새로 유행하는 예쁜 옷들을 입히고 싶은데 새옷이나 새 신발을 거부하는 아이들은 이런 작은 엄마의 소망도 쉽게 용납하지 않는다. 아이가 옷을 입어보아야 크기가 맞는지 어울리는지 알 수 있는데 아이에게 입혀볼 수가 없다. 경험이 많은 엄마들은 아이의 몸 사이즈를 측정해서 사온 옷과 신발을 미리 옷장이나 신발장에 넣어두고 아이가 익숙해질 때까지 기다린다. 계절이 바뀌어서 옷이 길어지거나 짧아질 때도 미리 아이에게 노출시켜서 낯설어하지 않도록 만들어서 입힌다.

우리가 일상적으로 주고받는 말도 항상 같은 방식으로 해야 하는 아이가 있다. 민정이는 말도 잘 할 수 있었고 지능도 낮지 않았다. 민정이는 아이들과 잘 어울리지 않고 혼자서 놀다가 집에 갈 때는 반드시 선생님에게 인사를 하고 갔다. "선생님, 안녕히 계세요"라고 인사하면 선생님은 반드시 "그래, 민정아 잘 가"라고 말해야 했고, 다시 민정이는 "네" 대답한 다음에 엄마 손을 잡고 집으로 갔다. 그런데 선생님이 "그래, 민정아 잘 가"라고 말하지 않고 다른 말로 인사를 하면 절대로 받아들이지 않았다. "선생님, '그래, 민정아 잘 가'라고 말해주세요"라고 요구했다.

강박증 2: 규칙을 너무 지키는 반항아 ————

눈에 보이지 않는 것들도 강박증이 적용되는 대상이 될 수 있다. 규칙이 그렇다. 어떤 규칙이나 방식을 배우면 무조건 그대로 하려는 자폐적인 아이들이 있다. 특수학교 선생님들은 아이들에게 새로운 것을 가르칠 때 미리 매뉴얼을 만들어놓고 시작하는 경우가 많다. 왜냐하면 한 번 배우면 그 방식 그대로 해야 하고 방식을 바꾸는 것이 매우 어렵기 때문이다. 예를 들어, 첫째, 쓰레기통이 가득 차면 학교 쓰레기장에 갖다 버린다는 규칙과 둘째, 수업시간에는 종이 칠 때까지 교실을 나가면 안 된다는 규칙을 가르칠 때, 첫째 규칙을 먼저 가르치면 둘째 규칙을 가르치기가 매우 어렵다. 쓰레기통이 차면 수업시간에도 무조건 쓰레기통을 비우러 나가기 때문이다. 종이 칠 때까지 나갈 수 없다는 규칙을 먼저 배우면 쓰레기통이 차더라도 종이 칠 때까지 기다렸다가 갖다 버릴 것이다. 이렇게 잘 계획을 세워서 가르쳤는데, 한 학생이 수업을 마치고 집에 가면서 교무실의 가득 찬 쓰레기통을 발견하자 배운대로 쓰레기를 버렸다고 한다. 다른 선생님들의 칭찬을 받은 아이는 집에 갈 때 매일 무작정 교무실을 들어가서 쓰레기통을 들고 나왔다. 나중에 교무실은 학생들이 함부로 들어가면 안 되는 곳이고 선생님의 허락을 받고 들어가야 한다고 가르치는 데 상당히 힘들었다고 푸념을 하는 선생님을 만난 적이 있다.

규칙에 '꽂히면' 모범적인 생활을 하는 아이가 될까? 규칙을 반드시 지켜야만 하는 아이가 초등학교에 입학하면 아주 초기에 치료 센터를 방문할 가능성이 높다. 이런 아이는 선생님이 학교 생활 규칙을 가르쳐줄 때마다 솜이 물을 빨아들이듯 배운다. 선생님에게 처음에는 모범적인 아이로 보일 것이다. 그런데 시간이 지나면서 아이들이 규칙을 조금이라도 벗어나면 지적하고 선생님에게 신고하는 일을 지속적으로 한다. 예를 들어, 선생님이 말을 할 때는 손을 들고 하라고 했는데 아이들이 그냥 불쑥 말하면 바로 지적하고 나온다. 처음에는 선생님이 호응을 해주지만 그냥 받아준 선생님의 행동까지 지적하고 나선다. 이런 일이 반복되면 선생님이 어떤 경우에는 규칙을 어긴 아이에게 더 공감하고 그 아이의 편을 들어주는 상황이 나올 수도 있다. 실제 생활은 규칙과 함께 융통성을 발휘해야 원활하게 돌아가기 때문이다. 이렇게 따지는 자폐적인 아이는 보통 말도 잘하고 지능도 낮지 않아서 소아정신과 병원에서 '반항성 장애' 진단을 받은 경우도 있다. 너무 모범적이어서 반항아로 낙인찍힌 사례다.

강박증 3: 똑바로 똑바로 ─────

대부분의 사람들은 주변에 강박적인 사람 한두 명쯤 알고 있다. 내가 만난 사람들 중에 특별히 기억나는 한 사람이 있다. 그는 독신의 도예가인데, 따뜻한 마음씨의 자폐적인 사람이다. 처음 본 인상은 고지식하고 타협을 모를 것 같은 모습이었다. 그는 항상 비슷한 스타일의 옷을 입었고 반드시 상의의 맨 위 단추까지 잠근 똑바른 옷차림을 고수했다. 식당에서 밥을 먹을 때는 수저를 항상 반듯하게 놓았다. 식사 중인 다른 사람들의 수저도 틈틈이 똑바로 정리한다. 상대방이 눈치채지 못하게 조용히 젓가락을 가지런히 정리하고 그 옆에 방향을 맞춰 숟가락을 반듯하게 놓는다. 그럴 기회가 만들어지지 않는 경우에는 "잠깐만요"라고 매우 미안한 표정으로 말하며 다른 사람들의 수저를 똑바로 정돈했다. 식사를 마치고 나갈 때는 식당 벽의 그림들을 보고 삐뚤어져 보이는 것들은 똑바로 만든 후 나갔다. 그는 식사하는 동안 사람들과 눈을 잘 맞추지 않았고 표정은 시종 심각하고 진지했다. 나는 그 사람을 만나면 당연히 직업의식이 발동했다.

어느 날 그의 사무실에 간 적이 있는데, 방 한가운데 큰 테이블 위에 문구류와 세련된 디자인의 소품들이 아무렇게나 던져놓은 것처럼 전혀 정리가 돼 있지 않은 것을 보고 놀랐다. 강박적으로 남의 수저를 정리하던 모습과 비교할 때 이해가 잘 되지 않았다. 그러나 그 이후 나는 이런 사람들을 종종 보았다. 주로 차림새를 보거나 차를 타보고 알게 되는데, 단정하게 차리고 다니는 사람이 차 안을 마치 쓰레기통처럼 하고 다니는 경우가 있다. 어떤 것을 정리하는 데 너무 신경을 쓰느라 다른 것들에는 전혀 관심을 두지 않는 것 같았다. 간혹 루돌프연구소에는 상당히 강박적으로 보이는 엄마들이 찾아오는데 막상 입고 있는 옷은 막 서랍에서 꺼내 아무렇게나 입은 사람처럼 구겨져 있는 경우를 본다. 비슷한 현상이 아닐까 싶다.

그는 많은 사람을 알고 지내는 듯 보였지만 혼자서 일을 하는 스타일이었고 같이 일하는 여직원이 한 명 있었다. 내가 그 사람을 마지막으로 본 것은 그 여직원이 결혼을 해서 회사를 떠나는 송별회 자리였다. 그 사람은 식사를 하면서 술을 많이 마셨는데 취기가 오른 와중에도 수저를 똑바로 정돈하는 작업을 멈추지 않았다. 자연스럽게 여직원의 결혼 이야기가 나오자 말없이 술만 마시던 그 사람은 갑자기 노래를 하겠다고 했다. 사람들은 결혼을 축하하는 노래인 줄 알고 흔쾌히 박수를 쳤는데, 그는 김추자의 〈님은 먼 곳에〉라는 노래를 부르기 시작했다. 솔직하게 말하자면 그는 음치였다. 음정이 맞지 않았고 고음으로 올라갈 때는 너무나 소리를 질러서 식당의 다른 사람들도 다 쳐다보았다. 〈님은 먼 곳에〉 노래 가사는 이렇다. "사랑한다고 말할 걸 그랬지, 님이 아니면 못 산다 할 것을, 사랑한다고 말할 걸 그랬지, 망설이다가 가버린 사람…" 심각한 표정으로 시작해서 통곡을 하듯이 부르는 노래를 들으며 나는 오히려 적막감을 느꼈다. 마치 아무도 없는 깜깜한 동굴에서 혼자 외치고 있는 사람처럼 그의 모습이 비현실적으로 보였다. 그는 그 여직원에게 마음이 있었던 것 같다. 그 여직원의 표정을 보니 어떤 짐작도 해보지 못했던 표정이었다. 그가 눈물까지 흘리며 노래를 마치자마자 우리는 모두 약속이나 한듯이 서둘러 여직원에게 결혼 축하 인사를 하고 흩어졌다. 자리에서 일어서면서 본 테이블 위에 똑바르게 놓여 있는 그 사람의 수저를 제외하고 나머지 사람들의 수저는 모두 흩어져 있었던 기억이 떠오른다.

무언가에 꽂힌 아이 ─────

최근 무언가에 몰입하는 사람을 뜻하는 일본어 '오타쿠'를 우리말로 바꾼 '덕후'라는 말이 유행한다. 덕후들이 모두 자폐적이라고 할 수는 없다. 그러나 자폐적인 사람들은 어떤 측면에서 덕후들이다. 자폐적인 덕후들이 집착하는 것은 매우 다양하다. 사물에 몰두하는 경우, 기계류를 비롯하여 건축물과 동식물, 광물까지 매우 다양하다. 지적인 관심인 경우, 숫자나 언어, 그리고 역사나 수학을 포괄하는 지식 전반이 대상이 될 수 있다. 시사나 정치 현안, 또는 대인 관계 등 우리가 삶에서 접할 수 있는 모든 것이 집착의 대상이 될 수 있다.

자폐적인 어린이들에게 가장 인기 있는 물건 중 하나가 자동차다. 대부분의 아이들이 자동차 장난감을 좋아하지만 자폐적인 아이들은 특별한 방식으로 자동차에 빠진다. 자동차의 엠블럼은 물론이고 바퀴의 휠 모양 같은 세부적인 것만 보아도 무슨 자동차의 몇년식 자동차 차인지 아는 아이들이 있다. 장난감뿐만 아니다. 자동차에 관해 백과사전적인 지식을 갖기도 하고 실제 자동차를 관찰하고 타는 것까지 모두 좋아한다. 아이가 걱정되어 루돌프연구소를 방문한 어떤 엄마는 상담 중에 자기 아이뿐 아니라 아이 아빠가 자동차를 좋아한다는 이야기를 했다. 결혼 전에 남편 방에 들어갔던 적이 있는데 미니카가 수북하게 들어 있는 박스가 여러 개 있어서 깜짝 놀랐다고 한다.

어느 때는 토마스 기차가 자폐적인 아기들의 관심 순위 1위였던 적이 있었는데, 전철이나 중장비차들 그리고 비행기 등 모든 교통수단이 상위 관심사에 속한다. 하루 종일 지하철 노선도를 그리고 전철역 이름들을 모두 꿰고 있는 아이들도 있다. 단순히 전철역 이름만 암기하고 있는 경우도 많지만, 지능이 좋은 아이들은 가족 중 누가 외출한다고 하면 몇 호선을 어디에서 갈아타야 한다는 식의 조언을 하기도 한다. 당연히 교통 표지판이나 내비게이션도 관심의 대상이다. 조작이 가능한 기계류나 엘리베이터, 에스컬레이터, 도르래, 시계 등 특정 원리에 의해서 반복적으로 움직이는 기계들에 꽂힌 아이들도 많다.

동식물 중에서는 공룡과 곤충들이 자폐적인 아이들의 '사랑'을 많이 받는다. 사실 동물이나 곤충은 아이들이라면 누구나 좋아할 수 있다. 그러나 자폐적인 아이들이 좋아하는 정도는 보통 사람들이 상상하는 그 이상이다.

수빈이는 공룡에 꽂힌 유치원생이다. 루돌프연구소에 처음 온 날 수빈이는 자신이 가장 좋아하는 티라노사우르스가 그려진 티를 입고 왔다. 한눈에 공룡 덕후라는 사실을 알 수 있었다. 공룡 이름을 아주 많이 알고 있었고 영화 〈쥬라기 월드〉에 대해 나와 토론까지 했다. 마침 나는 〈쥬라기 월드: 폴른 킹덤〉이라는 쥬라기 월드 시리즈 최신판을 본 지 얼마 안 됐기에 수빈이와 같이 할 얘기가 많았다. 나와 이야기를 마치고 나간 수빈이는 옆방에 있는 다른 선생님에게 가서 혹시 육식 공룡 피규어(그림 조각)들이 있는지 물어보고 자기가 다음에 올 때는 그런 피규어들을 준비해달라고 요구했다. 우리는 장난감 가게를 찾아온 아이처럼 당당하게 요구하는 아이의 행동을 보고 그냥 웃어 넘겼다. 몇 주가 지나서 수빈이가 다시 연구소에 왔는데, 문을 열고 들어서면서 "육식 공룡 많이 있어요?"라고 소리치며 들어왔다.

루돌프연구소에는 이런 아이들이 아주 흔하다. 공룡 피규어들을 수집하고, 백과사전에서 공룡을 찾아서 긴 학명을 줄줄이 외우고, 사람들을 만나면 공룡에 대해 자세히 이야기해준다. 한 번은 곤충을 사랑하는 형제가 왔는데, 초등학생 2명이 연구소에 올 때 장수하늘소를 포함한 하늘소류의 곤충들 6마리가 함께 왔다.

내 경험으로는, 아이들이 식물에 대해서는 상대적으로 관심이 적다. 다만, 놀이터나 야외 학습을 나갔을 때, 다른 아이들과 혼자 떨어져서 식물들을 관찰하는 아이는 종종 있었다. 광물에 대한 집착도 있다. 주로 돌멩이들인데, 야외나 길거리에서 주워 늘 주머니에 돌멩이가 들어 있다고 말하는 엄마들이 드물지 않다. 어떤 아이들은 특별한 형태의 돌을 수집하기도 한다.

지식에 대한 관심 ————

자폐적인 아이들 중에는 말을 시작하면서 숫자를 가장 먼저 말하는 아이들이 있다. 다른 것보다 먼저 숫자를 배우기도 하지만, 수에 대한 민감성이 높아서 숫자가 있는 모든 것에 관심을 갖는다. 시계, 건물의 층수, 주소, 자동차 번호, 전화번호, 나이, 키, 무게 등 숫자로 표시되는 모든 것들이 관심의 대상이 될 수 있다. 자폐 진단 검사를 하는 중에 내 나이를 묻거나 내 자동차 번호를 묻는 아이들도 있다. 친구의 이름을 물어보면 이름과 함께 친구 집의 아파트 동과 호수를 알려주는 아이도 있다. 이런 아이들 중에서 대다수는 숫자를 기계적으로 기억하는데 그치지만 어떤 아이들은 훗날 실제로 수학을 전공하기도 한다.

루돌프연구소를 다닌 아이들의 부모 직업군과 내 주위의 자폐적인 성인들의 직업 분포를 볼 때, 자폐적인 사람들이 문과 쪽보다는 이공계 분야에 더 많다. 그러나 암기가 중요한 부분을 차지하는 우리나라

입시제도의 특성인지는 모르겠으나, 법학이나 의학 분야에서 일하는 자폐적인 사람들을 많이 본다. 그리고 어린아이들이 의외로 역사에 관심을 보이는 경우를 많이 봤다. 역사적인 사건의 연도나 관련된 인물들에 대해 놀랄 정도로 알고 있는 아이들이 있다.

어학에 관심을 보이는 자폐적인 아이들도 많다. 한글뿐 아니라 영어나 한문 등에 특별한 관심을 보인다. 외국어를 가르치지 않았는데 외국어를 줄줄 말하는 아이들을 TV 방송에서 볼 수 있다. 사회자가 질문하면 대답을 영어로 하는데 주로 많은 단어들을 알고 있고 간단한 영어 회화를 하는 경우가 대부분이다. 영어를 잘 하는 것처럼 보이지만 영어를 하는 사람과 상호작용하면서 배운 언어가 아니라 학습 자료나 미디어를 통해서 지식 쌓듯이 언어를 배운 경우가 많다.

자폐적인 사람들이 관심을 갖는 대상들은 사실 모든 사람들이 관심을 가질 수 있는 것들이다. 다만 일반적인 사람들에 비해 너무 깊이 빠지거나 외골수로 빠진다는 것이 큰 차이다. 시사 문제나 정치 현안도 관심사가 될 수 있다. 루돌프연구소에 다닌 범수는 정치에 관심이 매우 많았다. 루돌프연구소의 치료 그룹에서조차 아이들과 협력하기 어려웠던 범수는 정치에 대한 관심이 매우 많았고 학교에서 적성 검사만 하면 가장 적합한 직업으로 정치인이 나왔다. 자기보고 방식의 검사에서는 어떤 특정한 것에 대해 많이 알고 있고 관심도 많다고 응답을 하면 당연히 그런 쪽에 적성과 흥미가 있다고 나올 수밖에 없다.

한창 애니메이션에 빠질 나이에 뉴스나 시사 대담 프로그램을 보거나 어른들이 보는 서적이나 신문을 읽는 아이들이 있다. 아이들도 사회가 돌아가는 일에 관심을 가질 수 있으나 함께 이야기해보면 특정 관심사에 대해서만, 그것도 편향된 생각을 하고 있는 경우가 많다. 이런 아이들에게는 어릴 때부터 사회에서 일어나는 일에 대해 폭넓고 균형 잡힌 시각을 갖도록 교육할 필요가 있다. 정치는 다양한 사람들과 소통하고 교류해야 하는 일인데, 이때 필요한 덕목이 균형잡힌 시각이라고 나는 생각한다. 과연 자폐적인 사람들이 정치인이 될 수 있고 또 정치를 한다면 잘 할 수 있을까? 자폐적인 천재들을 다룬 책 『천재들의 유전자』에서 영국의 정신과 의사인 피츠제럴드는 토마스 제퍼슨이나 샤를 드골과 같은 특별한 정치인들이 자폐적인 사람들이었다고 주장한다. 현재 우리나라는 물론 다른 나라들의 정치인들 중에 내 눈에는 자폐적으로 보이는 사람들이 꽤 있다. 정치인으로 성공한 사람도 있고 성공하지 못한 사람도 있다.

루돌프연구소에서 치료 프로그램을 진행할 때 가장 빈번하게 아이들의 논쟁 주제가 되는 것 중 하나는 지구온난화다. 어떤 아이는 지구온난화 문제 때문에 잠을 못 이루기도 하고 지구온난화를 방치하는 어른들을 증오하기도 한다. 최근 아스퍼거증후군을 가진 스웨덴의 환경운동가 그레타 툰베리Greta Thunberg라는 16세 소녀가 화제의 인물이 됐다. 툰베리는 2919년 9월 23일 미국 뉴욕의 유엔본부에서 열린 '기후행동 정상회의'에서 전 세계인의 주목을 끈 연설을 했다. 세계 정상들을 향해 "내 꿈과 유년기를 빼앗아 간 당신들이 기후변화 대응 노력에 실패하면 당신들을 용서하지 않을 것이다"라는 내용이었다. 연설이 끝난 후 뒤늦게 등장한 트럼프 미국 대통령을 못마땅하게 쏘

아보았다고 한다. 툰베리처럼 기후 문제를 야기한 어른들을 향해 공격적으로 비난을 쏟아낼 자폐적인 아이들이 많다는 것은 루돌프연구소에 다니는 아이들을 보면 알 수 있다.

물건에 대한 관심 ————

많은 사람들이 돈을 좋아하듯이 자폐적인 사람들도 당연히 돈을 좋아한다. 심지어 돈에 아주 몰두하기도 한다. 반짝이는 보석이나 귀금속을 좋아하거나 부동산에 관심을 갖고 있는 아이들도 있다. 루돌프연구소에 다닌 한 초등학생은 금과 돈에 관심이 많았는데, 방과 후 집으로 돌아가는 길에 '황금 마트'를 반드시 들렀다. 황금이라는 이름이 무척이나 마음에 들어서 그랬다고 한다. 어떤 초등학교 2학년생은 부동산에 관심이 많아 매일 신문에 나온 아파트 시세표를 확인한다고 했다. '채권왕'이라 불리기도 하는 사모펀드계의 거부 빌 그로스가 74세로 야누스캐피털 그룹의 매니저직에서 은퇴하면서 자신이 아스퍼거증후군을 가지고 있다는 고백을 했다. 아스퍼거증후군 특유의 집착 때문에 월가에서 가장 돈을 많이 번 펀드 매니저가 될 수 있었다고 기사를 쓴 언론도 있다.

통계를 내보지는 않았지만 루돌프연구소에 오는 아이들의 아빠들이 가장 많이 일하는 직업은 IT 분야일 것 같다. 자폐적인 성향은 가족력이 중요한 변수라는 관점에서 보면 IT 분야의 일과 자폐스펙트럼장애는 밀접한 관계가 있을 것 같다. 소프트웨어 프로그램을 짜는 일은 어린이들보다는 좀 더 나이가 든 사람들이 하는 일이기는 하지만 간신히 손가락을 움직일 나이 때부터 스마트폰이나 아이패드를 조작하는 아이들이 있다. 말도 잘 못하고 학업도 따라가지 못하지만 컴퓨터 조작을 잘하는 자폐적인 아이들도 많다.

자폐적인 아이들이 컴퓨터를 좋아하는 이유는 컴퓨터라는 기계 그자체에 대한 관심일 수도 있으나, 그것을 넘어서 컴퓨터를 통해서 만나는 모든 콘텐츠에 대한 관심이라고 하는 것이 더 정확하지 않을까. 애니메이션이나 아이돌 스타들의 영상물, 그리고 컴퓨터 게임들 모두 몰두의 대상이 될 수 있다. 어떤 면에서 컴퓨터는 자폐적인 아이들의 소통이나 상호작용 욕구를 충족시켜주는 도구가 될 수 있다. 건담을 그려서 자신의 블로그에 올려놓기도 하고, 베이블레이드 팽이를 모델로 자기가 만든 팽이를 돌리는 모습을 유튜브에 올린 초등학생도 있다. 사람이 하는 일을 점점 컴퓨터가 대신하는 요즈음에는 민감한 소통을 필요로 하는 사람보다 자기 마음대로 조작이 가능한 컴퓨터가 자폐적인 아이들에게 더 편한 친구일지도 모른다.

자폐스펙트럼 장애 맞나? ─────

아이러니하게도, 자폐적인 사람들 대부분이 잘하지 못하는 것들도 자폐적인 사람들이 몰두하는 대상이 될 수 있다. 예를 들어 친구 사귀기, 대인 관계, 상상하기, 창작하기, 군대생활 등이 그런 것들이다. 자폐적인 사람들 대부분은 사회적 관계를 잘 유지하는 것을 힘들어하지만 오히려 적극적으로 사회적 관계를 만드는 사람들이 있다. 사회적 욕구가 많은 자폐적인 사람들이 사회적 관계에 꽂히게 되면 관계를 만들고 유지하기 위해 보통 사람들 이상으로 많은 에너지를 쏟는다. 친구를 사귀면 필요 이상으로 집착하거나 대인관계도 가능한 많이 유지하려고 노력하는 사람들이다. 마치 자동차를 모으듯 대인관계도 많이 모으고 있는 것은 아닐까. 얼마나 깊이 있는 관계를 유지하고 있는지는 알 수 없지만 많은 시간을 할애해 사람들을 만나고 밥 먹고 술을 마시며 보내는 자폐적인 사람들이 있다.

자폐적인 아이들이 자신에게 잘 해주는 친구에게 유난히 집착해서 문제가 되는 경우가 종종 있다. 검사 과정에서 친한 친구가 있냐고 물으면 하나도 없다고 하는 아이들이 대부분이지만 간혹 있다고 말하는 아이도 있다. 그 아이 엄마의 이야기를 들어보면 자기 혼자서 일방적으로 좋아하는 친구가 있는 것이다. 그리고 상대 아이는 친구가 많고 누구에게나 잘 해주는 아이일 수 있다. 일반적으로 아이들은 둘이서만 놀기보다는 여럿이 놀고 싶어하는데, 친구를 독차지하려다가 관계가 악화되는 일이 자주 생긴다. 누군가를 좋아하면 많이 집착해서 그런 경우가 생긴다.

윙은 자폐적인 아이들에게 결핍된 능력으로 '소통', '상호작용', 그리고 '상상하기'라고 했다. 그런데 또래들과 상상놀이를 잘 하지 못해서 친구를 사귀지 못해도 자기만의 상상에 빠지는 일은 가능해 보인다. 자폐적인 초등학생들 중에 적지 않은 아이들이 자신만의 만화책을 만든다. '졸라맨' 같은 단순한 그림도 있지만 제법 근사한 만화 인물을 그려서 이야기를 엮어가기도 한다. 꼭 만화책이나 그림책으로 만들지 않더라도 얼마든지 새로운 창작 이야기를 만들기도 한다. 간혹 ADOS 검사를 할 때 상상으로 이야기를 잘 만드는 아이들이 있다. 그런데 그 내용이 특이하거나 괴기스러울 때가 있다. 일반적인 아이들과 전혀 다른 세계를 상상하기 때문이다.

나는 팀 버튼 감독의 영화를 보면 항상 이야기가 특이하다는 생각을 했다. 〈가위손〉, 〈찰리와 초콜릿 공장〉, 〈프랑켄위니〉 등에서 등장인물들의 특징 또는 사회적 관계나 성격이 일반적이지 않다. 어느 날 나는 문득 떠오른 생각에 끌려 구글에서 '팀 버튼'과 'ASD Autism Spectrum Disorder'를 검색했다. 인터넷상에서 많은 사람들이 그를 자폐적으로 생각하고 있는데 본인은 긍정도 부정도 하지 않는다고 나와 있다. 인간과 사랑에 빠진 〈인어공주〉나 혼자만 다르게 태어난 〈미운 오리새끼〉 같은 외톨이 주인공들에 대해 아름다운 동화를 쓴 안데르센도 자폐적이라는 평가가 많다.

대한민국 남자라면 군복무를 의무적으로 해야 한다. 자폐적인 아들을 둔 엄마들이 이 문제를 가장 많이 고민한다. 대인관계가 미숙하고 집단생활 적응이 어려운 아이가 군대에서 무슨 일을 당할까봐 혹은 큰 일을 저지를까봐 미리 걱정한다. 손동작이 미숙하거나 동서남북이나 위아래를 혼동하는 아이들의 엄마들은 걱정이 더 크다. 내가 지금까지 들은 군대 경험담에는 '고문관'이 빠지지 않고 나온다. 내가 직접 만나 보지 않았지만, 고문관들의 언어와 행동은 전형적인 자폐 스펙트럼 장애 증상인 것들이 많다. 자폐적인 사람들은 대부분의 경우 군대생활에서 엄청나게 고생한다. 고문관으로 찍혀서 놀림과 따돌림을 당하면서 분노와 복수심으로 군대생활을 하기도 한다.

그런데 소수이기는 하나 군대생활을 좋아하고 실제로 직업 군인이 된 경우도 봤다. 연구 케이스로 루돌프연구소에 온 한 아이는 아빠가 직업 군인이었다. 아이의 검사 결과를 보고하는 날 엄마와 아빠가 함께 왔다. 나는 한 눈에 아빠가 자폐적이라는 것을 알았다. 경직된 표정으로 눈맞춤을 잘 하지 못했기 때문이다. 검사 보고를 하는 동안 엄마와는 달리 한 마디도 말하지 않았다. 보고가 거의 끝나갈 무렵에 아빠가 드디어 입을 열었다. "검사 결과를 보니 아이가 저와 많이 닮았군요"라고 운을 떼고 나서, 동료 군인들과 좋은 관계를 유지하고 있지는 못하지만 규칙적이고 정해진 생활을 하는 군대생활이 마음에 들어서 군인이 됐다는 이야기를 했다. 실제로 자폐적인 아이들 중에는 군대나 무기 또는 전쟁사에 빠져 있는 아이들이 많이 있다. 어릴 때 루돌프연구소를 다닌 아이였는데, 휴전선 철책 근무를 무척 하고 싶어서 전방 입대를 지원해 나름대로 군대생활을 즐겼던 자폐적인 청년도 있다.

감각과 관련된 상동행동들 ———

특정 감각에 예민하거나 둔감한 행동, 또는 특정 감각에 대한 집착이나 거부가 모두 포함될 수 있다. 사람들은 감각을 통해 세상에 대한 정보를 받아들인다는 점에서 감각에 대한 반응의 차이는 자폐적인 사람들이 세상을 다르게 인지하게 하는 출발점이라고 할 수 있다.

아기가 엄마 품에 포근하게 안겨서 엄마와 눈을 맞추며 교감하는 모습은 정말 사랑스럽다. 그런데 엄마는 안아주려 하는데 안기는 것을 피하려고 버둥거리는 아기가 있는가 하면, 마치 나무에서 안 떨어지려고 안간힘을 쓰는 것처럼 유난히 엄마에게 꽉 붙어 있는 아이도 있다.

안기는 것을 피하는 아기들은 신체접촉에 민감한 아기들이다. 가짜 젖꼭지의 촉감이 싫어서 우유를 거부하기도 한다. 조금 커서 기저귀를 떼고 아기 변기를 사용하게 될 때 변기에 앉는 것을 거부하기도 한다. 다리에 닿는 변기의 촉감이 싫은 것이다. 이런 아기들은 변의를 느끼면 기저귀를 해달라고 하고 서서 변을 누기도 한다. 어떤 아이는 어린이집에서 다른 아이들과 몸이 부딪히는 것이 싫어서 아이들이 다가오면 밀친다. 선생님들은 공격적인 아이라고 생각할 수 있다. 꽉 끼는 옷이나 목폴라를 거부하는 아이도 있고, 특정한 질감의 옷만 입으려고 하는 아이도 있다. 온도에 너무 예민해 아이스크림을 먹지 않는 아이가 있었다. 태어나서 한 번도 아이스크림을 먹지 않았고 초등학교에 들어간 다음에도 먹을 수 없었다고 한다. 아이는 자신이 감당하기에 아이스크림이 너무 차다고 느꼈기 때문이다. 중증 자폐스펙트럼 장애를 가진 사람들은 어릴 때 행동을 끝까지 고수하는 경우가 많지만, 사회생활이 가능한 경미한 자폐 증상을 가진 사람들 중에도 감각적인 예민함을 나이가 들어서까지 유지하는 사람들이 있다. 촉감에 예민한 아이 이야기를 하면서 "애 아빠랑 똑같아요"라고 하는 엄마들이 종종 있다.

반대로, 촉각에 무딘 아이들도 있다. 대부분의 아이들은 주사를 맞으면 자지러지게 운다. 따끔한 느낌이 무섭고 싫기 때문이다. 그런데 별로 느낌을 받지 않은 아이들이 있다. 주사를 너무 잘 맞아서 칭찬을 받는 자폐적인 아이도 있다. 다쳐서 피가 나는데도 아파하지 않는 아이도 있는데, 통증에 무디기도 하고 얼굴 표정이 달라지지 않아서 피를 보기 전까지 아이가 다친 줄 모르는 경우도 있다.

촉감을 즐기고 집착하는 자폐적인 아이들은 아주 많다. 베갯잇이나 이불의 끝을 물거나 만지면서 노는 아기들이 있다. 엄마 가슴이나 머리카락 또는 보드라운 겨드랑이 안쪽의 살이나 귓밥을 만지면서 자는 아이도 있다. 손가락을 초등학생 때까지 빨기도 한다. 영국이는 초등학교 1학년때 루돌프연구소에 검사받으러 왔는데, 한 검사가 끝날 때마다 대기실로 나가서 엄마의 입술을 수시로 빨아 대서 루돌프 연구소의 여성 연구원들을 경악하게 했다.

검사 상황에서 가장 빈번하게 관찰되는 행동은 손바닥으로 테이블을 문지르고 있거나 발바닥으로 방바닥을 비비고 있는 행동이다. 별 생각 없이 보면 아이가 차분하지 못하고 산만하다고 할 수도 있지만, 아이가 촉감을 느끼고 있지 않나 해서 자세히 관찰해보면, 테이블이나 바닥을 문지르고 있지 않을 때에는 머리카락을 만지거나 자신의 귓불을 만지기도 하고 검사용 그림책의 모서리를 손가락으로 반복해서 스치고 있는 모습을 발견하기도 한다. 보드라운 촉감을 즐기기도 하지만, 무언가에 눌리는 촉감에 안도하기도 한다. 온 힘을 다해서 꽉 안기는 것을 좋아하기도 하고 꽉 끼는 옷을 편안해하기도 한다. 누군가에게 기대어서 살을 누르기도 하고 좁은 공간에 손이나 팔을 넣어서 꼭 끼는 느낌을 가지려고도 한다.

아이들에 따라 선호하는 느낌은 다 다르다. 한 청년이 부모와 같이 상담하러 온 적이 있다. 엄마와 이야기하는데 밖에서 아빠가 소리를 지르고 물건이 떨어지는 소동이 났다. 그 청년은 불안하면 세제를 바닥에 풀어서 흘러내리는 것을 보거나 세제를 문지르면서 미끌거리는 촉감을 느끼려고 하는 습관이 있었다. 사람들이 자기에게 관심을 두지 않은 잠깐 동안 루돌프연구소 주방에 있던 세제 한 통을 바닥에 다 뿌린 것이다.

어린아이들과 비눗방울 놀이를 하면 보통은 방울을 보면서 좋아하고 방울이 터질까봐 어쩔 줄 몰라하며 즐거워한다. 그런데 자폐적인 아이들 중에는 방울을 터뜨리고 손에 남은 비눗물을 양손으로 비비기도 하고, 방울이 바닥에 떨어지기가 무섭게 달려가서 바닥에 묻어 있는 비눗물을 문지르는 아이들이 있다. 아주 일찍 자위를 시작하는 아이들도 있다. 야릇한 느낌이 좋기도 하지만 말랑말랑한 고추를 만지는 것이 기분 좋은 것이다. 대부분의 부모들은 아주 난처해하지만, "성적인 상상 때문에 고추를 만지는 게 아닐 거예요"라고 말해주면 안도한다. 한 엄마는 고추를 만지고 있는 네 살짜리 아이를 보고 놀라자, 아이가 "엄마도 만져봐, 아주 말랑말랑해"라고 말했다고 한다. 물론 이런 행동이 반복되면서 손끝에 닿는 감촉 이상의 어떤 것을 느끼게 될 것이다. 학교에 가서도 계속 이런 버릇을 유지해 고민을 하는 부모들이 의외로 많다.

이 장의 앞부분에서, 자폐적인 아이들이 소통이 안 될 때 무엇인가를 표현하기 위해 자해를 한다는 이야기를 했는데, 그냥 단순히 자신을 자극하기 위해 자해하는 아이들도 있다. 대부분 심한 증상의 자폐적인 아이들인데, 머리를 박거나 머리를 때리거나 팔목을 물거나 피부를 긁어서 상처를 내기도 한다. 피가 나거나 피부 조직이 손상돼도 이런 행동을 멈추지 못하고 지속한다.

소리에 민감한 아이들 ————→

소리에 민감해서 잠을 잘 깨는 아기들이 있다. 아주 작은 소리에도 잠을 깬다고 말하는 엄마들이 많다. 대부분 그러다 점점 적응을 하는데 나이가 들어도 여전히 소리에 예민한 아이들이 있다. 어떤 자폐적인 초등학생 아이는 병원에서 청력 검사를 했는데 아기 때나 듣는 음역의 소리를 여전히 듣고 있다는 결과를 받았다고 한다. 기계음에 민감한 아이들도 많다. 청소기, 믹서기, 핸드 드라이어, 헤어커터기, 자동차 엔진 소리 등 기계 작동소리에 자지러지게 반응하거나 그 정도는 아니라도 다른 사람보다 예민한 아이들이 있다. 아이 앞에서 청소를 못하거나, 아이가 머리를 깎으려고 하지 않아 잠들었을 때 엄마가 가위로 조금씩 머리를 잘라준다는 말을 들은 적이 있다. 핸드 드라이어 소리 때문에 공중 화장실을 못 가는 아이도 많다.

소리에 대한 민감성은 나이가 들면서 서서히 줄어드는데 초등학교에 입학해도 그 민감성이 지속될 수 있다. 특히 사람들이 웅성거리는 소음이나 기계에서 나는 소리에 민감한 아이들은 학교 생활에 어려움을 많이 겪는다. 소리를 참기 어려워 울거나 도망가는 아이도 있지만, 공격적인 아이들은 갑자기 자신의 물건이나 의자를 집어던지거나 고함을 지르기도 한다. 얼마 전 운전하면서 라디오에서 인상 깊은 공익광고를 들었다. 소리에 예민한 자폐적인 아이들은 일반인들에게는 별로 거슬리지 않는 소리를 매우 고통스러운 소리로 들을 수 있다는 점을 주지시키는 공익광고였다. 처음 그 광고를 들었을 때 나는 가슴이 울컥했다. 루돌프연구소를 시작했던 15년 전에는 상상도 할 수 없었던 자폐 증상에 대한 공익광고를 통해 우리 사회의 건강함을 느꼈다. 그 공익광고가 만들어지도록 노력한 모든 사람들에게 박수를 보낸다.

특정 소리를 들으려고 집착하는 아이들도 있다. 펜으로 책상을 탁탁 치거나 두드리며 그 둔탁한 소리를 즐긴다. 어떤 자폐적인 아이는 기계만 보면 가서 누르기도 한다. 요즘에는 대부분의 사무기기나 가전제품들이 버튼을 누르면 작동하면서 소리를 내거나 말을 하기 때문이다. 기성이 엄마는 어린이집에서 선생님들이 기성이는 너무 산만해서 돌보기가 어려우니 검사를 받아보라는 권유를 받았다. 검사를 해보니, 기성이는 기계 소리에 집착하는 아이라서 선생님들이 잠시만 방심하면 달려가서 전자제품들을 작동시켜 소리를 들으려고 했던 것이다. 내비게이션에서 나오는 안내 멘트를 좋아하거나 전철역에서 나오는 안내 방송을 좋아해서 수시로 자동차나 전철을 타러 가자고 조르는 아이들도 있다. 어떤 아이는 애니메이션에서 나오는 특정 대사 부분을 반복해서 듣거나 노래의 특정 부분만 반복해서 듣기도 한다.

보거나 맡거나 ————

하염없이 무언가를 보는 아이들이 있다. 반짝이거나 반복적인 움직임을 보는 것을 무척 좋아하는 자폐적인 아이들이 있다. 쇼핑센터 주차장에 들어갈 때는 모든 층마다 비상등이 켜지는 걸 보기 위해 항상 맨 아래층까지 내려가 주차를 해야 한다는 엄마를 상담한 적이 있다. 줄무늬가 돌아가는 이발소 간판을 홀린 듯이 보고 있거나, 드럼 세탁기 앞에 쪼그리고 앉아서 세탁물이 돌아가는 것을 보거나 또는 변기에서 소용돌이치며 내려가는 물을 보려고 변기물을 계속 내리는 아이들도 있다. 일상생활의 필수품이 된 엘리베이터는 자폐적인 아이들이 특별히 선호하는 관찰 대상이다. 엘리베이터의 문이 반복적으로 열고 닫히는 것에 매료돼 문 앞에 딱 붙어서 안 떨어지는 아이들이 있다. 엘리베이터가 어느 층에 있는지 알려주는 숫자가 바뀌는 것을 보려고 서 있는 아이도 있다. 투명한 엘리베이터에 타고 도르래가 돌아가는 것을 보기 위해 유리벽에 붙어 가자고 재촉하는 엄마를 뿌리치는 아이도 있고, 고층 아파트의 창가에 붙어 멀리서 지나가는 자동차를 하염없이 보는 아이도 있다.

어떤 아이는 무엇이든지 돌리고 나서 그 돌아가는 모양을 집요하게 관찰했다고 한다. 늘 장난감 자동차를 뒤집어서 바퀴를 돌아가는 것을 보거나 굴러가는 자동차의 바퀴를 엎드려서 보기도 했다. 바닥에 붙어서 유모차 바퀴까지 돌리는 그 아이의 모습을 보고 '돌리는 행동'에 대한 인터넷 검색을 하다가 자폐스펙트럼의 세계를 알게 된 엄마도 있다. 앉아 있다가 갑자기 머리를 좌우로 마구 흔드는 아이가 있는데 어질어질한 느낌을 즐기려는 행동일 수도 있지만 움직이는 시야를 보려고 하는 경우도 있다. 어떤 아이는 자신의 손을 펴서 수평으로 눈높이 바로 아래에 두고 손등 위로 지나가는 듯이 보이는 자동차를 보면서 걸어가기도 한다. 창문이 많은 건물 옆을 달리면서 창틀이 반복적으로 지나가는 시야를 만드는 것에 꽂힌 아이도 있다. 이러한 행동을 '졸업'한 아이들도 검사를 하다보면, 약간 비껴간 시선으로 장난감들을 반복해서 관찰하거나 한쪽 눈을 반복적으로 감았다 떴다 하면서 달라지는 시야를 관찰하는 아이들도 있다.

냄새에 집착하는 자폐적인 아이들은 보이는 것 모두를 다 냄새 맡기도 하고 특정 냄새에만 집착하기도 한다. 무조건 냄새 맡는 아이들은 검사하는 동안 과제물로 제시되는 장난감들뿐 아니라 펜, 종이, 그리고 간식 등의 냄새를 맡느라 매우 바쁘다. 특정 냄새에만 몰입하는 대표적인 대상은 손 냄새나 침 냄새인데, 과제나 놀이를 하면서 수시로 손과 침의 냄새를 맡는 아이들이 드물지 않다. 나이가 든 아이들은 냄새 맡는 행동에 대해 야단을 맞았던 경험이 많아서 그런지 코를 긁거나 입술을 만지는 척하면서 스치듯이 손가락을 움직여 냄새를 맡기 때문에 집중해서 보고 있지 않으면 놓치기 쉽다.

좀 특이한 경우도 있다. 37세의 중국인 펑 씨에 관해 영국《데일리 메일》이 보도한 기사다. 펑 씨는 가슴을 조이는 듯한 통증과 기침으로 병원에서 폐렴 진단을 받고 약을 복용했으나 증상이 나아지지 않았다. 정밀 검사를 한 결과, 펑 씨의 폐가 심각한 곰팡이 균에 감염된 것을 발견했는데 그것은 펑 씨의 양말에서 비롯된 균이었다. 펑 씨는 퇴근하고 집에 돌아오면 양말을 벗으며 냄새를 맡는 습관이 있는데 냄새를 맡는 과정에서 곰팡이 포자가 폐로 유입된 것으로 추정했다. 포털 사이트에 오른 이 기사에 댓글이 584개가 달렸는데, 그중 자신도 그런 버릇이 있다는 댓글에 공감이 261개나 있었다. 댓글을 곧이곧대로 받아들이기는 어렵지만 사람들의 관심과 공감을 많이 받은 건 사실이다. 내가 이 기사에 관심을 가진 것은 양말 냄새에 집착했던 명우가 생각났기 때문이다. 당시 초등학교 4학년이었던 명우는 남에게 지는 것을 아주 싫어했다. 그룹 치료 상황에서 게임에 지면 평소에 순하던 아이가 갑자기 옆의 아이를 때리거나 소리를 지르고 난동을 부렸다. 그러다가 공격적인 행동이 제지되고 흥분이 어느 정도 가라앉으면 양말을 벗어서 냄새를 맡으며 흐느껴 울었다. 양말 냄새가 명우에게는 위로를 주는 것 같았다. 이런 행동을 하는 명우를 장애가 심한 아이일 거라고 생각하기 쉽겠지만 지능이 높았던 명우는 초등학교 때 루돌프연구소에서 사회성 치료를 받았고 현재 대학에서 생물학을 공부하고 있다.

희원이는 루돌프에 와서 검사를 받았지만 부모가 검사 결과를 받아들이지 않고 치료를 거부했던 케이스다. 희원이는 검사 과정에서 나와 장난감을 가지고 놀다가 갑자기 소리를 질렀다. "선생님, 냄새가 너무 지독해서 더 이상 같이 못 놀겠어요." 나한테서 역겨운 냄새가 난다는 말에 깜짝 놀라서 무슨 냄새냐고 물었다. 회원이는 "선생님이 마시고 있는 그거요"라고 했는데 나는 그때 유자차를 마시고 있었다. 무슨 냄새가 나는 것 같냐고 물어보니까, "똥냄새요"라고 말해 나는 얼른 마시던 유자차를 검사실 밖으로 내놓았다. 자폐스펙트럼 장애가 있는 아이들 중에 보통 사람들과 냄새를 다르게 지각하는 경우가 있다. 중증의 자폐증상을 가진 아이들 중에는 자신의 변을 가지고 노는 아이들도 종종 있다. 그 아이들에게는 냄새뿐만 아니라 따뜻하고 물컹한 촉감도 매력적인 것 같다.

대부분의 사람들이 꽃향기를 좋아하는 반면 악취는 싫어한다고 생각하기 쉽다. 그러나 향기와 악취가 사람들에게 똑같이 지각되는 것 같지 않다. 30년 전의 일이다. 독일에 정착 후 몇 개월이 지나 한국에서 소포들이 날아왔다. 한번은 마른 멸치와 오징어가 들어 있는 소포가 왔는데 독일 우체국 직원이 우편물을 찾으러 간 남편에게 우편물을 개봉해야 한다고 했다. 안 뜯는 게 좋다고 얘기했는데도 더 이상 거절할 수 없게 된 남편은 우체국 직원 코 앞에서 그 우편물을 확 뜯었다고 한다. 직원들은 코를 막으며 "쭈막헨, 쭈막헨(닫으세요, 닫으세요)" 소리쳤다고 한다. 우리는 오징어 굽는 냄새를 맡으면 먹고 싶다는 생각을 하는데, 대량 학살의 경험을 가진 독일 사람들에게 오징어 굽는 냄새는 시체가 타는 냄새와 비슷하게 느껴진다고 한다. 이처럼 냄새는 상당히 주관적이다. 그 주관적인 취향은 문화마다 다르고 관습처럼 후손들에게 전수된다. 그런데 사회적인 것들을 자기화하는 데

능숙하지 못한 자폐적인 사람들 중에 일부는 자신이 속한 사회의 대다수가 지각하는 방식으로 냄새를 느끼지 못한다.

맛 ──────•

최근 TV 방송에서 '먹방'이 유행하면서 셰프가 꿈인 아이들이 많아졌다. 자폐적인 아이들이 선호하는 직업 중 하나는 요리사다. 맛에 예민하거나 맛에 집착하는 자폐적인 아이들이 요리사를 꿈꾸는 것은 자연스러운 현상이다. 나는 자폐적인 셰프를 개인적으로 알고 있기도 하지만 미식가들 중 자폐적인 사람들이 많을 것으로 추측한다. 그 사람들이 맛에 얼마나 예민한지 아는 것은 어렵지 않다. 자신이 먹지 않는 재료가 아주 조금만 들어 있어도 입에 대는 순간 바로 토해버리는 아이들이 있다. 그런데 이런 맛에 대한 민감성이 대다수 사람들의 보편적인 입맛인지는 생각해보아야 한다. 어떤 아이는 먹을 수 없는 것도 자꾸 먹는 아이가 있다. 소금이나 간장 같은 것을 거부감 없이 떠먹는다면 곤란하다. 〈세상에 이런 일이〉라는 TV 프로그램을 본 적이 있는데, '미원'이라는 조미료를 숟가락으로 퍼먹는 남자가 나왔다. 그 남자는 분명히 맛에 대한 감각이 일반인들과는 다를 것이다. 반면 맛에 무딘 자폐적인 아이들도 많다. 짜도 싱거워도 잘 모른다.

식감은 촉감에 속하는 감각으로 분류하는 게 맞을 것 같으나 여기에서는 맛과 관련된 것으로 다루겠다. 식감에 예민한 자폐적인 아이들이 많이 있다. 미끄덩거리거나 물컹거리는 음식을 거부하는 아이들은 미역이나 묵 또는 죽 같은 식감을 거부한다. 젖을 떼고 나서 이유식을 거부하는 바람에 이유식을 건너뛰고 바로 밥을 조금씩 먹어야 하는 아이들이 의외로 많다. 반대로 입으로 빨거나 씹는 힘이 약해서 모유를 먹지 못하거나 딱딱한 음식을 먹지 못하는 아이도 있다. 아주 잘게 썰어줘야 하거나 질긴 음식은 아예 먹지 못한다.

야채의 강한 향이나 질감 때문에 고기만 먹으려고 하는 아이들도 있고 고기를 아예 안 먹는 아이도 있다. 오이, 토마토, 깻잎 등은 평범하게 발달하는 아이들에게도 향이 강해서 싫어하는 음식에 속하지만 자폐적인 아이들이 전형적으로 싫어하는 음식들이다.

음식의 형태나 담긴 모습 때문에 거부하는 아이들도 있다. 어떤 아이는 반찬들을 한꺼번에 담아주면 절대로 먹지 않으려고 한다. 음식들이 서로 닿아서 붙어 있거나 다른 반찬의 양념이 묻어 있기 때문이다. 이런 아이는 먹을 때도 한 가지씩 먹으려고 한다. 한식은 밥을 먹고 동시에 다양한 반찬들을 한꺼번에 입에 넣어서 다양한 맛을 함께 느끼는 경우가 많은데 이런 아이들은 밥을 다 먹고 나서 반찬도 하나씩 다 씹어서 목에 넘긴 다음에야 다른 반찬을 먹는다. 이런 모습은 강박적인 성향을 가진 아이들에게서 흔히 볼 수 있다.

모든 것을 먹어보려 하는 아이들이 있는데 무조건 입에 넣거나 혀를 대본다. 자폐스펙트럼 유병률 연구에 시니어 연구자로 연구에 동참했던 시카고 대학의 소아정신과 의사인 베넷 레벤탈Bennett Leventhal 교수가 루돌프연구소에 와서 한 아이를 진료했던 적이 있다. 지금이라면 대부분의 병원에서 자폐 장애 진단을 받을 수 있는 아이였으나,

만 3세였던 그 아이는 여기저기서 뭔지 모르겠다는 말만 듣고 있어서 엄마가 많이 혼란스러운 상태였다. 미국에서 유명한 교수님이 왔다고 해서 특별 진료를 받으러 루돌프연구소에 온 것이다. 레벤탈은 그 당시에 이미 자폐 장애가 있는 어린이들 1,000명 이상을 진단하고 치료한 경험을 가지고 있었다. 나는 레벤탈이 아이를 어떻게 진료하는지 궁금해하며 숨죽이고 진료 상황을 참관하고 있었다.

레벤탈은 그냥 가만히 앉아서 아이를 주시하고 있었다. 그 아이는 엄마를 포함해 여러 사람들이 있었는데 그 누구하고도 눈을 맞추지 않았고 말도 거의 하지 못했으며 손가락을 꼬고 다니는 등 다양한 상동행동을 보여줬다. 연구소를 여기저기 탐색하다가 산타 할아버지 같이 넉넉한 풍채에 인자해 보이는 레벤탈을 보자 다가갔다. 마치 물건을 대하듯 무표정하게 다가가더니 무릎에 기어 올라가서 얼굴을 만져보았다. 레벤탈은 아무 반응 없이 가만히 있었고 그 아이는 레벤탈의 얼굴을 강아지처럼 핥아보았다. 그 아이는 당연히 레벤탈에게 자폐스펙트럼 장애 진단을 받았다. 내가 그날 놀란 것은 사람을 맛보려고 했던 그 아이의 행동이 아니라 무릎에 올라타 자신을 맛보는 아이를 조용히 관찰한 레벤탈의 모습이었다. 그날 이후 그분은 내가 살아오면서 만난 스승님들 중 한 분이 됐다. 그날 이후 나는 아이들을 만날 때 무언가를 알아내려고 하지 않고, 조용히 지켜보거나 가장 좋은 놀이 파트너가 되려고 노력하면서 아이들 자신이 스스로를 드러낼 때까지 기다린다.

4
진단을 받는다는 것은

　아이가 정신과 진단을 받는다는 사실이 두려워서 정신과 진료를 거부하거나 진단을 위한 검사를 피하려는 부모들이 있다. 내 아이에게 정신 장애 낙인이 찍힌다는 두려움 때문인데 진단의 의미를 정확하게 이해하면 진단에 대한 거부감을 버릴 수 있다. 첫째, 진단은 아이를 돕는 사람들이 서로 소통하기 위한 도구다. 의사, 치료사, 부모, 교사 등 아이를 교육하고 치료하는 사람들이 아이가 가지고 있는 어려움을 진단을 통해 서로 알게 되고 아이를 대하는 태도나 방법에 동의하게 된다. 둘째, 진단은 어떤 치료가 필요한지 알려준다. 정확하게 진단을 해야 하고 오진의 가능성을 줄여야 하는 이유는 적절한 치료를 제공해서 아이가 가지고 있는 어려움을 효율적으로 줄여가야 하기 때문이다. 진단은 고통 받는 아이를 돕기 위해 꼭 필요한 과정이다.

진단은 치료를 위한 것 ————

형석이는 초등학교에 입학한 후 어느 날부터 눈을 깜빡이는 틱을 시작했다. 친구들이 자기와 안 놀아준다고 불평하는 날이 많았다. 형석이에게 새로 생긴 버릇은 옷 매무새를 쉴 새 없이 만지는 일인데, 옷을 입었다 벗었다 하며 속옷과 겉옷이 겹치는 부분을 매만지거나 양팔의 소매나 양쪽 바지가 서로 똑같은 위치에 머물도록 잡아당기곤 했다. 엄마는 걱정스러운 마음으로 그런 행동을 지켜보고 있었는데, 어느 날부터 형석이가 학교에 가지 않겠다고 떼를 쓰기 시작했다. 엄마는 뭔가 잘못돼 가고 있다는 생각이 들어서 형석이를 데리고 소아정신과 병원을 찾아갔다. 의사선생님은 형석이를 보자 우울해서 그럴 것이라며 약을 처방해줬는데 약을 먹은 날부터 형석이는 토하고 횡설수설하기 시작했다. 엄마는 놀라서 대학병원 응급실을 찾았고 형석이는 바로 입원을 했다. 먼저 종합 심리 검사를 받았다. 지능은 평균 정도로 문제가 없다고 나왔지만 강박증과 우울증 그리고 틱 장애와 학습 장애 진단을 받았다. 퇴원한 형석이는 집에서 차를 타고 1시간 반 넘게 걸리는 치료 센터를 다니기 시작했다.

강박을 줄이는 약물 치료를 받으면서, 심리 치료 센터에 첫발을 들여놓은 형석이 엄마는 심리 치료사와 치료를 받는 아이들 그리고 부모들을 만나면서 세상에는 아이들의 발달을 돕고 정신 장애를 치료하는 다양한 기관이 있다는 것을 알게 됐다. 형석이에게 부족한 것을 치료로 보완할 수 있겠다는 생각을 하면서 필요한 모든 검사와 치료를 시작했다. 운동신경이 부족한 것 같아서 심리 운동을 시작했고, 학습 장애 치료는 물론 정서를 안정시켜주는 놀이 치료, 음악 치료, 미술 치료 들을 모두 시작했다. 형석이가 사회적 상황에서 말이나 행동을 잘 못하는 부분도 있어서인지 인지 치료도 포함시켰다. 그렇게 한 학기를 보내고 나서 형석이 엄마는 다양한 치료사들의 의견을 종합해 궁극적으로 형석이가 사회 적응을 못하는 것이 문제의 근원이라는 결론에 도달했다.

인터넷 검색을 통해 루돌프연구소를 알게 된 형석이 엄마는 검사를 의뢰했고 형석이는 자폐스펙트럼 장애 진단을 받았다. 형석이는 지금까지 진단 받은 다양한 문제들과 함께 자폐적인 문제도 갖고 있었다. 이런 경우에 어떤 진단이 가장 중심인지 확인하는 것이 중요하다. 검사 결과를 다 듣고 나서 형석이 엄마는 아주 먼 길을 돌고 돌아 목적지에 도착한 사람처럼 보였다. 그 동안 아이를 위한다는 생각에 비용과 시간을 아끼지 않고 치료에 몰두했는데 이제는 꼭 필요한 치료만 남기고 모두 정리해야겠다고 했다. 몸과 마음이 지친 모습이었다.

형석이 엄마는 너무나 짧은 시간 동안 다양한 진단과 치료를 경험했다. 진단을 받을 때마다 그에 상응하는 치료가 추가되는 것을 보면서 진단이 무엇을 의미하는지 깨달았을 것이다. 우리 유병률 연구의 공동 연구 책임자였던 김영신 교수와 나는 자폐스펙트럼 장애 진단의 효율성에 대해 이야기한 적이 있다. 2가지 이상의 다양한 증상을 복합적으로 보이는 자폐적인 아이에 대해, 어느 개별 증상 한 가지로만 보고 강박증, 우울증, 틱 장애, 학습 장애, 발달성 협응 장애 등의 진단을 여기저기서 받으면 마치 아이가 엄청난 문제를 가진 것으로 혼란에 빠지게 된다. 반면 자폐스펙트럼 장애 진단을 받고 나서, 또 다른 증상들에 대해 추가적으로 진단을 받으면 아이의 문제를 훨씬 이해하기 쉽고 치료 계획을 세우기도 쉽다. 예를 들어, 아이의 사회 적응을 도와주는 것만으로도 사회생활에서 오는 불안과 스트레스를 해소해주기 때문에 강박증이나 틱 또는 우울증을 줄일 수 있다. 더 중요한 것은 아이의 발달을 정확하게 이해하고 도울 수 있다는 사실이다.

일찍 진단 받는 아이들, 진단을 놓치는 아이들 ————

자폐스펙트럼 장애를 치료하는 사람들은 치료 시기가 빠를수록 좋고, 그렇게 하기 위해서는 가능하면 이른 시기에 진단을 받아야 한다는 것을 알고 있다. 일찍 치료를 시작할수록 더 좋은 예후를 기대할 수 있기 때문이다. 아기가 첫돌이 지나면서 뚜렷한 증상을 보이는 경우에는 그 나이에 이미 신뢰성 있는 진단이 가능하다. 그러나 자폐스펙트럼 장애 증상이 워낙 다양하고 증상에 따른 아이들의 모습도 다양하기 때문에, 대부분의 연구자들은 2세가 넘어야 신뢰할 수 있는 진단을 받을 수 있다고 본다. 2005년 루돌프연구소에서 유병률 연구를 시작할 때, 자폐 어린이를 위한 특수학교에서도 자폐 진단을 받은 아이들이 절반 정도였다. 증상이 특수학교에 다닐 만큼 심하지 않아서 일반 학교에 다니고 있던 아이들 대부분은 연구에 참여하면서 처음으로 진단을 받았다. 15년이 지난 지금도 연구에 참여하든 개인적으로 찾아오든 루돌프연구소에 와서 처음 진단을 받는 아이들이 적지 않다. 다만, 예전에 비해서 진단을 받는 연령이 점점 낮아지고 있는 추세는 분명하다.

우리나라에는 아직 자료가 충분하지 않아서 미국의 질병관리본부(CDC, 2019) 자료를 참고하면, 자폐적인 아이들이 진단을 받는 나이는 증상에 따라 조금씩 차이가 나지만 대부분 2세보다는 많다. 자폐 증상이 분명하고 언어 발달을 포함하여 초기 발달이 늦은 아이들도 평균적으로 3세에서 4세 사이에 진단을 받는 것으로 나타난다. 예전 진단명인 아스퍼거증후군과 같이 자폐적인 증상은 있지만 언어 발달이나 지적인 발달에 문제가 없는 아이들은 학교 갈 나이가 다 돼서야 진단을 받기도 한다.

한편, 심각한 상황에 이를 때까지 진단을 받지 못하는 아이들도 여전히 있다. 다 커서 초기 대응 시기를 놓치고, 자폐적인 문제 이외에 사회부적응으로 인해 발생하는 정서적인 문제나 행동 문제 같은 2차적인 문제들과 함께 찾아오는 경우가 있다. 진단을 받는 시기가 늦어질수록 더 좋은 예후의 가능성이 낮아질 뿐 아니라 그동안 사람들로부터 받은 부정적인 경험들 때문에 생겨나는 세상에 대한 불신과 왜곡된 사고 습관도 문제를 증폭시킨다. 이제 어떤 조건에 있는 자폐적인 아이들이 일찍 진단을 받는지 혹은 놓치게 되는지 알아보자.

가족력과 진단 시기 ————·

가족 중에 누군가가 자폐스펙트럼 장애를 가지고 있다면 비교적 이른 시기에 자녀의 자폐 증상을 발견할 수 있다. 이미 자폐적인 아이를 키우고 있는 부모들은 아이를 더 낳는 것에 대해 심각하게 고민한다. 미국 CDC에 의하면 자폐스펙트럼 장애를 가진 일란성 쌍생아 형제가 모두 자폐스펙트럼 장애가 될 확률은 36~95%이고 이란성 쌍생아의 경우는 0~31%이다. 자폐스펙트럼 장애 아이의 부모가 둘째 아이를 낳았을 때 또 자폐적인 아이를 가질 확률은 2~18%이다. 자폐스펙트럼 장애 유병률이 2~3%인걸 감안하면 훨씬 높은 리스크를 감수하고 자폐적인 아이의 동생을 낳아야 하는 것이다.

최근에는 아이를 적게 낳는 추세이기도 하거니와 첫아이가 자폐스펙트럼 장애를 가지면 둘째 아이를 포기하는 경우가 많다. 하지만 첫아이가 자폐적이라는 것을 알면서도 용감하게 동생을 낳는 경우도 있다. 리스크에 도전할 만큼의 보상도 있기 때문이다. 아이를 키우는 재미가 적은 자폐적인 아이를 키우다가 정상적으로 소통하는 둘째 아이를 키우게 되면 그 보상은 아주 크다. "동생을 키워보니 완전히 달라요!"라고 말하는 엄마들이 종종 있다. 동생의 행동을 보면서 자폐적인 큰 아이가 조금씩 사회적인 행동을 배워 나갈 수도 있다. 동생이 아주 좋은 치료사 역할을 하는 것이다. 치료사가 아무리 가르쳐도 마이동풍이었던 아이가 동생이 하는 행동을 보고 따라서 하거나, 몇 살 어린 동생과 함께 놀면서 발달되지 않았던 놀이 행동을 뒤늦게 배우는 경우도 있다. 미래를 생각할 때 어쩌면 동생이 큰 아이를 지켜줄 세상의 유일한 피붙이라는 생각을 하는 엄마도 있다.

2006년 내가 유병률 국제 공동 연구를 위해 방문한 예일대학교에서 연수를 받으면서 본 다섯 아이를 키우는 미국 엄마가 생각난다. 다섯 아이 중 두 아이가 자폐 장애 진단을 받았고, 그중 두 번째로 자폐 진단을 받은 아이가 예일대학교 병원에서 진행 중이던 '자폐스펙트럼 장애 어린이 약물과 행동 치료 연구'에 참여하고 있었다. 그 아이는 말을 거의 하지 못하는 증상이 심한 초등학교 3학년 남자아이였다. 조기 진단을 받아 주 정부의 지원으로 학교에서 제공하는 치료 서비스가 좋아서인지 아이도 편안해 보였고, 사회적 지원과 의료 수준이 높아서인지 엄마도 걱정이 없어 보였다. 선진국에서 살고 있으니 그 정도 수준의 장애도 삶에 큰 문제가 안 될 수 있나보다 생각했다. 그 아이의 아빠는 현대자동차 딜러였고 엄마는 한국에 대해 호의적이었다. 약물 반응에 대한 중간 점검이 끝나고 이런저런 이야기를 나누다가 좀 더 깊은 애기로 들어가니, 내게 왜 이렇게 힘든 일을 하냐고 물으면서 지금이라도 다른 직업을 찾는 것이 어떠냐고 물었다. 한국 상황과 비교하며 훨씬 좋은 시스템에서는 장애가 있는 아이라도 평화롭게 자랄 수 있다는 생각을 하고 있던 나는 딴생각에 빠져 있다가 현실로 돌아온 느낌이었다. 아무리 국가적 지원이 좋아도 소통과 공감이 어려운 아이들과 함께 살아가는 일은 미국 엄마들에게도 아주 힘든 일이라는 사실을 잠시 잊었던 것이다.

조기 진단으로 이끄는 증상들 ─────

내 아이를 데리고 가서 자폐스펙트럼 장애 진단 검사를 받아야겠다는 결심을 할 때까지의 과정은 어쩌면 자신의 몸에서 이상 증상을 발견하고 나서 병원에 가서 검사를 통해 확인해봐야겠다고 결정하는 과정과 크게 다르지 않다. 대부분의 아이 부모들이 망설이고 망설이다 큰 용기를 내야 할 수 있는 일이다. 엄마 아빠들이 자녀가 아기일 때 쉽게 발견하는 초기 증상들을 살펴보자.

부모 또는 주양육자와 눈을 맞추지 않거나, 쳐다보지만 교감하는 느낌이 없다: 아이를 키워본 할머니가 먼저 알아차리는 경우도 있다. 양육 경험이 없는 젊은 부모는 아기가 산만하거나 다루기가 어렵다는 생각만 하는 경우가 종종 있기 때문이다. 많은 부모들은 어쩌다 한 번 쓱 보는 행동을 보고 눈을 맞춘다고 말하기도 한다. 그러나 중요한 것은 교감이다. 서로의 시선을 통해서 느껴지는 무언가가 있어야 한다.

이름을 불러도 쳐다보지 않는다: 이름을 불러도 쳐다보지 않으면 우선 청각에 문제가 있지 않나 걱정을 한다. 아기가 노느라 정신이 없나 보다 그냥 넘어가기도 한다. 하지만 아빠나 엄마가 사진을 찍을 때 아기 이름을 불러도 쳐다보지 않으면 비로소 청각 검사를 하러 간다. 그런데 청각에는 전혀 이상이 없다는 결과가 나오면 자폐스펙트럼 장애 검사를 해볼 필요가 있다.

잠을 잘 못 자거나 소리나 촉감 등 감각에 예민하다: 아기가 예민하다고 루돌프연구소를 찾아오는 경우 대부분은 소리에 예민한 아기들이다. 이런 아기들은 우선 잠들기가 어렵고 아주 조용해야만 지속해서 잠을 잔다. 작은 생활 소음에 바로 깨기 때문에 아기가 자는 동안에는 아무것도 할 수가 없다. 촉감이나 감각의 변화에 예민해서 아기를 바닥에 눕히면 바로 깨거나, 흔들리는 아기 침대에서 잠을 못 자는 아기도 있다. 일반적으로 잠들기 어려운 아기들이 많기 때문에 잠을 잘 못 잔다고 모두 자폐적인 아이는 아니다. 다만, 어떤 감각에 너무 예민하다면 주의를 기울여 관찰해야 한다.

무표정하거나, 또는 한 가지 표정만 있다. 어떤 아기는 웃기만 한다: 아기 표정이 심각해 보인다. 표정을 짓지 않기 때문이다. 보통 약간 상기되어 있거나 살짝 찡그리고 있다. 아기가 '시크'하거나 '시니컬'해 보인다고 어른들이 신기해하거나 재미있어하는 경우도 있다. 대개 늘 웃는 아기에 대해서는 특별히 걱정을 하지 않는다. 그러나 야단맞거나 심각한 상황에서도 웃는다면 그냥 넘어갈 문제가 아니다.

운동 발달이나 언어 발달 등 초기 발달이 늦다: 자폐적인 아기들은 발달 지표보다 아주 늦거나 그 정도는 아니라도 또래들보다 발달이 대체로 늦다. 양육지침서에 나와 있는 개월 수에 맞게 발달하지 못하면 엄마들의 마음이 다급해진다. 그래도 운동 발달에 대해서는 비교적 관대한 편이나 언어 발달이 늦으면 걱정이 심해진다. 주변에서 남자 아이들은 말 시작이 조금 늦다고 말해도 엄마는 다르게 느낄 수 있다. 언어 발달은 지능 발달과도 관련이 많이 있기 때문이다. 3세가 지나도록 말이 늦으면 그때는 치료 기관이나 병원을 찾는다.

사람들에게 관심이 없고 사물에 더 관심이 많다: 아이가 돌아가는 바퀴나 선풍기 또는 엘리베이터의 층수를 나타내는 숫자 앞에 붙어서 보고 있으면 처음에는 어른들이 신기해하고 재미있어한다. 아기가 알파벳이나 한글 등 문자에 관심을 보이면 기뻐하는 부모들이 많다. 아기가 숫자에 밝아도 좋아한다. 그러나 시간이 지나면서 관심을 보이는 만큼 그것과 관련된 아기의 능력이 늘어나지 않는다. 또 이런 것들에 빠져서 혼자 놀고 또래 아이들과 잘 어울리지 못한다.

변화에 민감해 낯선 환경이나 낯선 사람에 적응하지 못한다: 새로운 사람을 보았을 때 또는 낯선 장소에 갔을 때 불에 댄 듯이 난리를 치는 아기들이 있다. 아기를 데리고 어린이집은 고사하고 친가나 외가에도 가지 못하는 경우가 있다.

너무 고집이 세다: 어떤 것도 타협하기가 어렵다. 아직 말이 서툴러서 소통이 잘 안 된다고 여기고 넘어갈 수도 있으나, 시간과 장소를 가리지 않고 무작정 울고 떼를 쓴다면 잘 살펴볼 필요가 있다. 공공장소에서 머리를 박거나, 자신을 물거나, 때리는 자해 행동을 할 수도 있다.

특이한 신체 움직임을 반복한다: 눈앞에서 보여주는 특이한 행동만큼 강렬한 신호는 없다. 흰자위가 보이게 눈을 치켜뜨고 빙글빙글 돌거나, 손을 털면서 뛰어다니거나, 손가락이나 손을 자신의 몸 앞에서 반복적으로 움직인다. 이런 행동을 보면 바로 병원에 가게 된다. 그러나 눈에 띄는 상동행동이지만 손가락을 꼬거나 튕기는 행동은 빈번하게 반복해서 해도 그냥 넘어갈 때가 많다.

내 아기가 또래들과 다르다고 알아차리는 시기 ————•

엄마 혼자서 첫아기를 집에서만 키우면 어떤 행동을 해도 '아기들은 다 그런가보다' 하는 경우가 많다. 대부분은 그냥 받아들이는 정도가 아니라, 엄마는 아기의 행동에 적응을 하고 거기에 맞추어 생활을 한다. 하지만 곧 엄마와 자폐적인 아기 사이의 평화를 깨는 사건들이 발생한다.

첫 집단활동 경험: 첫돌이 지나면서 엄마는 설레는 마음으로 아기와 함께 문화센터를 간다. 다른 아기들은 처음 보는 선생님을 쳐다보고 지시를 따르려고 한다. 주변의 아기들을 쳐다보기도 하고 그 아기들의 행동을 따라하기도 한다. 그런데 내 아기만 혼자 독립적이다. 주변의 사람들에게는 전혀 관심이 없다는 듯 혼자서 이리저리 탐색하고 다니고 불러도 쳐다보지 않는다. 다른 아기들에게는 관심이 없고 가구들의 문을 열어보거나 전자제품을 만지고 다니거나 창밖을 쳐다본다. 내 아기가 또래의 다른 아기들과 다르다고 느끼고 나서야 '사회성' 관련 키워드로 인터넷 검색을 시작한다.

어린이집이나 유치원 입학: 첫돌이나 두 돌이 지나면 엄마는 아기를 어린이집에 보낼 계획을 하며 사회생활을 시작하는 아기 모습을 기대하기도 하고 걱정하기도 한다. 선생님 말을 잘 들을까? 또는 다른 아기들이 내 아기를 좋아할까? 엄마를 안 떨어지려고 하고 어린이집을 가기 싫어하면 어떡하지? 이런 걱정들을 한방에 날려버리는 아기들과는 달리 전혀 적응을 못하는 아기들이 있다. 언어 발달이 늦어서 또래들과 못 어울린다고 생각하거나 첫 사회생활이라 그럴 수도 있을 거라는 생각도 해본다. 그런데 그 정도가 아니라 아이들과 조금만 몸이 닿아도 울고 떼를 쓰거나, 노는 아이들 사이를 헤집고 다니거나, 집단활동을 하기 위해 혼자 하고 있던 놀이를 못하게 하면 심지어 머리를 박으며 자해를 하는 아기들이 있다. 일반 어린이집이라면 선생님이 엄마에게 면담 신청을 한다. 그런대로 견딜 만할 경우에는 검사를 권유하는 정도로 끝나지만 심한 상황이라면 다른 기관을 알아보라고 통보한다. 어떤 어린이집 교사는 첫날 수업이 끝나자마자 엄마에게 "이 아이 일반 아동 맞아요?"라고 질문했다고 한다. 아이에게도 이런 경험은 충격이다. 말을 더듬기 시작하거나 틱을 보이는 아이들도 있다. 또는 면역이 약해진 아이처럼 다양한 병치레를 해 수시로 결석을 하기도 한다. 경험이 많은 어린이집 교사라면 조심스럽게 아이가 집단활동에 적응을 못하고 있으니 전문가와 상담해보라고 알려줄 것이다.

가정 안에서 일어날 수 있는 크고 작은 변화들: 자폐적인 아이들 중에는 변화에 매우 민감한 아이들이 있다. 동생이 태어나면서 가족 관계의 변화에 적응하지 못하는 아이들이 있다. 엄마의 배가 불러오고 동생이 태어나기 전부터 가족 내에서는 미묘하거나 분명한 변화들이 일어난다. 자폐적인 아이가 보기에, 사람들이 아직 있지도 않은 동생에 대한 이야기를 많이 하다가 어느 날 엄마가 사라졌다. 그리고 다음 날 어른들의 손에 이끌려 병원에 갔는데 동생이라고 불리는 아기가 있다. 아이는 새로운 가족의 등장에 적응하지 못하고 사람들의 관심으로부터 멀어지는 상황에 대한 분노를 어떻게 표현해야 할지 몰라 갓난아기를 때리는 경우도 있다. 가족관계의 변화와 관련한 사례로는, 아빠가 장기 출장을 가서 떨어져 지내게 되거나 엄마의 복직 또는 조부모의 사망 등에 적응하지 못해 발달이 정체되거나 부적응 행동을 보인 경우들도 있다. 이런 변화들은 어른들에게도 작은 일이 아닌데 어린아이에게 어떤 충격이 될지 미리 대비하지 못해서 일어나는 일이다.

진단을 놓치는 아이들 ————

일반적인 심리 검사나 상담을 위해 루돌프연구소를 방문했다가 자폐스펙트럼 장애 진단을 받은 아이들이 꽤 있다. 지역 교육청에서 진행하는 교육복지 사업으로 의뢰된 아이들에서도 간혹 발견됐다. 이런 아이들은 몇 가지 유형으로 분류할 수 있다. 이미 어떤 진단을 받아서 그 외의 다른 문제는 염두에 두지 않은 경우, 매우 경미한 자폐 증상인 경우, 초기 발달이 정상적이거나 지능이 높은 아이, 성품이 온화하여 순종적이고 모범적인 아이, 가정환경이 어려운 아이, 엄마가 자폐적인 경우 등이 있다.

이 책 5장의 '자폐스펙트럼과 함께 오는 합병증'에서 다시 다루겠지만, 아이가 사람들과 소통하지 못한다는 사실을 깨닫기 전에 다른 진단을 먼저 받으면 아이가 보이는 모든 문제의 원인은 먼저 받은 그 진단의 몫이 된다. 특히 자폐스펙트럼 장애에 동반되는 경우가 많은 지적 장애 진단이나 ADHD 진단을 먼저 받으면, 학습이 안 되거나, 아이들과 잘 어울리지 못하거나, 공격적이고 반항적인 행동들 모두 지능이 낮거나 산만하고 집중을 못하기 때문이라고 생각하기 쉽다. 심각한 조산으로 태어나거나 출생할 때부터 분명한 선천성 질병을 가진 경우에도 신체적인 건강 상태가 주요 관심사가 되기 때문에 아기의 행동 발달은 부차적인 문제가 된다. 예를 들어 청각 장애나 시각 장애와 같은 신체 장애를 가지고 태어나면 모든 발달 문제가 들리지 않거나 보이지 않기 때문이라고 판단한다.

경미한 자폐적인 증상은 심도 있는 검사를 하지 않으면 병원에서도 진단을 놓치는 경우가 종종 있다. 증상을 조금 보여도 그 정도는 그냥 두면 나아질 거라고 생각해 아무것도 하지 않는 경우도 많다. 일반적으로 진단이 안 나오면 치료를 해야 한다는 필요성을 느끼지 못한다.

제때에 걷고 말하고 영리하기까지 하면 아이가 자랑스럽다. 이런 아이가 발달에 문제가 있을거라고는 전혀 생각하지 않는다. 만약 누군가 "아이가 영리하고 창의적이긴 한데 특이한 것 같아요. 혹시 자폐 스펙트럼 장애 진단 검사를 해보면 어떨까요?" 한다면 그 사람은 아이 엄마와 평생 원수가 되지 않을까. 실제로 아이가 어릴 때 이런 이야기를 듣고 분해서 잠을 못 잤는데 초등학교에 입학해서 따돌림을 당하는 모습을 보니 후회가 된다며 뒤늦게 루돌프연구소를 찾아온 엄마가 있다. 다른 아이들에 비해서 한참 늦은 나이에 루돌프연구소에서 진단을 받은 아이들은 거의 대부분 지능이 평균 이상이었고 아이큐가 120이 넘는 아이들도 많았다.

자폐적인 아이들 중에 반장이거나 모범상을 받는 아이들이 종종 있다. 선생님의 말을 아주 잘 듣기 때문이다. 이 아이들은 선생님이 말한 것을 곧이곧대로 듣고 실천하려고 한다. 자폐적인 모범생이 잘 생기기라도 하면 모든 사람들에게 부러움의 대상이 된다.

학교나 지역 복지기관에서 의뢰한 아이들 중에는 가정환경이 불우한 아이들이 있다. 대부분 아빠가 없는데, 사망한 경우도 있고 이혼 또는 행방불명 상태여서 연락이 끊어진 경우들도 많다. 그중 자폐 증상이 심한 아이들을 보면 가족력을 고려할 때 아빠가 사회 적응에 어려움이 컸을 것으로 추정한다. 이런 경우에 외부의 도움 없이 엄마 혼자서 아이를 치료하러 데리고 다니는 것이 쉽지 않기 때문에 대부분 아이의 어려움이 방치된다.

자폐스펙트럼 장애는 여자들보다 남자들에게서 더 많이 나타난다. 공식적인 통계로 남자가 여자보다 4배 정도 더 많다고 보고됐다. 우리 유병률 연구에서도 증상이 심한 그룹에서는 5배, 경미한 그룹에서는 2배 남짓 남자아이들이 여자아이들보다 자폐스펙트럼 장애 진단을 더 많이 받았다. 따라서 당연히 엄마보다는 아빠들이 자폐적인 경우가 많다. 내 경험으로는, 아빠가 자폐적이고 엄마는 아빠에게 화가 나 있는 가족 형태가 전형적인데, 이런 경우에 엄마들은 아이에게서 아빠의 모습을 보기 때문에 자녀의 문제를 놓치지 않는다. 그러나 엄마가 또는 엄마도 자폐적인 경우는 조금 다르다. 아빠들은 대체로 가족 안에서 일어나는 대인 갈등에 덜 민감하다. 엄마가 가족이나 친지들을 잘 챙기지 못하거나 집 밖의 사회생활에 잘 적응하지 못해도 아빠들은 크게 관심을 갖지 않는 경우가 많다. 이런 아빠들은 아이와 소통에 문제가 있을 때도 '엄마 닮았나 보다' 하고 무관심한 경우가 많아 아이의 자폐적인 문제가 관심을 받지 못하고 방치될 수 있다. 더 나아가 엄마 아빠가 모두 자폐적이라면 가족 구성원 모두 사회생활에 어려움을 겪고 있어도 서로 감지하지 못하거나, 세상이 잘못됐다는 생각만 공유하고 있을 수도 있다.

진단을 놓치고 어른이 된다면 ────・

어릴 때부터 조현병으로 알고 있다가 성인이 되어 자폐스펙트럼 장애 진단을 받은 상우 엄마가 2년이 지난 후 루돌프연구소를 찾아왔다. 시간이 많이 지난 후에도 아이에 대해 깊은 이야기를 나누었던 엄마들을 다시 만나면 오랜만에 친지를 만난 느낌이다. 상우 엄마는 2년 전과 같은 상우의 문제, 그러니까 아직 해결되지 않은 '희망 사항'을 가지고 다시 온 것이 안타까웠다.

루돌프연구소에 검사를 받으러 온 당시 25세 이상우는 어릴 때 이미 조현병 진단을 받았다. 한 사단법인에서 사회복지사로 일하고 있었는데 이사장은 나이가 90대로 치매 증상을 보이고 있었고, 상우처럼 어려움이 있는 직원이 3명인 아주 작은 곳이라고 했다. 엄마는 상우가 '조현병'이 아니라 '자폐스펙트럼 장애'라는 제대로 된 진단을 원했고, 그 새로운 진단명으로 장애 등록을 해서 엄마가 세상을 떠난 후에도 상우가 사회의 보호를 받게 해주고 싶었다. 엄마가 생각했던 대로 검사 후 자폐스펙트럼 장애가 확인됐다. 이 진단 직후 대학병원에서 장애 등록에 필요한 추가 검사를 한 후 자폐성 발달 장애로 장애 등록을 신청했는데 받아들여지지 않았다. 지능이 평균 수준이고, 자폐 장애는 발달 장애인데 성인이 뒤늦게 자폐 장애 등록을 하는 것이 받아들여지지 않았을 것이다. 하지만 독립적으로 사회생활을 할 수 없다면 정상적인 지능이 무슨 소용이 있겠는가? 결국 상우가 사회복지사 일을 그만두게 되자 엄마는 아들의 미래를 염려하여 어떻게든 장애 등록을 해야 한다는 생각에 다시 나를 찾아온 것이다.

어린 시절 이상우는 2세까지 정상적으로 잘 컸다. 그런데 2세가 지나면서 또래들에 비해 언어 발달이 느려지고 발음도 불분명해졌다. 유치원에 가서도 아이들에게 관심이 없었고 같이 어울려 놀지도 않았다. 환경 변화에 민감하여 새로운 상황에 적응하는 것이 늘 어려웠다. 일반적으로 자폐적인 아이들은 초등학교에서 어떤 담임선생님을 만나는가에 따라 큰 영향을 받는다. 관용이 없이 엄격하기만 했던 담임을 만난 2학년 상우는 그때부터 공부는 뒷전으로 하고 책에만 빠졌다. 5학년 때부터는 본격적으로 학교를 거부했고 급기야 중학교 2학년 때는 시험공부를 하다가 갑자기 읽기, 듣기, 쓰기가 모두 안 되면서 정신이 오락가락했다고 한다.

상우는 뒤늦게 대학병원에서 조현병 진단을 받았고 ADHD 아이들이 주로 다니는 대안학교를 다녔다. 하지만 시끄럽고 요란한 동급생들을 피해 혼자 책을 보며 지냈다고 한다. 학업을 제대로 할 수 없었던 상우는 사회생활을 하다가 늦깎이로 공부를 시작한 중장년 어른들이 다니는 고등학교에 편입했고, 이후 한 전문대학의 사회복지학과를 마치고 사회복지사가 됐다. 상우는 어른들과 함께 다닌 고등학교 생활이 평생의 삶에서 가장 편안한 시기였다고 했다. 상우는 또래 친구가 한 명도 없었다. 조현병 진단이 있어서 군복무는 면제 받았으나 주변에서 이상우의 진단은 조현병이 아니라 아스퍼거증후군이 맞다는 사람들이 많았다. 상우 엄마도 뒤늦게 인터넷 검색을 해보고 루돌프연구소를 찾아왔다.

중학교 2학년 당시 이상우의 증상을 보면 조현병을 의심할 만한 정황이 있다. 하지만 상우의 발달 상태를 좀 더 세심하게 관찰했다면 조현병 진단을 하더라도 자폐스펙트럼 장애 진단을 함께 고려할 수도 있었다. 상우 엄마는 명망있는 병원의 진단을 믿고 10년 가까이 조현병 치료에만 전념하면서 한 번도 또래관계나 사회생활에 도움이 되는 치료를 생각해본 적이 없다. 진단명이 바뀐다고 세상이 바뀌는 것은 아니다. 하지만 엄마는 상우가 자신에게 제대로 이해되어야 하는 것처럼 세상 사람들에게도 제대로 이해되어야 한다고 생각한다.

상우 엄마와 나는 상우의 미래를 위한 일들을 의논했다. 한참을 함께 얘기하고 나서, 사회에서 격리되어 살지 않는 한 상우에게는 사회로부터 보호받을 장치가 필요하다는 결론에 도달했다. 나는 엄마에게 한 가지 제안을 했다. 현재 우리 사회가 상우의 장애 등록을 받아주지 않는다면 사회를 바꾸는 일을 해보자. 장애 아들의 엄마로서 할 수 있는 일을 하고, 나는 전문가가 할 수 있는 일을 찾겠다고 했다.

현재 자폐 장애 등록이 된 아이들은 학교를 졸업하고 성인이 되면 장애인을 위한 복지법이 제공하는 혜택과 보호를 받고 살아갈 수 있다. 하지만 이상우는 그런 지원을 받을 수가 없다. 대부분의 선진국들이 사회적 약자들, 특히 장애를 가지고 있는 사람들을 진단하고 치료하고 또 보호하는 이유는 단순히 선진국으로서의 자존심 때문이 아니다. 경제적으로 따져보았을 때 장애 있는 사람들을 보호하는 것이 결국은 사회적 비용을 줄이고 국가 경제에도 도움이 되기 때문이다. 나이가 들어도 자폐스펙트럼 장애가 확인된다면 뒤늦게라도 장애 등록을 할 수 있도록 해야 한다고 나는 생각한다. 그래서 장애를 가진 당사자들은 물론, 그들을 세상에 남겨두고 떠나야 하는 부모들도 걱정이 없는 그런 나라를 소망해본다.

3장

자폐스펙트럼 장애
유병률 100명 중 2.64명

자폐스펙트럼 장애 유병률은 한 집단, 한 국가, 더 나아가 인류 전체에서 자폐스펙트럼 장애 증상을 가진 사람들이 얼마나 있는지를 나타내는 지수이다. 이미 앞에서 이야기했듯이, 역학 연구를 통해서 유병률을 조사하는 것은 자폐스펙트럼 장애를 해결해 가는 과정에서 첫 번째로 해야 하는 작업이다.

1

한 번 하면
다시 하지 않는다는
역학 연구

　한국의 자폐스펙트럼 장애 유병률 연구는 2005년 미국의 '자폐 연구를 위한 국가 연맹NAAR: National Alliance for Autism Research'의 지원으로 시작했다. 자폐 장애를 가진 자녀들의 부모를 중심으로 만들어진 NAAR 재단은 훗날 '오티즘 스픽스'라는 이름의 큰 재단으로 발전했다. 자폐를 과학적으로 규명하고 치료 방법을 찾기 위해 1994년 설립된 NAAR 재단에서는 무엇보다도 먼저 자폐스펙트럼 장애 유병률을 정확하게 조사해야 한다고 생각했다. 1994년부터 2013년까지 정신 장애의 진단기준으로 사용한 DSM 4판을 보면, 현재 사용되는 진단명인 자폐스펙트럼 장애에 해당되는 자폐성 장애나 아스퍼거증후군의 유병률이 매우 낮거나 명확하게 제시되어 있지 않다. DSM 4판에는 자폐성 장애의 유병률이 인구 1만 명 당 2~5명으로 나와 있고, 아스퍼거증후군의 유병률에 대한 정보는 아예 없으며 여성보다는 남성에게 흔하다고만 기술돼 있다.

연구팀 구성 ─────•

국제 공동 연구팀은 2005년부터 2006년까지 2년 동안 NAAR로부터 유병률 조사프로젝트를 수행했다. 연구비 지원을 받는 데는 미국 조지워싱턴대학교의 의료인류학자 리처드 그린커 교수가 큰 역할을 했다. 부인은 한국계 미국인으로 정신과 의사다. 그린커 부부에게는 자폐스펙트럼 장애를 가진 딸이 있다. 그린커 교수는 한국인이 포함된 연구팀을 만들기 위해 예일대학교 의대 정신과 김영신 교수를 만나 공동 연구팀을 꾸렸다. 연구의 자문 역할로 원로 소아정신과 의사인 시카고대학의 베넷 레벤탈 교수와 캐나다 맥길대학교의 에릭 폼본Eric Fombonne 교수도 공동 연구팀에 참여했다. 에릭 폼본 교수는 자폐스펙트럼 장애 유병률을 현실적인 수준으로 끌어올리는 데 중요한 역할을 한 정신과 의사로, 이 책의 1장에서 소개한 런던의 킹스연구소에서도 일했던 역학 연구자다. 국내에서는 세브란스 병원의 소아정신과 의사 송동호 교수와 천근아 교수가 참여했고, 인류학자이며 그린커 교수와 친분이 있는 한국 디지털대학교의 조경진 교수도 함께했다. 실제 유병률 현장 조사는 루돌프연구소가 중심이 돼 진행했다.

나는 그린커 교수를 2005년 10월 토론토에서 열린 미국소아정신과학회에서 처음 만났다. 그 학회에서는 NAAR 재단 주관으로 전 세계 자폐 장애 역학 연구자들의 모임이 있었다. 자폐스펙트럼 역학 연구 분야에서 중요한 학자인 폼본 교수를 비롯하여 다양한 나라에서 역학 연구를 진행하고 있는 미국과 유럽의 연구자들이 함께 자리했다. 오랜 시간이 지났지만 지금도 생생하게 기억하는 것은 중국에서 유병률 역학 연구를 하고 있던 존스홉킨스대학교 연구팀의 이야기이다. 중국에 비하면 상대적으로 순조롭게 역학 연구를 진행하고 있던 한국팀을 부러워하면서, 그 연구팀은 연구를 시작한 지 꽤 되었지만 자폐 장애를 가진 사람을 한 명도 찾지 못했다고 했다. 심지어 연구 진행을 위해 꼭 필요한 영문판 진단 도구를 중국어로 번역하는 것조차 불가능하다며 푸념을 늘어놓았다. 내가 보기에 그 연구팀은 중국 말을 평범한 인류가 사용할 수 없는 특별한 언어로 생각하고 있었다. 그대로 가면 유병률이 0%로 나올 게 뻔했다. 너무 힘들어서 한 번 하고 나면 다시는 하지 않는다는 역학 연구를 하기 위해 직접 현장에서 뛰고 있던 나는 그나마 다행이라고 생각했다.

연구 도구 번역 ————·

정신 건강 분야에서 연구하려면 질문지나 관찰 도구와 같은 검사 도구들이 필요하다. 자폐스펙트럼 장애를 진단하는 ADI-R이나 ADOS 같은 검사지는 물론, 전반적인 행동 발달과 구체적인 사회성 발달을 평가하는 질문지들을 사용한다. 한국에서 개발된 검사 도구들이 없고 외국의 선행 연구들과 우리 연구 결과를 비교하기 위해 첫 번째로 국제적으로 공인된 검사 도구들을 번역해야 했다. 우리 연구에서 번역 작업은 한국어와 영어를 모두 이해할 수 있는 김영신 교수와 내 몫이었다. 먼저 미국의 출판사로부터 검사지 번역에 대해 허락을 받아야 했다. 영문판을 한국어로 바꾸고 다시 한국어로 번역된 검사지를 영어로 역번역하여 두 언어로 된 검사지 모두를 그 출판사로 보냈다. 검사지 원본과 한국어판이 다시 역번역된 영문 검사지를 대조하여 한국어 번역이 잘 되었는지 확인했다. 검사지 원본은 약 150페이지 분량이니까 영어로 쓴 책 한 권을 한국어로 번역한 다음 다시 그 책 한 권을 영어로 번역한 셈이다. 출판사에 사용 권한에 대한 비용을 지불한 후 검증된 한국어 번역본을 사용해 연구를 진행했다.

연구 지역 선정 ————

연구 지역을 선정하는 일은 연구 대상을 선정하는 일과 동일하다. 역학 연구는 여론조사처럼 전체 대상에서 일부를 추출한 연구 표본을 조사하는 방식으로 진행하지 않는다. 유병률 연구는 대상으로 삼는 지역의 인구 전체를 조사한다. 우리 연구 결과를 논문으로 발표했을 때 인터넷 기사에 달린 댓글 중에 "왜 한 지역만을 대상으로 연구했는지", "그런 연구 결과가 전체 한국인에게 일반화될 수 있는지", "왜 한국의 여러 지역에서 표본을 구해 연구하지 않았는지" 등 적지 않은 비판들이 있었다. 표본 연구에 익숙한 사람들이 전집 연구를 이해하지 못했기 때문이다. 여론조사의 경우 어떤 집단을 구성하는 대다수 사람들의 견해를 알기 위해 대표성 있는 표본으로 선정된 사람들로부터 알아낸 것을 대다수의 견해로 간주한다. 여론 조사와는 달리 유병률 조사는 대상 집단에 관련자가 모두 몇 명 있는지 한 명이라도 정확하게 찾아내는 것이 목적이다. 따라서 대표성 있는 지역을 선정하는 것이 중요하다.

한국을 대표하는 지역은 사회적, 문화적 그리고 경제적으로 대한민국의 평균에 가까운 지역이어야 한다. 또한 몇 년에 걸친 연구를 수행하려면 인구의 유입과 유출이 적을수록 좋다. 그리고 연구자들이 쉽게 오갈 수 있는, 즉 접근성이 좋은 지역이어야 효율성이 높다. 이런 조건들을 고려해, 우리나라 인구의 절반 이상이 사는 수도권 지역의 경기도 고양시를 대상 지역으로 선정했다. 우리 조사에서 모집단은 1993년에서 1999년 사이 고양시에서 출생한 어린이 전체로, 2005년 기준으로 고양시 1학년부터 6학년까지 초등학생 약 5만 명이었다. 그 다음에는 그 지역의 대상자들 전체에 대해 가장 타당한 방법으로 관련자(우리 연구의 경우, 자폐스펙트럼 장애를 가진 아이들)를 찾아낸다. 실제로 경기도 고양시 어린이들을 대상으로 한 연구로부터 얻은 한국의 유병률이 해외에서 큰 관심을 받았다. 우리 연구의 방법과 결과가 다른 나라에도 일반화할 수 있는 타당성을 인정받았기 때문이다.

자폐 연구 환경 만들기: 마이크로 환경 ————

연구자들은 연구 기간 2년 동안 가능하면 자주 고양시를 가자고 결의하고 고양시 교육청과 소속 학교들 그리고 시청까지 수시로 드나들었다. 인류학자인 그린커 교수와 조경진 교수 그리고 임은정 루돌프연구소 연구원이 한 팀이 돼 자폐 장애가 있는 아이들의 부모 모임,

그리고 연구 지역인 고양시의 학부모 모임과 교사 모임에서 포커스 그룹 인터뷰를 진행했다. 우리가 연구 대상에게 어떻게 접근해야 하는지 정보를 얻기 위해서였다. 2005년 우리가 만난 학부모와 교사들은 자폐 장애를 치료가 불가능한 어마어마하게 무서운 병, 그리고 아주 드문 병이라고 생각했다. 같은 시기, 아이들의 자폐 장애 검사를 받기 위해 루돌프연구소를 찾아오는 엄마들도 마찬가지였다. 검사 후 자폐 장애라는 말을 듣자마자 앉은 자리에서 눈물을 뚝뚝 흘리며 아무 말도 못하는 엄마의 모습을 바라만 보고 있어야 할 때가 많았다. 자폐 장애에 대해 잘 모를수록 슬픔은 더 컸다. 부모들의 마음을 헤아리는 것이 우리 연구자들의 첫 번째 기본자세였다. 예를 들어, '자폐아', '자폐적 성향이 있는 아이', '고기능 자폐 장애를 가진 아이', '자폐 스펙트럼 장애를 가진 아이', '아스퍼거증후군을 가진 아이', '사회성이 부족한 아이'등 무관한 사람들에게는 단순히 언어의 차이로밖에 느껴지지 않을 용어들이 자폐 장애를 가진 자녀를 둔 부모들은 엄청나게 다른 의미로 받아들인다.

우리 연구 수행에 가장 큰 도움을 준 기관은 교육청이었다. 어떤 지역의 많은 학교들을 대단위로 묶어 연구하려면, 교육청은 '연구'라는 나라에 들어가기 위한 '입국 관리소'에 비유할 수 있다. 다른 지역에서 연구 활동을 하는 의대 교수들의 경험에 비추어볼 때 우리 연구 대상 지역에 위치한 고양교육청은 연구자들에게 상당히 우호적인 기관이다. 고양시에는 특수학교가 3개 있고 일반 학교에도 특별한 도움을 받아야 하는 학생들이 있는데, 이들에 대한 지원 체계가 잘 돼 있는 것 같았다. 당시 박경석 교육장은 한평생 수학 선생님으로 살아오신 분으로 학교 경험이 풍부했다. 학교에는 정신적으로 어려움이 있는 학생들이 많으며, 그들을 찾아내 도움을 줘야 한다는 생각이 분명한 분이었다. 고양시 교육청이 관할하는 학교들의 교장 또는 특수교사 회의 때 연구자들이 가서 연구 내용을 설명할 기회를 만들어 줬고 연구자들이 학교로 가서 선생님들을 만날 수 있게 주선했다. 교육장이 직접 나서서 챙겨줬기 때문에 학교의 협조를 비교적 쉽게 받을 수 있었다.

자폐 연구 환경 만들기: 매크로 환경

연구팀이 실무 계획을 짜기 위해 관련된 사람들을 만나는 일만큼 중요하게 생각한 것은 일반 대중들에게도 자폐스펙트럼 장애를 홍보하는 일이었다. 자폐스펙트럼 장애가 무엇인지 모르면 사람들은 연구에 관심을 보이지 않고 당연히 협조하지도 않는다. 우리 연구팀은 대중 강연과 언론을 통한 홍보를 함께 진행했다. 연구 기간 동안 해외에 있는 연구자들이 국내에 함께 모여서 강연을 할 수 있는 자리를 만들기 위해 장학재단인 덕영재단에 도움을 청했다. 덕영재단은 장학재단이지만 매년 봄에 학술 강연회를 연다. 덕영재단의 전훨리시아 이사장은 이 학술 강연회를 통해 전문가가 아닌 일반 사람들에게 새로운 정보나 지식을 알려주는 일을 했다. 우리 연구가 진행되는 3년 동안 덕영재단의 지원을 받아서, 해외에 있는 연구자들이 직접 한국의 학부모와 선생님들을 대상으로 자폐스펙트럼 장애에 대한 특별 강연을 했다. 자폐스펙트럼 장애의 증상, 원인, 치료 방법들을 강연을 통해 대중들에게 알리는 동시에 연구자들이 적극적으로 언론과 인터뷰를 했다.

연구를 시작한 후 처음으로 《동아일보》가 자폐스펙트럼 장애를 주제로 신문 한 면을 할애해 특집기사를 썼다. 〈자폐 같지 않은 자폐, '왕따의 씨앗' 자폐스펙트럼 장애〉라는 기사가 나가자 루돌프연구소에 문의전화가 폭주했다. 사람들에게 자폐스펙트럼 장애에 대해 알리게 된 좋은 기회였지만, 한편 당혹스러운 일도 있었다. 이 기사와 함께 나간 에릭 폼본 교수의 인터뷰에서 자폐스펙트럼 장애의 원인은 유전자라는 말이 기사에 실렸다. 집안 내력에 대해 민감한 한국 사람들에게 이 인터뷰 기사는 충격이었다. 이 기사 때문에 자폐 장애 아이가 있는 집안과 결혼할 수 없다는 이유로 파혼 당했다는 항의 전화도 받았다.

아이의 유전자에 문제가 있다는 것은 부모로부터 물려받은 유전자에 문제가 있다는 것만을 의미하지는 않는다. 이 유전자 문제에 대해서는 4장에서 자세히 다루기로 하고 여기서는 간략하게 설명하겠다. 부모에게 유전적인 문제가 없어도 아기가 만들어질 때 유전자 변이가 일어날 수 있고, 또는 부모가 유전자 문제를 가지고 있더라도 자녀에게 100% 그대로 전해지는 것은 아니다. 설령 부모 유전자에 문제가 있더라도, 자신의 의지와 무관하게 조상이 물려준 유전자를 받아서 후대에 물려준 것을 당사자의 잘못이라고 할 수 있을까. 하지만 어떻게 설명을 하더라도 우리는 남의 혼사를 파탄 낸 사람들이 되고 말았다. 자폐스펙트럼 장애에 관해 이런 부정적인 시각이 지배적인 상황에서 우리 연구의 초창기는 자주 '슬픈 시기'였다.

샅샅이 찾아라 ─────·

모든 연구 계획이 그렇듯이 우리의 유병률 연구 계획도 가장 잘 진행된 선행연구의 방법을 참고해 만들었다. 관행적으로 유병률은 책상에 앉아서 기존의 잘 정리된 서류를 활용해 계산한다. 즉, 연구 지역의 장애인 명부를 활용하는 방법이다. 한 지역의 장애인 명부에 기록된 자폐 장애인 수를 그 지역 전체 인구수로 나누어 유병률을 산출한다. 역학 연구 경험이 많은 폼본 교수는 영국 역학 연구에서 한 것처럼 교사들에게 자폐 장애에 대해 교육한 후 자신의 반에서 해당하는 아이들을 찾아 연구에 참여하도록 추천하는 방식을 권했다. 하지만 우리나라의 학교는 영국과 달랐다.

첫 번째 문제는 교사들로 구성한 포커스그룹 인터뷰를 하면서 나타났다. 교사들은 우리 연구팀에 아이들에 대한 정보를 주는 것을 극도로 꺼렸다. 비윤리적으로 줄기세포 연구를 진행하는 바람에 한국 사회에 큰 충격을 줬던 황우석 사태를 경험한 사회 분위기도 한몫했다. 부모의 허락 없이 우리 연구팀에 자기 반 학생에 대한 신상 정보를 줄 수 없다고 했다. 그런데 교사들이 부모의 허락을 받는 일도 큰 문제였다. 어떤 방법으로 부모의 허락을 받아낼 것인가? 당신의 아이가 자폐적이니 연구에 참여시키면 좋겠다. 그래서 연구자들에게 아이의 신상 정보를 주려는데 허락해달라고 쉽게 말할 수 있을까? 그리고 선생님들은 아이에 대한 생각을 학부모에게 드러내는 일에 대해 거부감이 아주 컸다. 부모들은 자기 아이에 대해 선생님이 어떤 생각을 하는지 매우 민감하기 때문이다. 아무 문제 없이 잘 크고 있다고 생각해 왔던 내 아이를 선생님이 자폐적인 아이라고 한다면 어떤 부모가 가만히 있겠는가.

결국 우리는 자폐 성향을 가지고 있는 아이들을 찾아내기 위해 교사의 추천과 학부모를 대상으로 하는 설문 조사를 병행하기로 결정했다. 소아정신과 전문의들이 모든 학교를 방문해 선생님들을 대상으로 자폐스펙트럼 장애에 대해 교육하면서 학부모 대상 설문 조사도 함께 했다. 그런데 학부모 설문 조사에서 예상과 다른 결과가 나와서 놀랐다. 부모들에게 아이에 대한 정보를 선생님과 공유할 것인지 말 것인지 선택하게 했는데, 우리가 우려했던 바와 다르게 대부분의 부모들이 선생님과 아이에 대한 정보를 공유하겠다고 했다. 선생님이나 연구자들의 예상과는 달리 부모들의 마음은 오히려 활짝 열려 있었다. 그러나 일부 학부모들은 설문 조사에서 솔직하게 응답하지 않았다. 연구가 진행되고 나서 한참 후 아이 문제 때문에 개인적으로 루돌프연구소를 찾아오는 고양시 학부모들이 있었는데, 설문 조사 기록을 찾아보니까 아이에게 사회성 발달 문제가 전혀 없다고 응답한 경우가 종종 있었다.

우리 연구에서 자폐스펙트럼 장애 유병률이 다른 나라와 비교할 때 현저하게 높게 나오는 데 기여한 것은 학부모 평가의 도입이다. 연구자들이 책상에 앉아서 서류를 보고 유병률을 계산한 게 아니라 교사와 학부모를 모두 연구에 참여시킨 결과다. 이런 방식으로 아이들을 점검하다 보니 부모는 전혀 생각하지도 않았는데 아이가 자폐스펙트럼 장애 진단을 받는 일도 적지 않게 일어났다. 이 책의 2장에서 자세히 다뤘듯이, 이미 어떤 진단을 가지고 있어서 더 이상 다른 진단에 대해서 생각하지 못했던 아이들, 초기 발달이 늦지 않고 지능도 좋은 아이들, 순하고 착해서 사회생활이 어려울 거라 생각하지 않은 아이들, 가정환경이 어려워서 아이들의 정신적인 문제까지 돌보지 못했던 집안의 아이들, 그리고 자폐적인 부모의 아이들이 뜻하지 않게 진단을 받았다.

연구자들은 자폐적인 초등학생을 찾기 위해 모든 방법을 동원했다. 일반 학교뿐 아니라 특수학교는 물론 대안학교도 당연히 포함시켰다. 홈스쿨링을 하는 아이들도 빠지지 않도록 고양시의 병원과 상담 및 치료 기관에서 연구 대상 연령의 아이들을 찾아냈다. 이 과정에서도 빠진 아이들이 있는지 확인하기 위해 장애인 명부를 샅샅이 조사해야 했다. 우리나라는 관계 기관에 장애인 명부가 있지만 접근은 매우 어렵다. 관공서에 있는 서류 중에서 장애인 명부만큼 비밀이 유지되는 서류가 또 있을까 싶을 정도로 관리가 철저하다. 우리는 모여서 가종 아이디어를 내다가, 누구에게나 호감을 주는 그린커 교수를 앞세우자는 농담이 나왔는데 한바탕 웃는 것으로 넘기지 않았다. 담당 공무원을 만나러 그린커와 함께 시청을 방문해서 우리 연구에 대해 자세히 설명하고 협조를 부탁했다. 장애인 명부에 있는 아이들에게 우리가 직접 접근하는 것이 불가능하니 우리가 만든 연구 참여를 권유하는 편지를 '발달 장애'로 등록을 한 모든 아이들에게 대신 부쳐 달라는 부탁이었다. 매우 번거로운 일이었다. 그러나 멋진 그린커의 연구에 대한 열정과 장애가 있는 어린이를 도와야 한다는 공무원의 사명감이 약 300명의 아이들에게 편지로 전달됐다. 편지 아이디어는 성공했고 연구에 참여하는 아이들이 속속 나타났다. 지적 장애 등록을 한 아이들 상당수가 자폐 장애를 함께 가지고 있었다. 비록 명부에 적혀 있는 모든 아이들을 우리 눈으로 확인하지는 못했지만 기존 루트를 통해서 접근할 수 없었던 아이들에게 연락이 된 것이다.

우리가 사용한 〈자폐스펙트럼 선별 질문지ASSQ: Autism Spectrum Screening Questionnaire〉를 〈표3-1〉에 소개한다. 윙과 동료들이 만든 이 설문지는 각 항목에 대해 응답한 점수를 모두 더해서 총점을 낸다. 부모가 자녀에 대해서 응답한 경우는 13점, 그리고 교사가 학생에 대해서 응답하는 경우는 11점이 넘으면 자폐스펙트럼 장애를 가지고 있을 가능성이 있는 것으로 판단한다.[24]

〈표 3-1〉 자폐스펙트럼 장애 선별 질문지

아이에 대한 (교사, 부모) 관찰 항목	아니다	어느 정도 그렇다	그렇다
1. 구식이거나 조숙하다	0	1	2
2. 다른 아이들이 '별난 박사님' 취급한다	0	1	2
3. 제한되고 색다른 지적 흥미를 가지고 조금은 자신만의 세계 속에서 사는 것 같다	0	1	2

4. 어떤 분야에 대한 지식들을 축적해서 알고는 있지만 그것의 의미를 실제로 이해하지는 못한다(기계적인 암기를 잘함)	0	1	2
5. 애매모호하고 은유적인 말을 문자 그대로 해석한다	0	1	2
6. 의례적이고, 세밀하고, 구식이며, '로보트 같은' 언어로 이상한 스타일의 의사소통을 한다	0	1	2
7. 색다른 단어나 표현을 만들어낸다	0	1	2
8. 목소리나 말하는 게 다른 아이들과 다르다	0	1	2
9. 자기도 모르게 소리를 낸다; 목청을 가다듬거나, 킁킁거리거나, 쩝쩝 입맛을 다시거나, 울거나 비명을 지른다	0	1	2
10. 어떤 일은 놀라울 정도로 잘하면서, 또 다른 일은 놀라울 정도로 못한다	0	1	2
11. 언어를 자유롭게 사용하기는 하나, 사회적 맥락에 맞추지 못하거나, 듣는 사람의 요구에 맞추어 사용하지를 못한다	0	1	2
12. 공감이 결여되어 있다	0	1	2
13. 고지식하고 황당한 말을 한다	0	1	2
14. 바라보는 시선이 정상적으로 보이지 않는다	0	1	2
15. 사교적이 되기를 원하지만 또래들과 관계를 잘 맺지 못한다	0	1	2
16. 자기 방식대로 하지 못하면 다른 아이들과 같이 하지를 못한다	0	1	2
17. 단짝 친구가 없다	0	1	2
18. 상식이 부족하다	0	1	2
19. 게임을 못한다: 팀에서 협력하는 것이 무엇인지를 전혀 모르고 '자기만의 고유한 골'을 득점시킨다(자기 나름의 목표에 도달한다)	0	1	2
20. 서투르고, 조화가 안 되며, 어색하고, 거북한 움직임이나 자세를 취한다	0	1	2
21. 얼굴이나 몸을 자기도 모르게 움직인다	0	1	2
22. 어떤 행동이나 사고를 강박적으로 반복하기 때문에 간단한 일상 활동을 끝내는 데도 어려움이 있다	0	1	2
23. 특정하게 반복하는 일상적 과정이 있다: 변화를 거부한다	0	1	2

24. 사물에 대해 색다른 애착을 보인다	0	1	2
25. 따돌림을 당한다	0	1	2
26. 얼굴 표정이 눈에 띄게 이상하다	0	1	2
27. 자세가 눈에 띄게 이상하다	0	1	2

자폐스펙트럼 장애가 의심되는
아이들을 초대하고 검사하기 ————

우리 유병률 연구의 전체 대상은 5만 명이었다. 그 중 선별 조사에서 자폐스펙트럼 장애가 의심되는 아이들을 하나하나 불러 부모와 함께 평균 4시간이 걸리는 검사를 실시했다. 학교를 통해 연구 참여를 독려하는 편지와 〈자폐스펙트럼 장애 선별 질문지〉를 받은 부모들의 반응은 참으로 다양했다. 조용히 연구에 협조하는 부모들도 많았지만 루돌프연구소로 전화해 항의하는 부모들도 적지 않았다. 설문지 문항의 내용에 대해 항의하기도 하고, 왜 이런 연구를 해서 자신을 힘들게 하냐는 항의도 했다.

항상 나쁜 소식만 있는 것은 아니었다. 아이는 똑똑한데 학교에서 바보 취급을 당하고 아이들의 놀림감이 되는 이유를 알기 위해 다양한 기관을 전전했던 부모들이 있었다. 여러 가지 진단과 치료를 받았는데 여전히 문제를 모르다가 드디어 아이의 이해 안 되는 행동들이 자폐적 증상들이었음을 확인한 부모들은 연구자들에게 진심으로 감사했다. 대부분의 사람들은 어떤 일이 발생하면 그 이유를 알려고 하고 해결 방법을 찾으려 한다. 아무리 안 좋은 일도 원인을 알고 나면 마음이 편해질 수 있는데 아이 문제도 마찬가지인 것 같다. 처음에는 아이가 자폐스펙트럼 장애를 가지고 있다는 결과를 듣고 화를 내거나 인정하지 않는 부모들이 시간이 지나면서 음료수를 사오거나 간식을 들고 와서 연구자들을 격려하는 일들이 조금씩 늘어갔다.

유병률 결과 발표 ————·

자신의 평소 생각과 다른 사실을 사람들은 쉽게 받아들이지 못한다. 과학적인 연구 결과라고 해서 예외는 아니다. 가장 먼저 해야 할 일은 자폐스펙트럼 장애 분야의 전문가들을 이해시키고 설득하는 일이다. 다른 연구자들에게 우리가 찾아낸 아이들이 진짜로 자폐스펙트럼 장애를 가지고 있음을 명쾌하게 해명하는 일이 무엇보다 중요했다. 한 아이당 평균 150페이지에 달하는 검사 자료들에 대해 몇 단계의 검증 과정을 거쳐 자폐스펙트럼 장애 증거가 확인되면 진단을 내리는 절차를 밟았다. 나를 포함하여 모두 6명의 연구자가 진단에 참여했다. 한국에서는 연세세브란스 병원 천근아 교수와 내가 참여했고, 미국에서는 예일대학교 김영신 교수와 워싱턴대학교의 김수정 교수가 참여했다. 모든 아이에 대해 한국 연구자들과 미국 연구자들이 따로 진단을 한 후 양측의 결과를 비교해 같으면 진단을 확정했다. 다른 진단 결과가 나온 경우에는 증거들을 검증하며 진단 여부에 대해 양측이 동의할 때까지 논쟁했다. 이렇게 해서 나온 1차 진단 결과를 20년 이상 자폐 장애 어린이들을 진단하고 치료했던 경험을 가진 일리노이대학교(시카고대학교에서 그 당시 자리를 옮겼다)의 레벤탈 교수와 맥길대학교의 폼본 교수가 2차로 점검했다.

연구 대상 지역에서 자폐스펙트럼 장애를 가진 아이들을 찾아낸 다음에는 일이 통계학자에게 넘겨진다. 모든 조건을 고려해 통계적 방법으로 계산된 유병률은 2.64%였다. 이것은 그 당시 발표된 다른 나라 연구의 유병률보다 대략 2~3배 높았다. 우리 결과에서 남녀를 구분하면, 남자아이들의 유병률은 3.74%, 여자아이들의 유병률은 1.47%였다. 자폐적인 남자아이들이 자폐적인 여자아이들보다 2.5배 정도 많다는 결과다.[25]

연구가 진행되는 동안에 이미 우리는 예상보다 훨씬 많은 자폐적인 아이들을 찾아내고 있다고 짐작했다. 연구자들 사이에 파격적인 연구 결과에 대해 철저하게 대비해야 한다는 공감대가 만들어졌다. 당연히 논문 작성에서도 실수를 줄이기 위해 검증하는 시간이 길어져서 2007년 종료한 연구의 결과가 논문으로 세상에 나오기까지 5년이 걸렸다. 과학계는 일반 사람들이 생각하는 것과는 달리 아주 보수적이다. 새로운 결과를 쉽게 받아들이지 않는다. 다양한 분야의 전문가와 일반인들이 모두 읽는 학술지인《네이처》와《사이언스》에서 우리 논문을 받아들이지 않았다. 결국 정신과학 분야의 전문학술지인《미국정신과학회지》에서 우리 논문을 출판했다. 전문학술지에 논문이 발표된다는 것은 같은 분야의 연구자들이 우리 연구 결과를 타당한 것으로 받아들인다는 의미이다.

이제 대중들에게 결과를 알릴 차례다. 다른 매체에 논문 내용을 발표할 수 없는 엠바고 시한인 논문 출판일까지 언론에 배포할 보도자료를 준비했다. 논문 출판 이전과 논문이 출판된 2011년 5월 9일 이후는 다른 세상이었다. 논문 출판일까지 자폐스펙트럼 장애는 희귀병에 속했다. 그러나 우리 논문이 발표되자 하루 사이에 자폐스펙트럼 장애는 흔한 병이 됐다. 우리나라 대부분의 미디어가 논문 내용을 소개했다. 첫 기사에서 간단하게 유병률 수치만 소개했던 《조선일보》는 바로 다음 날 우리나라 초등학생까지 자폐스펙트럼 장애를 가진 어린이가 11만 명이 넘는다는 헤드라인으로 기사를 새로 썼다. 누가 자폐스펙트럼 장애를 가지고 있다는 사실이 더 이상 남의 일이 아닌 방향으로 가고 있었다. 100명 중 2, 3명이 자폐스펙트럼 장애를 가지고 있다면 우리 주변에 한두 명은 있다는 말이다.

연구를 진행하면서 학부모들에게 참여를 독려하기 위해 한 말이 있다. 우리가 자폐스펙트럼 장애를 가진 사람들이 진짜로 얼마나 많은지 밝혀내면 이 사람들, 특히 중증 자폐 장애를 가진 사람들에 대한 우리 사회의 인식이 달라질 것이라고 설득했다. 실제로 언론들은 이런 내용으로 기사를 썼다.

해외에서는 반응이 더 뜨거웠다. 그들은 자폐스펙트럼 장애가 한국의 한 작은 지역의 문제라고 생각하지 않았다. 선천적인 뇌 기능의 장애로 분류되는 자폐스펙트럼 장애는 생물학적인 문제이고, 같은 DNA를 공유하고 있는 인류에게 공통적으로 나타나는 문제라고 받아들였다. CNN TV 등 세계의 주요 언론 매체들이 앞다투어 보도를 했다. 중요한 것은 우리 연구 결과가 사람들의 생각을 바꾸고 그 생각이 세상을 바꿨다는 사실이다. 그 해 연말, 우리 논문의 출판을 거부했던 《네이처》는 2011년 발표된 가장 중요한 역학 연구로 우리 논문을 선정해 실었다. 결국 우리 연구 결과가《네이처》에 실린 셈이다.

사회성 발달 프로그램 개발 ————

유병률 연구를 진행하면서 연구자들에게 고민이 생겼다. 우리 연구에서 자폐스펙트럼 장애 진단을 받은 아이들 중에 일반학교를 다니는 아이들 대부분은 학교 수업을 따라가는 데 큰 문제가 없다. 그러나 친구 관계를 포함한 사회 적응에 어려움이 있는 아이들이다. 그 당시 우리나라에는 이런 아이들에게 사회성 교육을 하는 전문기관이 없었다. 몇몇 병원이나 상담 센터에서 아이들을 모아서 사회성 치료를 하기는 했지만, 집중력 문제나 정서 문제를 가진 아이들까지 모두 섞여서 교육을 받고 있었다.

한국 연구팀은 공동 연구자들이 일하고 있는 미국 대학교의 전문기관으로 가서 사회성 교육 프로그램을 배우기로 결정했다. 루돌프연구소의 치료사와 연구원들이 미국으로 가 예일대학교와 일리노이대학교 치료 프로그램들 그리고 TEACCH 등의 명문 치료 프로그램들 연수를 통해 자폐스펙트럼 장애 전문치료 방법들을 배워왔다. 이런 노력 끝에 드디어 루돌프연구소는 자폐스펙트럼 장애 어린이들을 위한 사회성 치료 프로그램을 개발했다. 2005년 루돌프연구소에 첫 번째 치료 그룹을 만들어 우리가 개발한 치료 프로그램을 시행한 지 15

년이 지난 지금은 30개가 넘는 치료 그룹을 운영하고 있다. 물론 그 기간 동안 ESDM이나 PEERS 같은 치료 프로그램들의 연수도 게을리 하지 않았지만, 우리나라 아이들에게 잘 맞도록 진화를 거듭했다.

자폐스펙트럼 장애 치료사들에게 유명한 미국 사우스캐롤라이나의 TEACCH 프로그램 연수를 갔을 때 일이다. 연수 기간 동안 한국 연구원들과 유독 가까워진 사람들은 오사카대학교 의과대학 나가이 도시사부로 교수 연구팀이다. 그 당시 일본은 한국보다 자폐 장애 치료에서 훨씬 앞서 있었다. 그때의 인연으로 루돌프연구소와 나가이 교수 연구팀은 각자 주최하는 심포지움에 서로를 초청했고 연구 성과들을 교류했다. 그 당시 내가 경험한 오사카대학교의 자폐스펙트럼 장애 치료 프로그램은 우리보다 앞서 있었고 연구도 활발하게 진행하고 있었다. 지금은 우리나라에도 자격을 갖춘 치료사들이 많아지고 또 많은 치료 프로그램들이 개발돼 두 나라 사이에 큰 차이가 없는 것 같다.

건강한 학교 만들기 사업 ───·

우리 유병률 연구를 적극 지원했던 고양시 교육청의 박경석 교육장은 내게 새로운 과제를 줬다. 고양시 아이들의 정신 건강을 도와주는 프로젝트를 해보라고 권유했다. 박경석 교육장은 루돌프연구소에서 한 페이지로 만들어준 〈건강한 학교 만들기〉 사업계획서를 양복 주머니에 항상 넣고 다녔다. 어떤 지역 행사에서 시장을 만나자마자 사업계획서를 들이대면서 그 일의 중요성을 설명했다고 한다. 당시 강현석 고양시장은 진정한 교육자의 모습을 보고 진정성을 받아들였다. 그렇게 고양시의 〈건강한 학교 만들기 사업〉은 시작했다. 루돌프 연구소가 주관하여 고양시의 4개 종합병원과 2개 개인 병원 의사들이 사업에 참여했다.

〈건강한 학교 만들기 사업〉은 초등학교 어린이들의 정신 건강을 검진해서 학교 적응을 어렵게 하는 다양한 정신적인 문제들을 가진 아이들을 치료하는 사업이다. 그 사업을 1년을 진행하고 나서, 나는 생각보다 많은 아이들이 정신적인 어려움을 가지고 있다는 사실을 알게 됐다. 주의력 결핍 과잉행동 장애와 같은 행동 문제, 불안이나 우울 같은 정서 문제, 자폐스펙트럼 장애 같은 사회성 문제를 하나라도 보인 아이들이 전체의 25%에 달했다. 그러나 우리 사업 예산으로 1년 동안 참여기관에서 치료 받은 아이들의 수는 고양시 전체 초등학생 1학년 아이들 1만 명 중 단 68명이었다. 고양시나 교육청에서는 훌륭한 성과라고 했지만, 정신적인 어려움이 있는 아이들에 대한 지원이 턱없이 부족했다.

〈건강한 학교 만들기 사업〉이 성공적으로 진행되고 있다는 사실이 알려지자 교육부와 보건복지부에서 연락이 왔다. 두 부처에서 공동으로 진행하고 있는 학생 건강보건에 관한 전문가 회의에 참석해 달라는 요청이었다. 회의에 참석해보니 이미 교육부에서 학생들의 정신 건강에 관한 사업을 진행하고 있었다. 그러나 아직 시범사업 단계였고 고양시처럼 본격적으로 시행하지 못하고 있었다. 정해진 예산과 시간이라는 제약을 안고 국민 전체를 대상으로 일해야 하는 공무원들과 나 같은 민간 연구자가 하는 일은 다르다는 것을 알았다. 실제로 그 공무원들은 고양시 사업의 진행 과정을 듣고 나서, "아이들에게 실질적인 도움을 주는 사업을 하고 계신 것이 부럽다"라는 표현을 했다. 나는 시의 예산으로 사업을 진행하긴 했지만, 무엇보다 아이들에게 실질적인 도움을 주는 최적의 사업 모델을 만들려고 했지, 전체 고양시민들에게 골고루 혜택을 나누어주는 게 중요하다고 생각하지 않았다. 다음 선거에서 단체장들이 바뀌자 그 사업은 중단됐다.

고양시의 지원은 끊겼지만, 최근까지도 루돌프연구소는 고양시 아이들의 정신 건강을 위한 일을 독자적으로 진행했다. 미국국립보건원의 지원을 받아 자폐스펙트럼 장애 유전자 연구를 진행하는 과정의 일환으로 자폐스펙트럼 장애를 가진 아이들을 찾아내 검사하고 사회성 발달 치료 프로그램을 통해 사회적응 능력을 키워주는 일이었다. 연구가 진행될수록 학부모들이 연락을 받으면 예전보다 훨씬 쉽게 연구 참여를 결심했다. 먼저 연구소에 연락해 연구 참여 의사를 밝히는 경우도 있었다.

현재 우리나라는 초등학교 1학년과 4학년, 중학교 2학년, 그리고 고등학교 2학년 때 학교에서 정신 건강 검사를 실시하고 있다. 중증 장애 등록을 한 경우가 아니면 정부로부터 치료 지원을 많이 받지 못하지만, 행동 문제나 정서 문제 때문에 학교 적응에 어려움이 있는 아이들이 관심을 받는 단계까지 왔다. 루돌프연구소가 하고 있는 일이 정부의 정책 수립에 조금이라도 기여했다고 나는 믿고 있다.

세상에는
자폐적인 사람들이
얼마나 있을까

우리 연구 결과에서 얻은 자폐스펙트럼 장애 유병률 2.64%(38명 중 1명)을 국내외에서 받아들이지 않는 전문가들이 적지 않다. 최근까지 국제학술지에 출판된 자폐스펙트럼 장애 관련 논문들을 보면 미국 질병관리본부의 자폐스펙트럼 장애 유병률을 주로 소개하고 있다. 미국 질병관리본부에서 발표한 유병률은 2016년 1.5%(68명 중 1명), 2018년 1.7%(59명 중 1명)로 꾸준히 증가하고 있다.

미국질병관리본부는 미국 전역의 11개 지역에서 30만 명이 넘는 8세 아이들을 대상으로 자폐스펙트럼 장애 유병률을 조사한다. 조사 대상 어린이 수는 미국 전체 8세 어린이의 약 8%다. 아리조나, 알칸사스, 콜로라도, 조지아, 메릴랜드, 미네소타, 미주리, 뉴저지, 노스캐롤라이나, 테네시, 위스콘신 주에서 의료기록과 교육기록을 조사해 유병률을 산출하는데, 의료 기관 접근성 때문인지 백인 아이들의 유병률이 흑인이나 히스패닉계 아이들보다 높게 나온다. 흥미로운 결과는 지역마다 유병률이 차이가 나는데, 뉴저지주의 경우 2.9%로 나왔다. 이 수치는 우리 연구 결과보다 높다! 시간이 흐를수록 미국의 유병률은 점점 더 증가할 것이다. 흑인과 히스패닉계 아이들의 유병률도 점점 더 증가할 것으로 예상되기 때문이다. 멀지 않은 미래에 미국의 유병률은 우리가 2011년에 발표한 한국의 유병률 2.64%를 넘어갈 수도 있다.

우리 연구의 유병률 2.64%와 미국질병관리본부에서 발표한 유병률 1.7%는 차이가 날 수밖에 없다. 조사 목적과 방법이 다르기 때문이다. 우리 연구에서는 학술적인 목적으로 자폐스펙트럼 장애를 가진 아이들이 우리 사회에 '얼마나 있는지'를 조사한 것이다. 미국질병관리본부에서는 자폐스펙트럼 장애로 '진단받고 치료나 교육을 받고 있는 아이들의 수'를 의료 기록과 학교 기록에서 찾아낸 것이다. 다른 측면에서 설명하면, 우리 연구의 유병률은 자폐스펙트럼 장애를 가지고 있는 사람들이 전체 인구 중에 얼마나 있는지를 알기 위한 시도의 결과다. 실제로 우리 연구에 참여해 진단을 받은 아이들 중에 많은 아이들이 연구 참여 전이나 후에 어떤 공식 기록에도 나타나지 않는다. 미국 질병관리본부 방식으로 우리나라에서 유병률을 조사한다면 2.64%보다 훨씬 낮은 수치가 나올 것이다. 한편, 우리 연구의 유병률도 자폐적인 아이들의 100%를 다 찾아낸 결과라고 확신할 수는 없다. 실제로는 우리가 찾아내지 못한 자폐적인 아이들이 더 있을 수 있다. 또 자폐적인 아이들을 위한 지원 시스템이 잘 만들어진 곳일수록 유병률이 높게 나온다는 관점에서 보면, 미국에서도 복지 수준이 높은 뉴저지주의 유병률 2.9%는 매우 '바람직한' 것으로 보인다.

자폐스펙트럼 장애 유병률을 정확하게 얻기 위한 조건들을 소개하면서 이 장을 마무리하기로 한다.

첫째, 자폐적인 아이들을 진단하는 기술이 발달해야 한다. 반응성 애착 장애, 발달성 언어 장애, 주의력결핍 과잉행동 장애 등의 진단을 받은 많은 아이들 중의 일부, 또는 강박증이나 불안 장애 진단을 받은 아이들 중의 일부 아이들은 출생 초기부터 행동을 잘 추적해보면 자폐스펙트럼 장애를 진단하는 것이 맞는 경우가 상당히 있다.

둘째, 진단을 받는 연령이 점점 어려지면 유병률은 증가한다. 자폐스펙트럼 장애가 심하지 않은 어린이들 중에 다수는 어린 시절에 여러 가지 이유로 진료나 검사를 받지 않고 그냥 성장하는 경우가 있다. '아이들은 열두 번 변한다'는 생각이나 '남자아이들은 늦된다'는 말을 믿거나 또는 '애비도 그랬다'라는 식으로 검사 시기를 놓치는 경우가 많다. 이런 아이들은 초등학교 입학 후에도 정확한 진단을 받지 못하는 경우가 흔하다. 대부분의 경미한 자폐 증상을 가진 아이들은 학교 입학 전에 또래 아이들과 다른 발달상의 모습을 많이 보이다가 그 이후로는 자폐적인 행동들이 많이 줄어든 것처럼 보인다. 상황이 호전되었다기보다는 아이가 성숙하면서 겉으로 드러내던 행동들이 많이 줄어들기 때문이다.

셋째, 교육기관에 들어가는 나이가 어려질수록 조기 발견은 더 쉬워진다. 내가 어릴 때만 해도 초등학교 이전에 유아교육 기관에 입학하는 아이들이 적었다. 가정에서는 아이들이 사회적 행동 발달에 문제가 있는 것을 발견하지 못할 수 있다. 그러나 최근에는 아주 어린 나이부터 집단생활을 경험하면서 사회적 적응에 문제가 있다는 사실을 주변에서 쉽게 인지할 수 있다.

넷째, 사람들이 자폐스펙트럼 장애에 대해 더 많이 알게 되면 유병률도 더 높아진다. 루돌프연구소에서는 유병률 연구를 진행하면서 언론을 통해 자폐스펙트럼 장애를 적극적으로 알렸다. 미디어와 인터넷은 전문가와 비전문가들 모두에게 영향을 미쳤다. 실제로 예전에 비해 애착장애의 진단 비율은 낮아지고 자폐스펙트럼 장애 진단 비율은 높아지고 있는 것을 임상 현장에서 체감할 수 있다.

다섯째, 치료와 관리 시스템이 발달할수록 유병률은 높아진다. 미국의 뉴저지주 유병률은 미국의 다른 지역보다 높았고 한국의 유병률 연구 결과보다도 높았다. 한마디로, 자폐스펙트럼 장애를 가진 아이들을 잘 찾아서 잘 돌보고 있기 때문이다. 이제는 부모들이 자녀가 자폐스펙트럼 장애 진단을 받는 것을 덜 꺼리고 심지어 국가에 장애 등록 하는 일을 긍정적으로 생각하는 부모들도 늘어나는 추세이다. 정확한 치료를 통해 더 나은 생활을 할 수 있다는 믿음이 생기면서 진단을 받는 것을 두려워하지 않기 때문이다.

4장

소통 못하는 특별함

1940년대 캐너와 아스퍼거가 자폐적인 아이들에 대해 논문을 발표한 이후 상당히 오랫동안 사람들은 자폐적인 아이들은 스스로 자신만의 세상에 갇혀 산다고 믿어왔다. 2019년 미국의사협회 정신의학학술지에 자폐스펙트럼 장애의 원인에 관한 대규모 연구 결과가 발표됐다. 덴마크, 핀란드, 스웨덴, 이스라엘, 그리고 호주 서부지역 5곳에서 1998년부터 2011년 사이에 태어난 아이들 200만 명을 연구 대상으로 진행해, 그중 자폐스펙트럼 장애 진단을 받은 22,000명을 16년 동안 추적 조사했다.

연구자들은 자폐의 원인으로 '유전자', '엄마 변수', 그리고 '환경적 영향' 등을 고려했는데, 유전적 원인이 가장 중요한 것으로 나타났다. 유전자의 영향은 핀란드가 가장 낮은 51% 그리고 이스라엘은 가장 높은 87%로 나타났는데, 국가별로 어느 정도 차이를 보였지만 평균적으로 약 80% 정도라는 결론을 얻었다. 엄마 변수는 0.4%~1.6% 정도로 매우 미미하게 나타났다.[26]

1

———————————————— 냉정한 엄마?

몇 년 안 된 일이다. 루돌프연구소에서 치료 받기 위해 찾아온 4세 여자아이의 엄마는 마치 아이 양육을 주제로 세미나를 준비한 사람 같았다. 자폐스펙트럼 장애 진단 검사 결과와 지능검사 결과 그리고 진단후 1년 동안 진행했던 치료들을 알려준 다음, 각각의 치료를 하게 된 이유와 그 결과를 내게 체계적으로 설명했다. 그러고 나서 아이 치료의 다음 단계는 루돌프연구소의 사회성 발달 그룹 치료 프로그램이라는 계획도 제시했다. 10분 남짓 진행된 엄마의 브리핑은 상당히 인상적이었다. 마무리 발언으로, 할머니에게 아이를 맡기고 직장 생활을 한 자신을 '콜드 맘cold mom'(냉정한 엄마)이라고 했다. 일을 그만두고 아이에게 열중하니 엄마에게 애착이 없던 아이가 애착 행동을 보이기 시작한다고 덧붙였다. 마치 모든 게 자신의 책임이라는 듯이 말했다.

이 책의 1장에서 다루었듯이 '냉정한 엄마'는 자폐 장애 원인의 1순위 자리를 오랫동안 차지했다가 역사 속으로 사라졌다. 대표적으로 부르노 베텔하임Bruno Bettelheim은 아이들이 '냉장고 엄마'때문에 자폐적인 아이로 성장한다고 주장했다.[27] 그런데 그 말이 사라진 지 70년도 더 지나 자신을 '냉정한 엄마'라고 지칭하는 사람이 내 눈 앞에 나타났다는 사실이 놀라웠다. 그 엄마는 자폐스펙트럼 장애에 대해 공부를 많이 한 것 같았고 자기 아이에게 가능한 모든 원인들도 다 생각해본 것 같았다. 엄마가 아이를 냉정하게 양육했다고 하자. 그러면 손주를 돌봐준 할머니도, 아이 주변 사람들도 모두 냉정한 사람들이었을까. 그 냉정한 엄마가 갑자기 아이에게 열정적인 엄마로 돌변했다는 말을 어떻게 받아들여야 할지 난감했다.

자기 아이가 진짜로 자폐스펙트럼 장애를 가졌는지 전문가에게 정확한 검사를 받은 다음 진단이 나오면 전문가가 제시하는 정확한 치료 방법으로 아이를 양육해야 모든 과정이 순조롭다. 그러나 자기 아이는 장애가 아니기를 바라는 마음을 가진 부모들은 많은 생각으로 마음이 복잡하다. 검사 이전에 아이에게 일어났던 여러 일들을 되짚어보면서 죄책감과 후회의 마음을 안고 온다. 이런 부모들은 모든 아이 문제를 양육 잘못으로 생각하고 싶어한다. 그 생각들이 참으로 다양하다. 까다로운 아이인데 잘 돌보지 못해 문제가 생겼다고 한다. 사랑과 인내로 키워야 하는데 화를 내거나 방치했다. 우유라도 배불리 먹여야 하는데 부족한 모유만 고집해서 아이가 욕구불만으로 컸다고 여긴다. 동생이 태어났어도 계속 관심을 쏟아야 하는데 TV와 스마트폰에 빠지게 만들었다고 한다. 아이가 울음을 그치지 않아서 엉덩이를 한두 대씩 때린 죄책감을 고백한 엄마도 있다.

엄마들이 내 아기가 다르다는 생각을 하는 시점은 소통이 안 된다고 느낄 때다. 아기를 보고 얼러주고 웃어주어도 반응이 없거나, 반응을 하는 것 같은데 서로 주파수를 맞추지 못할 때 엄마들은 민감하게 안다. 엄마 때문에 아이가 자폐적이 되는 것이 아니라, 적절하게 반응하지 않는 아이 때문에 엄마가 정서적으로 무감각해지고 때로는 우울해지기도 한다. 이런 엄마들은 아이의 어린 시절을 잘 기억하지 못하는 경우가 많다. 잊고 싶은 슬픈 기억들이 많아서 그럴까. 시간이 흐른 후 자신이 잘못했던 일들만 생각하게 되고 자신이 자폐적인 아이로 만들었다는 기억을 새로 만든다.

백신 소동 ————·

아이가 자폐적인 원인을 자신 탓으로 돌리지 않는 부모들은 외부에서 그 원인을 찾는다. 최근 우리나라에서도 극단적인 자연치유법만을 고집하는 '안아키(약 안 쓰고 아이 키우기)' 운동에 동참하는 부모들이 백신 접종을 거부하는 일이 있었다. 아기들은 출생 직후부터 첫돌까지 결핵, 간염, 뇌수막염, 소아마비, 수두, 홍역 등 다양한 예방접종을 하고 몇 년에 걸쳐서 추가로 접종을 한다. 이 시기에 아기들이 걷기 시작하면서 접촉하는 세상의 범위가 어마어마하게 커진다. 모든 아기가 새로운 것들과 접촉하면서 상호작용하는 시기이며, 그 새로운 것들 중에 예방접종도 있고 또 다양한 발달상의 변화도 있다. 그런데

이 시기는 아기들이 자폐 증상을 보이기 시작하는 시기와 일치하기도 한다. 아이가 첫돌부터 3세 사이에 자폐적인 증상을 처음 발견하는 부모들이 많다. 첫 발견 시기는 증상이 경미할수록 늦어지는 경향이 있는데 초등학교 입학 후까지 늦어지기도 한다. 이런 시점상의 일치 때문에 아기가 맞은 주사 또는 아기가 먹은 약이 자폐의 원인이라고 생각을 하는 사람들이 있다.

1998년 MMR(홍역, 볼거리, 풍진) 백신이 자폐증을 유발한다는 앤드루 웨이크필드Andrew Wakefield 박사의 논문이 미국과 유럽을 강타했다. 《랜싯The Lancet》이라는 유명 학술지에 발표된 그 논문은 저자가 의사란 사실과 누군가가 책임져 주길 바라는 부모들의 간절한 소망이 결합해 큰 파장을 만들었다. 오랜 논란과 소송 끝에 논문의 내용이 허위란 것이 밝혀져 웨이크필드는 2008년 의사 면허를 박탈당했다. 이 시기는 마침 이 책의 3장에서 다루었듯이 우리가 유병률 연구를 한창 진행하던 때였다. 우리 연구팀의 폼본 교수가 백신이 자폐증의 원인이 아니란 것을 증언하기 위해 백신 재판에 출두하기도 했다. 명확한 판결이 나온 지금도 백신이 자폐의 원인이라는 시대착오적인 주장을 고집하는 사람들이 있다.

2

자폐적 유전자

1990년부터 2003년까지 미국, 영국, 일본, 독일, 프랑스, 중국 등 6개국이 공동 연구로 진행한 인간 게놈 프로젝트는 인간 게놈에 있는 32억 개의 뉴클레오타이드 서열을 밝히려는 목적이었다. 이 인간 게놈 지도를 이용해 특정 질병을 유발하는 유전자를 찾아내 통제하겠다는 야심찬 발상이었다. 유전자 조작을 통해서 사전에 난치병을 예방하거나 병이 발생하더라도 유전자 맞춤형 치료약을 개발함으로써 인류가 질병으로부터 해방되는 것을 기대하는 사람들이 많았다. 그런데 그로부터 10여 년이 지난 현재 그리고 가까운 미래에 자폐스펙트럼 장애에 관해서는 그런 기적이 쉽게 일어날 것 같지 않다.

자폐스펙트럼 장애는 표현형phenotype이 매우 다양하다. 유전형genotype은 태어날 때 보유한 유전자의 형태를 가리키며, 표현형은 그 유전적 소인으로 인해 발현되는 모습이라고 할 수 있다. 자폐스펙트럼 장애의 '유전형'을 주로 연구하는 사람들이 있고, 나처럼 '표현형'

을 연구하는 사람들이 있다. 내가 지금까지 관찰한 3,000명 넘는 자폐적인 사람들이 공통적으로 소통과 사회적 교류의 장애 그리고 상동 행동이라는 주요 증상을 보였는데, 각 개인들에게서 증상으로 나타나는 표현형이 놀랄 정도로 다양했다. 따라서 각각의 표현형과 관련된 유전자들도 매우 다양할 것으로 추측할 수 있다.

유전자 연구자들은 자폐스펙트럼 장애에 500~1,000개 유전자 변이가 관련돼 있을 것으로 추측하고 있다.[28] 루돌프연구소는 미국국립보건원이 지원하는 유전자 연구들에 참여하고 있다. 2012년부터 5년 간 캘리포니아 대학교와 함께 자폐스펙트럼 장애 유전자 연구를 진행했고, 2018년부터는 미국과 유럽 그리고 아시아의 대학과 연구소가 참여하는 '뚜렛 유전자 국제 공동 연구'에서 루돌프연구소와 세브란스병원이 하나의 팀으로 연구를 진행하고 있다. 음성틱과 운동틱이 혼재해서 나타나는 뚜렛 장애의 연구자들은 틱의 발현에 약 400개 정도의 유전자 변이가 관련돼 있을 것으로 추측하고 있다. 틱 장애에 비해 훨씬 다양한 자폐스펙트럼 장애의 증상을 고려할 때 유전자 변이 1,000개라는 숫자가 나에게는 과장된 것으로 들리지 않는다.

자폐스펙트럼 장애의 유전적 요인에 대해 분명하게 이해해야 할 몇 가지 중요한 것들이 있다. 첫째, 아이의 모든 유전자가 부모에게서 물려받은 것이 아니다. 유전자의 대부분은 부모에게서 물려받는 것이 사실이지만, 일부는 어떤 원인에 의해 부모와 다른 자신만의 유전자를 가지고 태어날 수 있다. 아기가 만들어질 때 부모가 가지고 있지 않은 새롭게 변이된 유전자들은 난자나 정자 단계에서 또는 초기 태

아 단계에서 생겨난다.[28, 29]

둘째, 자폐스펙트럼 장애를 가진 사람들 모두가 같은 자폐 관련 유전자를 공유하고 있지는 않다. 자폐적인 사람들 다수가 공유하는 유전자들이 있지만, 이것들과 함께 드물게 발견되는 유전자 변이들을 개인마다 다양하게 가지고 있을 수 있다. 변이된 유전자들의 수가 500~1,000개란 점을 고려하면, 자폐적인 사람들은 각자 서로 다른 다양한 유전자 조합을 가지고 있다는 말이 된다. 유전자 측면에서 볼 때, 자폐적인 사람들의 표현형이 너무나 다양한 것은 놀랄 일이 아니다.[28]

셋째, 자폐 관련 유전자의 발현에 개인이 고유하게 가지고 있는 다른 유전자들이 영향을 미칠 수 있다. 리처드 도킨스Richard Dawkins는 그의 책 『이기적 유전자』에서 유전자들이 일하는 방식을 멋지게 설명하고 있다.[30] "몸을 제조한다는 것은 유전자 각각의 기여도를 구별하는 것이 거의 불가능할 정도로 복잡한 협력 사업이다. 하나의 유전자가 몸의 여러 부분에 각각 다른 영향을 미치기도 한다. 또 몸의 한 부위가 여러 유전자의 영향을 받기도 하며, 한 유전자의 효과가 다른 많은 유전자들 간의 상호작용에 따라 다르게 나타나기도 한다. 또 그중에는 다른 유전자 무리의 작용을 제어하는 마스터 유전자 역할을 하는 것도 있다. 설계도로 치면 설계도의 페이지 각각에는 건물의 각 부분에 관한 설명이 적혀있고, 각 페이지의 내용은 수많은 다른 페이지의 내용을 참조해야 비로소 의미를 갖는 것과 같다."

유전자는 혼자 일하지 않는다. 수많은 유전자들이 서로 소통하고 협업까지 한다면, 특정 장애가 발생하지 않도록 유전자들의 활동을 인간이 제어하는 것이 쉽지 않은 일이다. 자폐스펙트럼 장애의 유전적 요인을 이야기하면 자신이나 집안의 문제를 들춘다고 화를 내는 부모들이 있다. 아이들을 대상으로 유전자 연구를 할 때 아이와 부모 모두의 유전자를 분석해야 한다. 유전자 연구를 진행하다보면 유전자 분석을 위한 혈액 제공을 절대로 할 수 없다고 버티는 부모들이 종종 있다. 집안 또는 개인의 비밀이 드러날 것으로 우려하는 것 같다. 생명 분야 연구에서는 윤리 규정을 엄격하게 따라야 하기 때문에 개인의 정보가 절대로 노출될 수 없기도 하지만, 유전자 연구자들의 능력이 개인적인 비밀을 밝힐 정도까지 도달하지는 못했다. 유전자들의 세계가 어마어마하게 복잡하다는 것을 알게 되면, 부모들이 아이들의 미래를 위해 자신의 혈액을 연구자들에게 기꺼이 제공할 수 있을 텐데 하는 아쉬움이 있다.

3

소통 못하는 뇌

자폐적 유전자들은 자폐적인 사람들의 뇌의 구조와 기능에 영향을 미쳐 다양한 증상들을 나타나게 한다. 그래서 자폐스펙트럼 장애 연구자들이 유전자 연구만큼 관심을 갖는 주제가 뇌다. '자폐적인 뇌'를 이해하기 위한 연구들은 뇌신경들이 연결되는 부위인 시냅스에 집중하고 있다.

시냅스 가지치기

인간의 뇌는 아기가 성장해 어른이 돼도 전체 뇌세포의 수는 크게 변하지 않는다. 그러나 뇌신경세포들이 서로 연결되는 시냅스 부위에서 큰 변화가 나타난다. 아기가 태어나서부터 2세까지 뇌신경세포들이 연결되는 시냅스가 과도하게 만들어졌다가, 이후 불필요한 연결 부위에서는 제거되고 중요한 부위에서는 강화되는 가지치기 현상이 나타난다. 청소년기에 들어서기 직전 다시 한 번 전두엽에서 새로운 뇌신경세포들과 시냅스가 증가하고 대략 10년 동안 지속적으로 가지치기가 진행되면서 뇌의 부피도 감소한다. 뇌신경 세포들이 효율적으로 협력해 잘 기능할 수 있는 성인의 뇌로 발달하면 시냅스는 아기 때의 반 정도만 남게 된다. 뇌 발달의 관점에서 보면, 어떤 사람이 '무엇을 배우고 어떻게 성장했는가'라는 문제는 그 사람의 뇌가 성장하면서 '가지치기가 어떻게 됐는가'라는 문제와 같다.[31]

뇌 연구자들은 자폐적인 아이들의 뇌에서 보통 아이들의 뇌와 다르게 가지치기가 진행된다는 주장을 일관되게 하고 있다. 크게 2가지로 접근 방향이 다르다. 첫째, 시냅스 가지치기를 너무 적게 한다는 것이다. 콜럼비아대학교의 연구원 탕Guomei Tang은 26명의 자폐적인 사람 사체와 22명의 비교집단 사체에서 시냅스를 형성하는 수상돌기의 수를 비교했다.[32] 자폐적인 뇌의 13개는 2~9세 아이들의 것이었고, 나머지는 13~20세 청소년들의 것이었다. 아이들 뇌에서 수상돌기의 수는 두 집단에서 큰 차이가 나타나지 않았지만 청소년 뇌에서는 그 차이가 컸다. 비교집단에서는 수상돌기의 수가 41% 감소한 반면, 자폐적인 집단에서는 16% 정도만 감소했다. 자폐적인 사람들의 뇌는 성장하는 동안 가지치기를 열심히 하지 않았다는 증거다. 자폐적인 아이들의 뇌신경들이 과도하게 연결될수록 자폐적인 증상이 심해진다는 주장[33]을 뒷받침하는 증거들은 많다. 예컨데 루돌프연구소에서 진단받은 자폐적인 아이들을 보면, 2~3세 전후 소리에 매우 민감해진다. 주로 믹서기나 헤어드라이어 같은 기계적인 소리나 아기

우는 소리에 예민해져서 울고, 도망가고, 소리를 지르고, 물건을 던지고, 심한 경우 머리를 박는 자해를 하기도 한다. 최근 뇌 연구 결과에 따르면 1~5세 사이에 대뇌 청각 피질의 시냅스 밀도가 최고 수준에 이른다.[34] 소리에 예민하던 아이들 대다수가 성장하면서 소리에 대한 민감성이 사라지는 것을 관찰할 수 있는데, 이것은 뇌의 청각 관련 부위에서 일어나는 시냅스 가지치기와 관계가 있다는 것이 나의 생각이다.

둘째, 과잉 가지치기 가설이 있다.[35] 이 가설은 컴퓨터 모델을 기초로 만들어졌는데, 자폐적인 아이들에게 나타나는 발달의 정지나 퇴행 현상 또는 특정한 학습이 안되는 현상을 설명하는 데 유용하다. 가지치기가 안 된 것이 문제라면 발달의 초기부터 그 영향이 지속적으로 나타나야 하고, 뒤늦게라도 가지치기가 진행되면 아이들의 기능이 향상돼는 방향으로 가야 한다. 그런데 가지치기가 진행되면서 없던 증상이 나타나거나, 발달하던 행동이 사라지거나, 더 이상 학습이 불가능한 상태로 악화되는 현상들은 부족한 가지치기 가설로는 설명하기가 어렵다. 오히려 과도한 가지치기 때문에 발달을 돕는 학습이 뇌에서 중단되거나 뇌의 기능이 더 이상 발전하지 못한다는 설명이 더 논리적일 수 있다.

자폐적인 아이들의 다양한 행동들을 관찰해보면, 2가지 가설을 모두 수용하는 게 더 합리적일 것 같다. 자폐적인 아이들의 뇌는 부위에 따라 수상돌기가 너무 많이 남아 있거나 또는 너무 많이 잘려나갔을 수 있다. 즉, 뇌 기능의 순조로운 활동을 위해서는 지나치지도 부족하지도 않은 적절한 가지치기가 이루어져야 하는데, 자폐적인 뇌는 그렇지 않다는 말이다.

자폐적인 뇌는 다르다 ————·

자폐스펙트럼 장애의 주요 증상들이 뇌 기능의 장애에서 비롯된다는, 그래서 자폐적인 사람들은 보통 사람들과 뇌의 구조나 기능이 다를 것이라는 전제로, 자기공명영상진단장비MRI 또는 기능성자기공명영상진단장비fMRI를 이용해 뇌를 조사하는 연구들이 활발하게 진행되고 있다.

구조적인 측면으로 접근하는 연구들은 뇌의 크기에 관심이 있다. 자폐적인 아이들의 뇌는 일반 아이들에 비해 크다가 청소년기를 기점으로 작아진다. 하버드대학교 연구팀은 100명의 자폐적인 남자들과 56명의 비교집단 남자들의 뇌 부피를 MRI 방법으로 8년 간 추적 연구했다. 그 결과, 출생 초기에는 자폐적인 아이들의 뇌 부피가 자폐적이지 않은 아이들에 비해 더 크다가, 10~15세 사이에 역전이 일어나 뇌 부피가 더 작아지는 경향을 보였다.[36]

fMRI를 활용한 뇌 연구는 사람들이 직접 뇌를 사용하고 있을 때 어떻게 다르게 작동하는지를 관찰할 수 있다. 양성자방출단층촬영PET 방식을 이용해 특정 부위의 뇌가 어느 정도 활성화되는지 확인할 수 있다. 자폐적인 아이들과 일반 아이들이 과제를 수행할 때 뇌의 관련 부위에서 활성화되는 정도를 비교하는 연구 결과들이 일관되지는 않았지만, 자폐적인 아이들의 뇌에서 특정한 부위들의 활성화가 과도하거나 또는 저조하다는 결과들이 축적되고 있다.[37, 38] 전체 뇌신경망의 연결이 과도하게 되어 있거나 부족하게 되어 있다는 생각에는 대부분의 연구자들이 동의한다. 하지만 구체적으로 들어가면 연구마다 결과가 다른데, 나이, 성별, 지능, 유전자, 환경적 요인 등 다양한 변수들에 따라 다르게 나타났다.[39] 스탠포드대학교 연구팀은 선행 연구결과들을 종합하면서, 구체적인 부분에서는 차이가 있지만 전반적인 뇌 시스템 수준에서 보면 자폐적인 아이들의 뇌신경 연결 정도가 일반 사람들에 비해 과도하다가 청소년기를 거치면서 부족해지는 경향이 분명히 있다고 밝혔다.[40]

뇌신경망의 연결이 일반 아이들에 비해 과도하다가 성장하면서 거꾸로 더 부족해진다는 발달적 변화는 자폐적인 아이들의 뇌 부피가 어릴 때는 일반 아이들보다 더 크다가 청소년기를 지나면서 더 작아진다는 발달적 차이와 관련성을 보인다. 이 대목에서 문득, 초등학교 때 날이 선 아이처럼 예민하게 행동하던 아이가 대학생이 돼 루돌프 연구소를 다시 왔을 때 마치 달관한듯 무기력하게 보여 놀랐던 일이 생각난다.

fMRI를 활용한 뇌 연구들은 뇌신경망을 만들고 있는 시냅스들의 연결에서 문제가 있을 것이라는 점을 강하게 시사한다. 이런 점들 때문에, 자폐적인 뇌의 발달에 대해 연구하는 사람들은 앞에서 설명한 가지치기 활동에서 자폐 증상의 원인을 찾으려고 한다. 자폐적인 사람들의 뇌에서 가지치기 과정이 순조롭게 진행되지 않는 것은 세포

들의 자기 정화 과정이 원활하지 않기 때문이라고 본다.[41] 최근에는
뇌 활동에 불필요하거나 해가 되는 세포들을 잡아먹는 마이크로글리
아(미세신경아교세포)와 이 세포들의 활동에 관계하는 특정 유전자에
대한 연구도 활발하다.[42, 43]

　지금까지 설명한 뇌 연구 결과들을 요약하면, 자폐적인 집단과 비
교집단에서 뇌의 기능 차이가 신경세포들 간의 연결 부분에서 나타
나는 것은 분명하나, 연구마다 다른 결과가 나타나고 일관된 결과를
얻는 것이 어려웠다. 자폐스펙트럼 장애를 가지고 있는 사람들의 다
양성 때문으로 보인다. 이에 대한 해결 방안으로 자폐스펙트럼 장애
의 넓은 증상 범위를 비교적 동질의 대상으로 좁혀 연구하는 것이 바
람직하다는 제안도 있다.[39] 나는 전적으로 동감한다. 예를 들어, 증상
수준이 비슷한 자폐스펙트럼 장애 진단을 받았더라도, 어릴 때 언어
발달이 늦었고 지금도 말없이 레고 조립에만 관심이 있는 아이와 손
동작이 서툴러 만들기를 아주 싫어하는 대신 아는 게 많아 말이 많은
아이를 비교할 때 뇌의 기능이 비슷할 것 같지는 않다. 자폐적인 아이
들의 유전자 구조가 다양한 것처럼, 그래서 표현형이 다른 것처럼, 뇌
의 기능이나 발달도 다르게 변화할 것이기 때문이다.

　뇌신경 소통 ─────

　뇌신경들은 자극 또는 정보를 받으면 다른 신경으로 그것을 전달
하는데, 마치 전기가 전깃줄을 통해 전달되는 것과 비슷하며 실제 전

기적 힘으로 전달된다. 그러나 긴 전깃줄과는 달리 인간의 뇌신경들은 잘게 잘라져 있는 짧은 전깃줄과 비슷하다. 잘려진 부분들이 만나는 시냅스 부위에서 화학물질을 교환하는 방식으로 교류한다. 이 화학물질을 신경전달물질이라 부른다. 이렇게 전기와 신경전달물질을 이용해 정보들이 뇌신경세포들 사이에 전달되고 교환되는 과정이 자폐적인 사람들의 뇌와 그렇지 않은 사람들의 뇌에서 다르게 관찰된다는 것이다. 이 결과는 어떤 모습, 즉 표현형의 차이로 나타날까?

나는 자폐적인 아이들의 행동을 관찰하면서 이런 상상을 한다. 한 사람이 어떤 물건을 다른 사람에게 전달하는 장면을 보자. (1)사물을 보면서, (2)물건을 잡고, (3)누구에게 줄 것이지 생각하면서, (4)그 사람을 쳐다보아야 하고, (5)그 사람이 보고 있지 않다면 쳐다보도록 불러야 하고, (6)정확하게 그 사람의 손에 물건을 건네주어야 한다. 물건을 보는 동안 시신경들은 계속 정보를 뇌에 전달하고, 물건을 잡기 위해 그리고 누군가를 부르기 위해 손과 구강의 근육 신경들이 작동해야 한다. 동시에, 누구에게 주어야 하는지 기억해내기 위해 관련된 뇌의 부위를 활성화하기 위해 여러 뇌신경세포들이 협업을 한다. 아마도 실제 뇌에서 일어나는 협업은 내가 지금 설명하는 과정보다 훨씬 복잡하고 유연하게 진행될 것이다. 자폐적인 아이들이 누군가에게 물건을 전해주는 간단한 활동을 할 때도 눈맞춤을 잘 못하거나, 그 사람을 부르지 못하거나, 정확하게 상대방에게 쥐어주지 못하고 떨어뜨리는 실수를 한다면 뇌에서의 협업이 순조롭게 진행되지 않기 때문이라는 상상이다.

인공지능AI에 대한 관심이 증가하면서, 로봇이 인간과 점점 비슷해지고 있다는 생각을 하거나, 로봇이 인간을 능가하는 지적 능력을 가지게 되지 않을까 우려도 한다. 그런데, 이세돌과 같은 세계 최고의 바둑 기사를 이길 정도로 뛰어난 지능을 가진 알파고가 스스로 바둑돌을 집어서 두지 못했고, 이긴 다음 인터뷰도 직접 하지 못했다. 하지만 알파고의 전기 구조가 인간의 신경 구조 역할을 할 수준으로 작동하게 된다면, 유연하게 바둑돌을 집어서 바둑판 위에 놓을 수도 있고 대국이 끝난 후 우아한 목소리로 소감을 말할 수도 있을 것이다. 그러니까 바둑의 수읽기만 '입신'의 경지에 오른 지금의 알파고는 자폐적이라는 말이다.

거꾸로 생각해보자. 사람이 원활하게 소통하고 협업하는 신경구조를 가지고 있지 못하면 지금의 로봇처럼 어색하게 행동하고 말하지 않을까. 만일 신경들이 서로 심각하게 협업이 안 되면 전기 접속 불량인 로봇과 비슷하게 행동할 것이다. 실제로, 중증 자폐 증상을 가진 아이들 중에 간혹 신체를 유연하게 움직이지 못하고 단절되는 행동을 한다. 잘 걷다가 갑자기 전기 접속이 잘 안 되는 로봇처럼 멈추고, 잠시 후 다시 움직이고 또 멈추기를 반복하는 행동이다. 어떤 행동을 해야 한다는 생각과 근육의 움직임이 유연하게 협응하지 못할 때 나타나는 현상이다. 말을 할 때도 그렇다. 한 음정으로 단조롭게 로봇처럼 말하는 아이도 있고, 스타카토로 한 음절씩 뚝뚝 끊어서 말을 하는 아이도 있다.

뇌신경들간의 협업이 원활하지 못한 것은 전형적인 자폐적인 증상뿐 아니라 부수적인 발달 문제들과도 관련이 있다. 자폐적인 아기들은 대근육 발달이 늦어서 걸음마가 늦어지거나, 소근육 발달이 원활하지 않아서 가위질이나 젓가락질을 잘 못하기도 한다. 몸동작 전반이 허술하거나 경직돼 보이기도 한다. 군대에 입대해서 제식훈련할 때 동작이 어설프거나 동료들과 보조를 맞추지 못해 고생하는 경우가 많다. 심지어 오른쪽, 왼쪽 또는 위아래를 신속하게 파악하지 못해 물건을 뒤집어 놓는 아이들이 있는데, 이 정도면 군대생활을 제대로 할 수 없기 때문에 엄마들에게 어릴 때 장애 등록을 하거나 특수교육 대상자로 등록하도록 권유한다.

공감처럼 눈으로 쉽게 파악되지 않는 행동들도 신경들 사이의 협업이 원활하지 않기 때문이라는 연구 결과들이 있다. 예를 들어, 자폐적인 아이들이 다른 사람의 얼굴 표정을 보고 그 사람의 감정을 파악하고 해석하는 과정에서 관련된 뇌 부위의 활성화가 일반인들보다 과도하거나 적었다.[36, 38]

유연하게 협력하지 못하는 뇌신경망은 중앙 콘트롤 능력을 약화시킨다. 전두엽에서 여러 가지 수집된 정보를 종합적으로 정리해서 판단하고 계획하는 일이 어렵다는 말이다. 한 가지 생각에서 다른 생각으로 유연하게 전환하지 못해 계속 그 생각에 빠져 있거나, 본질을 빨리 파악 못하고 단편적인 생각들이 잘못 연결돼 동문서답을 하거나, 다양하게 떠오르는 생각을 조리있게 정리하지 못해 지리멸렬한 것들이 여기에 해당한다. 자폐적인 아이들과 함께 이야기 책을 보고 나서, "무슨 이야기야?" 물으면 자신의 생각을 요약해서 말하지 못하기 때문에 이야기 책에 쓰여 있는 내용을 처음부터 끝까지 다 이야기하는 경우가 흔하다. "그래서 무슨 얘기를 하고 있지?"라고 물으면 다시 처음부터 끝까지 이야기를 한다. 어떤 엄마는 아이에게 "오늘 학교에서 뭐했어?"라고 물어보면, "1교시에는…, 2교시에는…, 3교시에는…" 이렇게 그날의 수업을 모두 나열한다고 했다.

소통 못하는 특별함 ————

과학적인 검증이 필요하다는 전제를 달고 있지만, 과잉 가지치기 가설을 주장하는 연구자들은 과도한 가지치기가 뇌신경망 연결 문제를 좁은 범위에서 넓은 범위로 확대시킬 수밖에 없다고 설명한다. 뇌신경들 사이에 소통이 원활하지 않거나 끊기게 되면 정보들의 협력이 잘 이루어지지 못하면서 통합적인 기능이 줄어들 것이다. 대신 지엽적으로 가용할 수 있는 정보들에만 집중하는 현상이 나타날 것이라는 것이다. 이 추론은 자폐적인 아이들이 반복적이고 상동적인 행동을 하는 것을 잘 설명해준다.[35]

기형이는 놀이 치료사의 권유로 검사를 받기 위해 찾아왔다. 순진하고 귀엽게 생긴 초등학교 1학년 기형이는 감기에 걸렸는지 계속 코를 훌쩍이고 있었다. 사람들이 리조트에서 여름 휴가를 즐기는 그림을 함께 보면서 내가 질문했다.

나: 기형아, 너 이런 곳에 간 적 있어?

기형: 네.

나: 어디 갔었어?

기형: 몰라요. … 음… 아… 생각났다. 하와이요.

나: 와, 좋았겠다. 가서 뭐 했어? 얘기 좀 해줘.

기형: 음, 제가 퀴즈 낼게 맞춰보세요.

갑자기 내 말을 끊고 퀴즈를 내는 아이들은 흔하다.

기형: 이 그림에서 빨간 깃발이 몇 개일까요?

나는 그 그림을 수도 없이 봤다. 그런데 사람들이 노는 모습이나 야자수 또는 호텔은 익숙했지만, 빨간 깃빨에 대해 관심을 둔 적이 한 번도 없었다. 순간 당황했지만 기형이의 질문을 듣고 보니 그림 곳곳에 작은 빨간 깃발들이 눈에 들어왔다. 얼른 세어보니 7개가 보였다.

나: 7개

기형: 틀렸어요. 8개예요. 제가 세어볼게요.

하나하나 세어보니 8개가 맞다.

기형: 다음 퀴즈는, 이 호텔에 창문은 몇 개일까요?

나는 대략 추산해서 40개라고 말했다.

기형: 땡! 54개예요.

나는 황당했다. 내 앞에 꼬마 '레인맨'이 앉아 있다. 그림을 꺼내고 바로 이야기를 시작했는데, 도대체 언제 창문 갯수를 다 셌을까. 기형이가 하나하나 세어주는데, 54개가 맞았다.

나: 기형아, 이제 하와이에서 뭘 했는지 얘기해줘.
기형: 몰라요. 기억 안 나요.

기형이는 시각적인 정보를 파악하는 능력이 놀랄 정도로 뛰어나다. 그런데 하와이에 갔던 일들을 구체적으로 기억해내서 하나의 이야기로 정리해 전달하는 게 기형이한테는 너무 힘든 일이라 모른다고 말했을 것이다. 기형이처럼 누구나 쉽게 생각해낼 수 있는 기억은 잘 못하면서 눈앞에 있는 물건들의 갯수를 순식간에 파악하는 것같은 특별한 능력을 가지고 있는 자폐적인 아이들이 적지 않다.

내비게이션이 없던 시절 나는 프랑스 남부 프로방스 지방의 도시인 아비뇽으로 여행을 간 적이 있다. 아비뇽 성안은 그리 크지 않은데, 성문으로 차를 타고 들어가 5분 안에 있는 호텔을 찾기 위해 1시간 동안 헤맸던 일이 생각난다. 성안의 길들은 대부분 좁은 일방통행 도로였는데 지도에 나와 있는 호텔에 접근하려다 길이 막히면 딴 길로 돌아가야 하는 상황이 계속 반복됐다. 뇌신경망이 서로 잘 연결되어 있지 않고 내비게이션 같은 중앙 콘트롤 시스템이 제기능을 하지 못하면 간단한 정보들이라도 체계적으로 연결하는 것이 쉽지 않다. 소통하지 못하는 뇌가 바로 이런 상태와 유사할 것이라고 나는 상상한다.

　뇌의 중앙 콘트롤 시스템이 잘 작동하지 않는 자폐적인 사람들에게서 뇌의 특정한 부위가 특별하게 발달해 놀라운 집중력을 보이는 경우가 있다. 영화 〈레인맨〉에서 배우 더스틴 호프만(레이먼드 배빗역)이 연기한 실제 인물 킴 피크Kim Peek도 이런 유형이다. 내가 박사 후 연구원으로 캐나다 몬트리올의 맥길대학교에서 일할 즈음, 그 도시의 거리에서 버스킹을 하던 사람들이 모여 '태양의 서커스Cirque de Soleil'라는 서커스단을 만들었다. 창단한 지 불과 20여 년만에 라스베이거스에 있는 최고 수준의 극장 5군데에서 각기 다른 작품을 공연하고 있는 세계 최정상의 예술단으로 성장했다. 서커스 단원들 한 사람 한 사람이 보여주는 보통 사람들의 상상을 초월하는 기술은 놀라운 집중력에서 나오는 것이다. 예를 들어, 무언가를 돌리는 기술을 가진 단원은 아주 작은 것부터 큰 것까지 다양한 것들을 다양한 방식으로 돌린다. 맨 마지막에는 큰 원에 들어가서 자신마저 돌린다. 돌리는 것에 관해 한 인간이 할 수 있는 모든 것을 돌린다. 나는 이렇게 한 가지에 몰입하는 사람들이 함께 만들어내는 완벽한 퍼포먼스에 매번 매료돼 그 서커스단의 공연 대부분을 관람했는데, 그때마다 루돌프연구소를 찾아오는 아이들을 떠올렸다. 루돌프연구소 아이들은 아주 어릴 때부터 이런 것을 한다.

유전자는 레시피 ————·

다시 리처드 도킨스의 이야기를 들어보자. "유전자는 청사진이 아니라 레시피에 더 가깝다." 청사진은 가역성이 있는 매핑이다. 어떤 집을 측량하면 그것을 같은 비율로 축소해 그 집의 설계도를 만들 수 있고, 이 설계도에 따라 똑같은 집을 몇 채라도 짓는 것이 가능하다. 하지만 케이크를 측량해 그 케이크의 레시피를 찾아낼 수는 없다. 일 대 일 매핑이 불가능하기 때문이다. 이런 면에서 유전자는 청사진이 아니라 레시피다.[44]

유전자가 청사진이면 유전자가 지시하는 그대로 자폐 증상의 '표현형'이 나타날 것이다. 그러나 레시피라면 유전자들이 표현형으로 발현될 때 다양한 변수들이 개입할 수 있다. 레시피라는 말이 나왔으니 과자 만드는 것으로 설명해보겠다. 과자 공장에서 과자를 만들어내는 자동화 공정은 청사진에 따라 과자를 생산하는 것이다. 그러나 가정집에서 TV에 출연한 스타 셰프의 레시피에 따라 과자를 만든다면, 집집마다 다른 형태와 다른 맛의 과자를 만들지 않을까. 아마 맛, 크기 모양이 100% 똑같이 만들어질 확률은 매우 낮을 것이다.

자폐적인 유전자를 가지고 있지만, 그 유전자가 청사진이 아니라 레시피의 역할을 한다면 표현형을 예측할 때 고려해야 할 변수들이 많다. 미래에 자폐 치료를 위한 AI가 만들어져 정확한 진단과 치료 처방전을 내놓으려면 유전형 데이터만 고려해서는 안 될 것이다. 자폐적인 사람이 가지고 있는 다른 질환이나 그 사람의 지적 능력, 성격,

성별과 같은 개인적인 특성, 그리고 가정환경이나 그 사람이 사는 사회와 문화 등을 모두 고려해야 한다는 말이다. 똑같은 자폐스펙트럼장애 진단을 가지고 있더라도 표현형이 매우 다양할 수밖에 없는 이유다.

자폐적 유전자라는 레시피가 어떤 다양한 변수들에 의해 얼마나 다양한 모습의 결과물을 만들어낼 수 있는지에 대해서는 다음 장에서 자세히 다루겠다. 그 다양한 표현형에서 관찰되는 구체적이고 작은 행동들이 결국은 '소통하지 못하는 뇌'와 닮아 있다는 점을 발견하게 될 것이다.

프랙탈 이론 ————

조각났다는 의미의 라틴어 'fratus'에서 기원된 '프랙탈'이라는 단어는 '복잡하고 불규칙한 형상의 아주 작은 부분은 그 전체 형상과 비슷한 기하학적 형태를 갖는다'는 의미다. 프랙탈 이론에서 자연계 형상의 불규칙성은 '자기유사성'을 가진다고 설명한다. 나무가 성장하는 과정을 예로 들어보자. 나무의 큰 줄기에서 가지가 뻗어 나가고, 다시 그 가지에서 새로운 가지가 뻗고, 이 과정이 차수를 높이면서 큰 나무로 성장한다. 가지가 새로 뻗어 나가는 형태는 이전 '부모' 가지가 뻗어 나갈 때의 형태와 유사성을 보이고, 그 결과 다 자란 나무의 작은 끝 부분의 형태는 나무의 전체 형상과 기하학적 유사성을 보인다. 그러니까 프랙탈 이론은 불규칙해 보이는 자연 현상이 사실은 어떤 규칙성이나 법칙성에 의해 유사한 형태로 무한히 반복된다는 의미로 이해할 수 있다.

내가 공부한 1990년대 독일의 대학에서는 카오스 이론과 프랙탈 이론을 공부하고 토론하는 분위기였다. 프랙탈 이론은 수학 이론이지만 나는 쾰른대학교에서 심리학을 공부하면서 배웠다. 프랙탈 이론의 개척자인 프랑스 수학자 망델브로Benoit B. Mandelbrot는 「영국 해안선의 길이는 얼마인가?」라는 논문[45]에서, 불규칙하게 구불구불한 해안선의 총 길이는 측정 도구에 따라 달라진다고 설명했다. 측정도구가 작을수록 복잡하고 불규칙한 작은 부분까지 측정할 수 있어서 해안선의 총길이는 약 20% 길게 측정된다고 한다. 프랙탈 이론에 따르면, 복잡하고 불규칙해 보이는 영국 해안선의 형태가 미소 부분에서 유사한 모양으로 반복돼 나타난다고 설명한다. 자연계의 불규칙성에 규칙성이 있다는 말이다. 프랙탈 이론을 심리학에 적용한다면, 인간은 자신만이 가지고 있는 고유성 때문에 개인이 다양한 상황에서 보이는 말과 행동이 매번 달라지더라도 결국은 자기유사성을 보일 수밖에 없다는 것이다. 예컨데 소통 능력이 부족해 동문서답을 하거나 지리멸렬한 대답을 하는 사람은 대화 상대나 상황이 바뀌더라도 자기만의 유사한 방식으로 반응을 할 것으로 예측할 수 있다.

자폐적 유전자를 가진 사람들은 여러 가지 조건들에 의해 각자 다양한 표현형을 보이게 되더라도, 그들의 말과 행동들은 자폐적이라는 고유성을 공유하기 때문에 자기유사성을 보일 수밖에 없다. 개인적인 차원에서도 마찬가지다. 나는 어떤 사람을 대상으로 자폐스펙트럼 장애 진단 검사를 할 때, 그 사람의 눈맞춤, 표정, 자세나 몸가짐, 걸음걸이, 말, 생각, 심지어 그 사람이 그린 그림 또는 작품에서 일관되게 소통과 유연한 협응의 부족이라는 유사성을 관찰할 때 비로소 내 검사 결과에 확신을 가질 수 있다. 그리고 그런 확신을 바탕으로, 자폐스펙트럼 장애의 진단 검사지나 관련 문헌에 나와 있지 않은 새로운 자폐적 행동들까지도 관찰할 수 있다.

너무나 다양해서
자폐스펙트럼

유전자를 레시피라는 관점에서 보면 유전자에 의한 자폐 증상의 발현에 많은 변수들이 관여할 것이다. 자폐적인 아이들의 증상과 행동은 매우 다양한 데, 이 장에서는 그 자폐적인 표현형의 다양성에 관여하는 변수들에 대해 이야기하려고 한다.

1

자폐스펙트럼 장애와
함께 오는 합병증

　어떤 사람이 병원 정신과에서 한 가지 진단을 받으면, 그것이 그 사람이 경험하고 있는 어려움의 모든 것이라고 생각하기 쉽다. 그러나 실제로는 대부분의 아이들이 정신과에서 한 가지 이상의 진단을 받는다. 하버드대학교의 뇌과학연구소에서 2018년 발표한 정신과적인 장애의 상호관련성에 관한 연구 결과를 보면, 유전자 수준에서 이미 여러 가지 정신과적인 문제들이 서로 긴밀하게 얽혀 있다. 뇌과학연구소는 25가지 뇌의 기능 장애를 가진 265,218명 환자와 784,643명의 일반인 유전자를 비교해 정신과의 장애들은 서로 밀접하게 관련돼 있다고 보고했다. 특히 조현병은 자폐스펙트럼 장애를 비롯하여 우울증, 조울증, 불안, ADHD, 강박 등의 다양한 정신과 장애들과 관련성이 높았다. 연구팀은 심지어 정신과의 질병 분류를 다시 검토해야 한다는 결론까지 내렸다.[46]

　자폐스펙트럼 장애 한 가지만으로도 본인과 가족은 힘들다. 다른 장애를 함께 가지고 있다면 그 어려움은 몇 배가 되는데, 자폐적인 사람들이 한 가지 이상의 장애를 가지고 있는 경우가 드물지 않다. (1)언어 장애, 지적 장애, 주의력결핍 과잉행동 장애(ADHD), 발달성 협응 장애, 틱 장애 등은 모두 자폐스펙트럼 장애와 같은 범주인 '신경 발달 장애'에 포함되며, 이 장애들 몇 가지를 함께 가지고 있는 아이들이 흔하다. (2)뇌전증이나 뇌성마비 같은 '신경 장애'도 동반되는 경우가 상당히 있다. (3)일찌감치 강박 장애나 불안 증상을 보이는 자폐적인 아이들은 많으며, 우울, 양극성 장애와 같은 기분 장애, 그리고 조현병과 같은 '정신과적 장애'는 성장해 가면서 하나씩 더해질 수 있다. (4)다운증후군, 취약X증후군, 프라더윌리증후군, 윌리엄스증후군 같은 질환들은 출생 초기에 진단을 받아 대부분의 부모들이 이 질환에만 집중하기 때문에 나중에 자폐스펙트럼 장애 진단을 추가로 받지 못하는 경우가 많다. (5)청각 장애나 시각 장애와 같은 '신체적 장애'는 자폐스펙트럼 장애 진단이 추가되는 경로를 막는 장벽이 될 때가 많다.

신경 발달 장애 ————

내 경험에 의하면, 자폐적인 아이들이 자폐스펙트럼 장애가 아닌 다른 진단을 먼저 받는 경우에 가장 많이 받는 진단이 '언어 발달 장애'다. 그리고 시간이 흘러 초등학교 입학 시기가 다가오면 '지적 장애' 또는 'ADHD' 진단으로 갈아타는 경우가 많다. 말을 아예 한 마디도 못하거나, 한 단어만 말하고 문장으로 진전되지 않아 간단한 소통만 가능한 경우에 지적 장애 진단으로 간다. 당연할 수밖에 없는 것이 지적 장애를 진단하기 위한 지능검사에서 높은 점수가 나오려면 말을 잘 해야 하기 때문이다. 말은 하는데 행동이 산만하고 어른들의 말을 잘 안 들으면 ADHD 진단을 받는 경우가 자주 있다. 한편 틱 장애는 어떤 시기에도 나타날 수 있다.

보통 아기들은 태어나서 24개월 이내에 말을 하기 시작한다. "맘마~마" 같은 '엄마'와 비슷한 소리를 내도 말을 했다고 주장하는 엄마들이 많이 있지만, 자신이 원하는 것을 표현하기 위한 의미있는 말을 시작하는 나이는 첫돌 전후다. 주로 '맘마', '물', '까까' 같이 자신이 먹고 싶은 것들을 표현하기 시작한다. 자폐적인 아이들은 첫 단어부터 다른 경우가 많다. '됐다', '일(숫자 1)', '선풍기' 같은 단어들로 말을 시작하는 아이들도 있다. 또래보다 훨씬 늦게 입을 여는 아이들도 있지만 첫돌 쯤에 말을 시작하고 나서 한동안 말을 하지 않거나 더 이상 언어 발달이 진전되지 않는 경우가 흔하다. 언어 지체까지 가지 않더라도 발달이 진행하다 멈추다 하면서 언어 발달이 순조롭지 않은 것을 말한다. 그러다가 말이 늘기 시작하면, 자폐적인 아이들은 상동적인 언어 행동을 많이 보인다는 점에서 언어 발달 장애만을 보이는 아이들과 다르다. 반향어, 같은 말 반복하기, 자신과 상대방의 입장을 혼동하여 말하기, 책이나 방송에서 나온 말 반복하기 등이 자폐적인 언어 행동이다. 모든 자폐적인 아이들이 언어 발달에 어려움을 겪는 것은 아니다. 초기 언어 발달에 어려움이 있다면 아이의 자폐 증상은 좀 더 심각할 것으로 예상된다.

루돌프연구소에서는 또래들과 잘 어울리지 못하는 아이들이 오면 그룹으로 사회성을 교육하는 프로그램에 참여하게 한다. 경미한 지적 장애만 가진 아이와 지능은 좋지만 경미하게 자폐적인 아이를 한 그룹에 넣고 사회성 발달 프로그램을 진행하면, 지적 장애를 가진 아이들이 사고 수준은 또래에 비해서 미성숙한 점이 있지만 자폐적인 아이보다 훨씬 쉽게 사회적인 행동을 배우고 아이들과도 더 잘 어울린다. 지적 발달과 사회성 발달은 관련성이 그다지 큰 것 같지 않다. 그러나 지적 장애와 자폐 장애를 동시에 가지고 있다면 치료가 몇 배로 힘들어진다.

소아정신과 문제 중에서 ADHD가 현재 가장 주목을 받는 것 같다. 자폐적인 아이들 중에 걷기 시작하면서부터 엄마가 정신을 차릴 수 없을 정도로 산만한 아이들이 있다. 엄마가 잡은 손을 놓는 순간 마치 붙잡혀 있다가 탈출하려는 것처럼 확 튕겨나가거나, 주차장에 차를 세우고 아이를 차 밖에 내려놓자마자 아이가 천지분간을 못하는 것처럼 목적 없이 여기저기 마구 돌아다니면 보통 사람들은 그냥 산만한 아이 정도로 생각한다. 하지만 나는 그 정도로 분별력을 보이지 못하는 아이를 보면 자폐적인 아이가 아닌가 유심히 관찰하게 된다.

보통 부모들은 아이가 통제가 안 되고 산만하게 행동하면 일단 ADHD를 의심한다. 어떤 아이는 어린 나이에 병원에서, 아이가 크면 중증의 ADHD가 될 것이라는 '예측형 진단'을 받기도 한다. ADHD와 자폐적인 성향을 동시에 보이면, 2013년 이전에는 DSM 4판의 진단

기준에 따라 ADHD 진단은 하지 않고 자폐 진단만 했다. 이런 사정 때문에, ADHD 성향도 함께 보이는 아이에게 자폐 진단을 하면, 다른 소아정신과 병원에 가서 ADHD 진단을 받고난 후 루돌프연구소에서 받은 자폐 장애 진단이나 또는 아스퍼거증후군 진단은 무시해버렸다.

어떤 정신과 병원에서는 아이가 받은 아스퍼거증후군 진단에 대해, 아이 엄마에게 그 진단은 오진이며 ADHD 진단이 적합한 이유를 조목조목 설명했다고 한다. 실제로 자폐적인 증상과 ADHD 증상이 구분되지 않을 때가 있다. 자폐적인 아이가 눈을 잘 맞추지 않으니까 남이 말할 때 듣지 않는 것처럼 보이고, 특히 불안할 때는 충동적으로 행동하거나 과잉행동을 해서 아주 산만하게 보인다. 그 당시에는 경미한 증상의 자폐적인 아이들이 ADHD 진단을 받고 주의력 집중을 돕는 '메타데이트'나 '컨써타' 같은 중추신경 자극제를 처방받는 경우가 흔했다. 이런 경우에 ADHD만 가지고 있는 아이들에 비해 약물 효과가 적거나 약물에 대한 부작용이 나타난다고 많이 호소했다. 그러나 현재 사용하는 DSM 5판에서는 2가지 진단을 동시에 하도록 했다. 진단 기준이 바뀌면서 2가지 진단 중에 어느 쪽이 맞는지 혼란스러워하는 일이 많이 줄었다. 오히려 자폐스펙트럼 장애 진단을 받은 아이들에게 주의력 문제가 동반될 수 있으니 ADHD 치료도 같이 하자는 병원들이 늘고 있다. 이런 아이들에게 처방되는 약의 종류도 예전보다 다양해졌다.

발달성 협응 장애는 뇌성마비와 같은 신경학적 문제나 지적 장애가 없는 데도 나이에 비해 현저하게 운동 협응 능력이 떨어지는 경우에 내리는 진단이다. 단순히 달리기나 철봉에 매달리기 같은 근력이나 지구력과 무관하게, 물건 잡기, 가위질하기, 글씨 쓰기, 자전거 타기, 줄넘기 등 순발력이나 협응 능력을 요구하는 활동을 잘 못하는 아이들이 있다. 사람들은 흔히 이런 아이들을 몸치라고 부른다. 아기 때부터 심각하게 대근육 또는 소근육의 발달과 협응에 문제가 있으면 물리 치료나 작업 치료를 받게 한다.

아이가 태어나서 일 년 정도 지나면 걷기 시작한다. 아기 양육서의 발달 지표에 나와 있는 대로 18개월이 지나도 걷지 못하면 엄마들은 병원의 재활의학과를 찾는다. 실제로 하체 근육의 힘이 약하거나 다리 근육을 잘 조절하지 못해서 걷지 못하는 경우도 있지만, 병원에 가야 하나 고민할 때쯤 그냥 쓱 걷거나, 늘 방바닥에 뒹굴거리는 아이를 "이제 걸어야 돼" 하며 세워놓았는데 그냥 걸었다는 아이도 있다. 자폐적인 아이들 중에는 안 해본 것을 시도하려고 하지 않는 아이들이 있는데, 걷는 것을 안 해보아서 그냥 걷지 않고 있는 아이다. 첫돌 지나도 못 걷는 자폐적인 아이들 대부분은 3~4개월 더 기다리면 걷는다. 좀 더 커서 줄넘기를 못하거나 가위질을 못하는 아이들도 대부분 자꾸 연습시키면 빨리 못 배워서 그렇지 결국 배워서 할 수 있다. 그러나 아무리 연습해도 어설픈 아이들도 있다. 남자아이들의 경우, 축구나 농구같이 친구들과 잘 협력해야 하고 운동신경도 좋아야 하는 활동에 참여하지 못하면 학교 생활이 더 힘들 수 있다.

처음 어린이집이나 유치원을 들어가면서 갑자기 눈을 깜빡거리는 아이가 있다. 아니면 코를 씰룩거리거나 목에 뭐가 걸린 듯 '칵칵' 소리를 낸다. 운동 틱과 음성 틱의 전형적인 형태이다. 주로 스트레스를 받는 상황에서 나타난다. 어떤 아이들은 새로운 상황에 적응하면 언제 그랬냐는 듯 틱을 보이지 않는다. 반면에 어떤 아이들은 눈으로 시작해서 코, 입, 목, 어깨 등 다른 신체 부위로 틱이 돌아다니거나, 감기 걸린 아이처럼 '킁킁', '칵칵', 소리를 내거나, 강아지나 새들이 내는 소리 비슷한 음성 틱을 하기도 한다. 자폐적인 아이들의 일부는 틱 장애를 가지고 있다. 어릴 때는 친구들이 그냥 넘어갈 수도 있지만, 초등학교를 입학하고 학년이 높아질수록 아이들의 놀림거리가 된다. 전문가들은 약물 치료와 행동 치료를 시도하지만 틱이 항상 완치되는 것은 아니다. 자폐적인 아이들은 남들이 자기를 어떻게 보는지에 대해 그다지 신경 쓰지 않아서 틱을 줄이려는 노력도 등한히 한다. 틱 때문에 자폐적인 아이들의 서투른 사회적 행동이 더 눈에 띄기도 하는데, 심지어 사람들의 관심을 받는 것이 좋아서 틱을 더 많이 하는 아이도 있었다.

신경 장애 ————▶

신경 장애에는 흔히 경기라고 말하는 뇌전증이나 뇌성마비 등이 포함된다. 뇌성마비가 있어서 거동이 불편한 자폐적인 아이들이 드물기는 하지만 간혹 있고, 경기를 하는 아이들은 좀 더 많다. 경기가 반복돼 뇌전증 진단을 받기도 하고 한두 번의 열경기로 끝나기도 한다. 대부분의 경우 어릴 때 진단을 받고 치료로 관리된다. 내가 잊지 못하는 뇌전증 사례가 있어 소개하려고 한다.

어느 날 대학 병원의 한 신경과 교수로부터 자폐스펙트럼 장애 진단 검사를 해달라는 부탁이 들어왔다. 당시 17세인 영식이는 어릴 때부터 뇌전증과 지적 장애로 정상적인 생활이 어려웠는데, 특히 장 활동이 잘 안 돼서 음식을 매우 까다롭게 먹었다. 영식이의 주치의였던 신경과 교수는 국제학회에 영식이 케이스를 논문으로 발표하려고 했는데, 그러기 위해서는 영식이 질환의 정식 진단이 필요했다. 병원이나 치료 기관에서 일하기 위해 필요한 '임상 진단' 자격만으로는 국제 학술지가 요구하는 정식 진단을 할 수 없었기 때문에, '연구 진단' 자격을 가지고 있는 나에게 영식이의 자폐증을 확인해달라고 부탁한 것이다.

영식이는 거동이 불편해 찾아오지 못했고 아빠가 '부모 면접 자폐스펙트럼 장애 진단 검사(ADI-R)'를 받았다. 아빠 말에 의하면, 영식이는 첫돌 때 예방주사를 맞고 돌아온 지 3일 후에 부르르 떨면서 경기를 시작했고 예고 없이 갑자기 툭 떨어져서 누군가가 늘 옆에서 돌봐야 했다. 예방주사 때문이라는 말은 안 했지만 대부분의 부모들은 아이의 발병 직전 있었던 일을 원인으로 의심한다. 집 근처 큰 병원에서 여러 가지 검사를 했지만 분명한 진단을 받지 못해 7년 가까이 한방으로만 경기 치료를 받았다. 영식이가 일곱 살 때 한 대학 병원에서 뇌파 검사와 MRI 검사를 받고 정식으로 '뇌전증'과 '지적 장애' 진단을 받았다. 그때부터 한방 치료를 중단하고 약물 치료를 시작했는데, 약물 치료가 1년 가까이 진행되면서 발작을 일 년에 한 번 할 정도로 상태가 좋아졌다. 초등학교 3학년부터 보조 교사의 도움을 받아 6학년까지 마칠 수 있었다.

영식이가 나한테 자폐스펙트럼 장애 진단을 받은 17세 때는 이미 뇌전증 이외에 지적 장애, 언어 발달 장애, 운동 장애 진단을 받은 상태였다. 다 성장해서 청소년기를 지나고 있는 영식이를 위해 내가 해줄 수 있는 게 별로 없었다. 다만, 영식이 아빠는 지금까지 미스터리였던 영식이의 행동이 무엇 때문인지 비로소 깨달았다. 마치 '출생의 비밀'이라도 알게 된 듯한 영식이 아빠의 망연자실한 표정이 지금도 눈에 선하다.

전기밥솥에서 '칙' 소리가 날 때마다 웃는 아이가 엄마 아빠와는 눈도 맞추지 않고 단 한 번도 웃어주지 않았다. 원하는 것이 있을 때 달라고 말을 못하면 손가락으로라도 가리키면 될 것을 아빠 손을 쓱 잡아서 원하는 물건 위에 툭 놓는 행동도 이상했다. 같이 TV를 보다가 한 번씩 자기 손이 아닌 아빠 손으로 자기 얼굴을 문지르는 행동이 촉감을 즐기기 위해 아빠 손을 도구처럼 사용하는 거라는 내 설명을 듣고도 영식이 아빠는 여전히 이해가 안 되는 표정이었다. 다른 아이들에게는 전혀 관심이 없는 아이가 2세 때부터 불교방송에 나오는 게송을 지루해하지 않고 몰두해 보던 것은 어느 정도 이해가 되는 모양이었다.

뇌전증은 뇌파 검사를 통해 비교적 쉽게 알 수 있기 때문에 많은 아이들이 가벼운 경기만 있어도 병원에 가서 약물 치료를 받고 완치되는 경우를 많이 보았다. 발작까지 가지 않더라도 열경기를 보이거나 아이가 늘어지는 등의 이상 행동을 보이면 바로 병원에서 검사를 해 보는 것이 좋다. 일반적으로 종합병원에서 다양한 검사를 하다보면 뇌전증 이외에 치료가 필요한 다른 문제들도 함께 발견되는 경우가 있다.

불안 ────

자폐적인 아이의 엄마에게 아기 때 어땠는지 물어보면 너무나 순했고 발달이 원만했다고 하는 반응도 있지만 예민했다는 반응도 많다. 그런데 순한 아기와 비교할 때 예민한 아기는 강박적이거나 불안 수준이 높고 사회적응에 더 큰 어려움을 겪는다. 엄마를 못 떨어지거나 집이 아닌 새로운 장소를 가면 심하게 불안해한다. 반복되는 일상에서 조금이라도 변화가 생기면 거부한다. 예컨데 동생이 태어나 집안 분위기가 달라지거나, 집안 사정으로 양육자와 일정 기간 떨어지게 돼서 다른 양육자에게 맡겨지거나, 어린이집에 들어가 집단생활을 시작하는 것 같은 일상의 변화는 아이의 행동에 큰 영향을 줄 수 있다. 갑자기 아이의 행동이 달라져서 이전까지 크게 주목받지 않던 자폐적인 행동들이 발견돼 진단으로 이어지는 경우도 많다. 태어나서 처음으로 병원에 가서 주사를 맞는 일도 환경 변화에 취약한 자폐적인 아이에게는 큰 충격이 될 수 있다. 자폐스펙트럼 장애가 선천적인 문제라는 사실을 잘 모르는 부모는 이런 사건들 때문에 자폐적인 아이가 됐다고 오해하는 경우가 적지 않다.

불안 정도가 심한 자폐적인 아이는 강박적인 행동을 하거나 틱을 보이고, 심한 경우에는 '선택적 함묵증'을 보이기도 한다. 말을 잘하는 아이가 집밖에 나가거나 특정 환경에서 말을 하지 않는 증상이다. 지찬이는 언어 발달이 또래들보다 빨랐지만 말수는 적었다. 이야기를 하다가 상대방과 말이 잘 안 된다 싶으면 아예 말을 안 하곤 했다. 심지어 엄마하고도 말하기가 싫으면 말을 하지 않고 종이에 원하는 것을 적어줬다. 지찬이 엄마는 20대 초반에 결혼했는데 지찬이를 임신했을 때 남편의 구타를 피해 집을 나왔다. 아빠는 일정한 직업이 없었고 '게임마니아'라고 했다. 지찬이 친가 쪽으로 지적 장애가 있거나 사회성이 떨어지는 사람들, 그중에는 전과자도 있다고 했다. 경제적 상황이 매우 어려웠던 지찬이 엄마는 주변 사람들의 도움을 받아 출산하고 아이를 키웠다. 루돌프연구소를 찾아왔을 때 지찬이는 초등학교 2학년생이었다. 나하고도 거의 말을 하지 않아서 필답으로 간신히 대화를 나누었다. 지찬이는 불안한 성향과 자폐적인 성향이 다 있는 아이인데 살아온 환경도 어려워서 엎친 데 덮친 격이 된 셈이다. 지찬이는 늘 아주 작은 자극에도 금방 불안해졌고 그때마다 말을 하지 않았다.

루돌프연구소에서 가장 흔하게 관찰되는 것은 게임이나 놀이를 할 때 질까봐 불안해하는 아이들의 행동이다. 게임을 하다가 갑자기 방을 뛰쳐나가서 울거나 질까 봐 두려워서 쭈그리고 앉아서 엉엉 운다. 어떤 아이들은 순번으로 돌아가며 자기에게 주어진 미션을 수행할 때, 자신의 차례가 오는 것이 두려워 호흡이 가빠지고 이를 부딪히며 몸을 덜덜 떤다. 곧 쓰러질 것 같은 모습을 보이면 잠시 쉬게 해야 한다. 이런 유형의 아이들에게는 어떤 놀이를 처음부터 끝까지 완수하도록 돕기 위해 장기간의 계획을 가지고 조금씩 놀이에 참여하는 시간을 늘려가야 한다. 상황의 변화를 파악하지 못하는 아이들에게는 원하지 않는 상황이 발생하는 것이 매우 두려운 일이다. 어떤 아이는 "이기고 지는 것은 중요하지 않아"라는 주문을 계속 외우면서 게임에 참여한다.

우울감과 피해의식 ————•

자폐적인 아이들이 집안에서 가족들하고만 지내다가 어린이집에 들어가거나 초등학교 생활을 시작하면 사회생활이 자기 마음대로 되지 않는다는 것을 알게 된다. 소극적인 성향의 아이들은 위축돼 자신감을 잃는 반면, 적극적인 아이들은 함부로 행동하다가 좌절하고 이 때문에 공격적인 행동을 하기도 한다. 어떤 형태로든 사회생활에서 처음 쓴맛을 경험하면서 우울한 기분에 빠지게 된다. 자신의 감정을 인식하는 능력이 부족하거나 상황 파악을 제대로 하지 못하는 아이들은 꾹 참다가 폭발하거나, 금방 좋았다가 금방 화를 내기도 하는 감정 조절 문제가 드러난다. 친구들에게 놀자고 제안했다가 거절을 당하는 일이 반복되면 '아이들은 모두 나를 싫어해'라는 식의 피해의식이 생길 수도 있다. 이런 경험이 오랜 시간 쌓이면 다른 사람의 의도를 병적으로 의심하게 된다.

다른 아이들에게 맞추려고 피곤하게 노력하기보다 혼자 노는 것이 좋다고 호기를 부리는 아이들도 있다. 하지만 아이들 무리에서 소외되면 정신적으로 황폐해진다. 그 심각한 정도는 성별의 영향이 있는 것 같다. 남자아이들에 비해 여자아이들은 무리에 끼지 못하고 혼자만 남겨졌을 때 훨씬 더 두려움을 느낀다. 남자아이들은 자기와 안 놀아주는 다른 아이들에게 분노를 보이고 공격적인 행동으로 자신의 마음을 표현하기도 하지만, 여자아이들은 우울감이 깊어져서 스스로 위축되는 경우가 많다. 자신감을 상실해 학교를 가지 않겠다고 하거나, 심지어 죽고 싶다고 하는 여자아이들도 있다.

조현병 ————•

주변 사람들이 자신을 싫어하고 자신만 괴롭힌다는 피해의식과 망상이 점점 발전돼 환각을 경험하는 자폐적인 아이들도 있다. 청소년기를 거치면서 정서적으로 더 힘들어지고, 더 심해지면 조현병을 의심할 수 있는 증상들을 보여 조현병이나 조현병 의증 진단을 받기도 한다.

루돌프연구소를 찾아온 청년 이상우는 조현병 진단을 오래 전에 받았다. 어린 시절 상우는 무기와 전쟁에 관심이 많았고, 아이들이 같이 안 놀아주니까 혼자서 전쟁놀이에 심취했다. 자신이 정말로 장군이 된 느낌으로 놀았고 주변의 시선을 생각하지 않고 부하들에게 호령을 하기도 했다. 이상우는 어른이 돼 엄마에게 자기 어린 시절 이야기를 들려줬는데, 자기는 혼자서 장군 놀이에 너무 심취해 상상으로 한 것이지 진짜로 눈앞에 무엇이 보이거나 들려서 한 행동이 아니라고 했다. 청년 이상우는 자폐스펙트럼 장애 진단을 받은 이후로 조현병 진단은 마음에서 지워버렸다. 루돌프연구소에 왔을 때 청년 이상우에게서 조현병 증상은 관찰되지 않았기 때문에 실제로 조현병을 가지고 있었는지 아닌지 나는 알 수 없다. 그러나 분명한 것은 이상우가 어릴 때부터 자폐적인 증상을 가지고 있었다는 사실이다.

자폐적인 아이들이 엉뚱한 말을 하면 진짜로 환각을 보았는지 나도 판단하기 어려울 때가 있다. 예를 들어, 엉뚱한 행동으로 아이들에게 늘 비난받고 따돌림을 당해 자살에 심취한 초등학교 4학년 수지는 ADOS 검사를 하면서 생일파티를 하는 그림을 보고 "사람들이 지금 자살을 하려고 해요"라고 엉뚱한 말을 했다. 이런 말은 아무리 엉뚱한 아이가 한 말이라도 사소하게 넘어갈 수 없기에 병원 진료를 권유했다. 자폐적인 아이들 중에 실제로 망상에 빠져 있거나 환각과 환청 증상을 보여 조현병 진단을 받은 아이들이 있기 때문이다.

이수는 중학생이 되면서 괴물이 보인다는 이야기를 하기 시작했다. 몇 개월이 지나자 주변 사람들의 의도를 오해하거나 의심하고 음식을 거부하기도 했다. 이수가 어릴 때부터 어린이집 가기를 싫어했고, 초등학교 때도 늘 혼자 지내서 걱정은 했지만 병원에 가게 된 것은 이런 조현병 증상들 때문이었다. 그런데 막상 종합병원에서 들은 이야기는 조현병 증상들도 문제지만, 그보다는 사회생활을 정상적으로 못하는 것이 더 큰 문제라며 루돌프연구소에 의뢰했다. 내 생각에도, 아이들과 전혀 어울리지 못하는 학교 생활에서 오는 괴리감과 소외감 때문에 이수가 가지고 있던 어떤 소인을 자극해 망상과 환각을 불러일으켰든지 더 악화시켰든지 했던 것 같다.

특정 염색체 이상 ─────·

지적 장애를 동반하는 '취약X증후군'과 '다운증후군'이 자폐적인 아이들에게 동반될 수 있는 것으로 알려져 있다. 하지만 나는 3,000명이 넘는 자폐적인 아이들을 만났지만 취약X증후군을 가진 자폐적인 아이는 한 명도 보지 못했다. 우리나라의 취약X증후군 유병률은 보고된 것이 없기 때문에 미국 질병관리본부 통계를 참고하면, 취약X증후군 유병률이 남자는 1만 명 중 1.4명, 여자는 1만 명 중 0.9명으로 매우 드물고, 그들 중 남자의 46% 그리고 여자의 16%가 자폐스펙트럼 장애를 함께 가지고 있다고 한다.

반면 다운증후군을 가진 자폐적인 아이들은 종종 보았다. 다운증후군이 있는 아이들은 사교적이다. 장애가 있는 아이들이 다니는 특수학교에 갔을 때 가장 먼저 다가와 말을 걸고 살갑게 구는 아이들이 다운증후군을 가진 아이들이다. 다운증후군을 가지고 있는 아이들은 동글납작하고 귀여운 외모를 가지고 있어서 얼굴만 보아도 바로 알 수 있다. 태어나는 순간 산부인과 의사로부터 바로 진단을 받는 장애다. 눈만 마주쳐도 달려들어야 하는데, 눈길을 피하고 무표정하게 딴짓만 하고 있는 다운증후군 아이들을 검사하면 자폐스펙트럼 장애도 함께 가지고 있었다.

드물긴 하지만 '프라더윌리증후군', '윌리엄스증후군' 그리고 '엔젤만증후군' 같은 또 다른 특정 염색체 이상으로 인한 질환을 자폐적인 아이가 함께 가지고 있는 경우도 있었다. 인상 깊었던 아이는 윌리엄스증후군을 가진 우민이다. 윌리엄스증후군을 가진 사람들은 요정과 같이 생겼다는 말을 듣는데, 작은 얼굴, 넓은 이마, 작고 치켜든 코, 긴 인중, 작은 턱 등이 특징이다. 이 사람들은 사회성이 유별나게 좋은데, 외향적이고 활달하며 사람들과 쉽게 어울리는 특성이 있다. 나는 검사 전부터 자료를 미리 보고 우민이가 너무나 궁금했다. 만약에 윌리엄스증후군인 우민이가 자폐스펙트럼 장애도 함께 가지고 있다면 물과 불을 동시에 지니고 있는 셈이다.

초등학교 2학년 우민이는 기대했던 바와 같이 밝고 명랑하고 귀여웠다. 루돌프연구소에서 흔히 볼 수 없는 아이였다. 연구소에 오자마자 연구원과 치료사들에게 모두 인사를 하고 눈을 맞추었다. 사실은 너무나 얼굴을 들이밀고 눈을 맞추는 바람에 모두가 부담을 느끼긴 했다. 엄마는 우민이가 윌리엄스증후군 아이들 모임에 끼어 있을 때, '우리 아이는 왜 윌리엄스 증후군을 가진 다른 아이들과는 달리 사람들과 잘 못 어울리는 것 같지?'라는 의문이 항상 있었다고 한다. 우민이는 정말로 사교적으로 보였다. 그러나 그것은 겉모습뿐이고 자연스럽게 교류하는 사회적 능력은 많이 부족했다. 예를 들어, 우민이가 외출을 하면 누구에게나 인사하는데, 상대방이 반드시 인사를 받아주어야만 했다. 집에 손님이 와서 식사를 하면 불쑥 다가가서 "적당히 좀 드세요"라고 말하곤 했다. 내가 검사 상황에서 같이 놀면서 우민이를 칭찬해주면 "고맙소"라고 말하거나, 당시 코미디 프로에 나오는 유행어인 "난 섹시한 남자야"라고 응답했다. 우민이는 어릴 때부터 자폐적인 아이들이 하는 전형적인 행동을 모두 했다. 엄마 손을 끌어다 원하는 물건에 올려놓는 방식으로 요구를 했고, 바퀴만 보면 달려가서 돌리고, 혼자서 빙글빙글 돌기도 했다. 너무나 사회적이면서 사회적 능력이 부족한 우민이는 물과 불을 다 가지고 있는 아이였다.

월리엄스증후군은 희귀성 난치병이다. 최근 한국월리엄스증후군협회 기주현 회장을 만나 본인의 경험담을 들었다. 어느 날 그녀의 품에 아기 요정이 운명처럼 안겼다. 요정같이 예쁘게 생긴 아들을 낳은 것이다. 월리엄스증후군이라는 낯선 진단을 내려준 유전학 전문의는 "예쁘니까 그냥 키워보세요"라는 말만 남겼다. 그 말만 듣고는 자기와 아들의 앞날에 수많은 난관이 닥쳐올 거라고는 전혀 상상할 수 없었다. 고칼슘혈증을 막기 위해 칼슘이 없는 우유를 찾아 헤매고, 갑상선 기능을 늘 관리하고 체크해야 하고, 심장이 약해서 운동하다 고혈압으로 죽은 아이가 있다는 말을 들으며 공포의 나날을 보내기도 했다. 게다가 월리엄스증후군을 가진 아이들은 지적 발달과 사회적 능력의 발달도 어려워 '지적 장애'나 '자폐 장애'로 장애 등록을 한다.

월리엄스증후군 아이들은 사회적 욕구가 매우 강하고 사교적으로 행동하지만, 사회적 기술이 발달하지 못해 또래들과 잘 사귀지 못하는 대신 어른들에게 필요 이상으로 의존한다. 한 예로 어른들에게 '립 서비스'가 뛰어나다. "엄마가 저를 키워주셔서 정말 감사해요. 저는 너무나 행복해요"라고 수시로 말하는 아이를 키우면서 그녀는 같은 처지에 있는 부모들과 함께 한국윌리엄스증후군협회를 만들었다. 그리고 숫자를 이해 못해서 색깔로 돈을 구분하면 좋겠다는 아이들에게 생존을 가르치기 위해 대안학교를 만들었다. 박자감이 천성적으로 뛰어난 윌리엄스증후군 아이들을 위해 '난타그룹'도 만들었다. 기주현 회장의 이야기를 듣는 동안 인류 최초로 남극을 탐험한 아문젠 Roald Amundsen이 머리에 떠올랐다. 가냘픈 몸매 어디에 그렇게 강한 힘을 품고 있는지, 나는 할 말이 떠오르지 않아 말없이 그 사람을 꼭 안아주었다.

2

자폐적 지능

지능은 모든 정신과적인 문제를 다룰 때 아주 중요하게 고려하는 변수다. 자폐적인 아이들의 지능은 지적 장애 수준부터 영재 수준까지 전 범위에 걸쳐서 나타난다. 한 마디로 자폐와 지능의 연관성은 높지 않은 것 같다. 하지만 지능은 자폐적인 아이가 어떻게 발달할지 그리고 어떻게 사회에 적응할지를 예측하는 중요한 지표다. 내가 자폐 스펙트럼 장애 진단을 할 때 고려하는 몇 가지가 있다. 자폐적인 증상의 정도, 지능, 언어 능력, 아이의 성향, 아이를 지원해줄 수 있는 환경 등을 고려해 종합적으로 판단한다. 이 모든 것들이 아이의 발달에 중요하지만, '사회적인 능력을 얼마나 획득할 것인가'를 예측할 때 지능은 자폐 증상의 정도만큼이나 중요하다.

지능이란 무엇인가 ─────•

심리학 분야에서 지능은 연구자들 사이에 합의를 보지 못하고 있는 개념 중 하나다. 보통 사람들에게 지능이 높은 사람은 어떤 사람이냐고 질문하면, '똑똑하다', '아는 게 많다', '꾀가 많다', '창의적이다', '현명하다' 등의 대답을 한다. 지능이 높다는 의미가 무엇인지 잘 알고 있는 듯 대답한다. 하지만 〈표 5-1〉에 정리한 것처럼 학자들의 다양한 주장을 보면, 지능은 간단하게 정의하기 어렵다.

〈표 5-1〉 지능에 대한 다양한 정의

- 스피어만C. E. Spearman: 지능은 모든 지적 활동에 활용되는 '일반 요인'과 특정 과제를 수행하는 '특수 요인'이 있다.
- 카텔R.B. Cattell: 지능은 신속하게 지식을 습득하고 새로운 상황에 효율적으로 적응하는 '유동성 지능' 그리고 경험, 교육, 문화 등으로부터 축적한 지혜를 의미하는 '결정적 지능'으로 나누어진다.
- 스턴버그R.J. Sternberg: 학업과 관련된 '분석적 지능', 새로운 상황에서 아이디어를 상상하고 발견하는 '창의적 지능', 일상적인 문제나 사회적응 능력과 관련된 '실제적 지능' 이렇게 삼위 일체를 이루어야 한다.
- 가드너H. Gardner: 적어도 8가지의 능력으로 구분되는 '다중 지능'이 있는데, '음악 지능', '신체운동 지능', '논리 수학 지능', '언어 지능', '시공간 지능', '대인관계 지능', '자연탐구 지능', '자기 이해 지능'등을 말한다.

이처럼 다양한 이론들이 있지만, 실제 임상 현장에서 지능을 다룰 때 전문가들은 지능이 무엇인지에 대해서 다투지 않는다. 아주 간단하게 지능 검사 결과로 나타난 지능지수를 그 사람의 지능으로 받아들인다. 자폐증과 아스퍼거증후군에 관한 최초의 논문 발표자들인 캐너나 아스퍼거도 지능 검사를 활용했다. 현재 국내 임상 현장에서 가장 많이 사용하는 지능검사는 '웩슬러Wechsler' 검사다. 웩슬러 검사는 평균 지능지수가 100이며, 80~119까지를 평균 지능지수의 범위로 본다. 70~79를 경계선 지능이라고 하며, 70미만이면 지적 장애로 분류한다. 120이 넘어가면 지능이 우수한 것으로 보며 지능지수가 높을수록 더 높은 수준의 영재로 판단한다.

자폐적인 아이들에게 지능지수의 의미 ————

자폐스펙트럼 장애 진단을 가진 아이들의 부모들이 자녀의 자폐 증상의 수준 이상으로 궁금해하는 것이 바로 지능이다. 그런데 자폐적인 사람들의 지능을 정확하게 측정하는 것은 쉽지 않다. 특히 자폐 증상이 심할수록 나이가 어릴수록 지능검사 결과를 신뢰하기가 어렵다. 자폐적인 증상이 심한 경우는 소통이 잘 안 되기 때문에 검사자의 질문에 반응을 잘 하지 못하고, 검사에서 자신의 능력을 발휘해야 한다는 생각이 희박해 검사에 성의를 다하지 않는다. 병원에서 웩슬러 검사를 받아온 결과를 보면, 내가 아이의 놀이 행동, 장난감을 조작하는 능력, 원하는 것을 얻는 기술 등을 관찰하면서 실제로 느끼는 지적 능력이 아이들가 받아 온 지능지수 수준보다 훨씬 높은 경우가 많다. 자폐적인 아이들은 자신이 알고 있는 것을 타인이 원하는 방식으로 잘 보여주지 못하기 때문에 웩슬러 검사에 의한 지능지수가 실제 지적 능력에 비해 낮게 나올 수 있다.

아스퍼거는 1944년에 발표한 논문에서 자폐적인 아이들이 기존의 지적인 정보를 습득하는 일보다 자기 방식으로 세상을 알아가는 것에 더 열중한다고 했다. 이 때문에 일반 아이들과 똑같은 방식으로 지능을 측정하면 대부분 과소평가된 결과가 나온다고 하면서, 자폐적인 아이들은 '자폐적 지능'을 가지고 있다고 했다. 그렇다고 지능검사 결과가 항상 과소평가되는 것은 아니다. 지적인 정보에 집착하거나 기억력이 뛰어난 자폐적인 아이들은 일상생활에서 발휘하는 판단력이나 적응 능력이 많이 떨어지는데도 상당히 높은 지능점수를 받는 경우가 있다. 기억력이 중요한 변수가 되는 유아 때는 영재의 기미를 보이다가 점점 종합적인 사고력과 응용력을 요구하는 나이가 되면 범재 또는 둔재의 모습을 보일 수 있다. 정반대로, 언어 발달에 어려움이 있어서 어릴 때는 지적 장애 진단을 받았던 아이가 커가면서 자신의 능력을 표현할 수 있는 언어가 발달해 우수한 지적 능력을 가지고 있는 것으로 판명되는 경우도 드물지 않다.

언어 능력이 제한된 아이들의 경우, 언어를 사용하지 않는 비언어 지능 검사를 이용해 지적 능력을 추정하기도 한다. 비언어 지능 검사는 말로 묻고 대답하는 웩슬러 검사와는 달리 말을 사용하지 않는다. 검사자가 검사 대상 아이에게 과제를 줄 때 몸짓으로 설명하고 예시를 보여준다. 아이가 과제를 이해했다고 생각되면 문제를 풀게 하는데 역시 말 없이 손으로 과제를 조작해 문제를 해결해나가는 방식이다. 말을 잘 하더라도 소통 능력이 제한된 아이들은 비언어 지능 검사를 통해 좀 더 좋은 지능지수를 얻는 경우가 많다. 하지만 비언어 지능 검사의 결과는 현실에 적용되지 않는 '잠재적 지능'으로 해석해야 한다. 현실 세계에서는 사람들이 대부분 말을 사용하거나 글을 통해 지적 능력을 발휘하기 때문이다. 예컨데 '비언어 학업'은 현실에서 불가능하다. 따라서 비언어 지능 검사 결과는 학업 능력보다는 치료 목표를 세우거나 치료의 예후를 예측하는 데 더 유용한 정보다. 더 나아가 부모들에게 자녀의 능력을 과소평가하지 않고 자녀의 미래에 대해 합리적 수준의 희망을 갖도록 격려하는 데 중요한 역할을 한다.

지능지수는 예후를 알려주는 지표 ————·

희주는 언어 발달이 늦었다. 아이가 순했고 운동 발달도 정상적이었다. 그러나 3세가 다 됐는데도 단어로만 말을 하고 문장으로는 말을 하지 못했다. 병원에서 '언어 발달 지연' 진단과 함께 지적 장애와 자폐스펙트럼 장애가 의심된다는 이야기를 들었다. 희주는 언어 치료를 포함한 여러 가지 치료들을 받다가 만 4세가 넘어 루돌프연구소에 왔다. 희주는 두세 단어로 된 문장을 말할 수 있는데도 자신이 원하는 것을 한 단어로만 말했고 내가 말을 걸면 내 말을 그대로 따라서 반복하는 '반향어'로 반응했다. 간혹 내 손을 끌어다가 원하는 장난감이나 간식에 갖다놓는 것으로 자신이 갖고 싶은 것을 표현했고, 팔을 특이한 방식으로 반복해서 흔드는 신체적 상동행동도 보였다. 희주는 2년 후 초등학교에 입학해야 하는데 특수학교를 고려해야 하는 수준이었다.

한편 희주는 처음 보는 장난감들을 쉽게 조작하기도 하고 생일파티 놀이를 할 때 인형을 가지고 어느 정도까지 상상놀이를 하기도 했다. 생일 케이크를 만들기 위해 꺼내놓은 반죽을 가지고 혼자서 똥을 만들고는 더럽다는 표정을 지었다. 희주가 자폐 증상을 많이 보이기는 하지만 물건 조작 방법을 스스로 터득하고, 놀이 상대와 상상을 공유해야 하는 생일 파티를 꾸며서 할 수 있고, 가짜 똥을 진짜 똥처럼 상상하는 능력이 있다면 주변 사람들이 생각하는 것보다 지능이 높을 것 같았다. 내가 비언어 지능검사를 해보자고 제안하자 한 번도 지능검사를 해보지 않았던 희주 부모는 멈칫했다. 대부분 부모들은 아이가 발달이 늦거나 정상적으로 발달하지 못하면 지능 검사를 계속 미루려고 한다. 조금이라도 좋은 점수를 기대할 수 있을 때 지능 검사를 하려고 한다. 나는 생각보다 좋을 테니 해보자고 희주 부모를 설득했다. 비언어 지능검사 결과 희주의 아이큐는 '평균 상' 수준으로 나왔다. 아빠는 처음에는 검사 결과를 믿지 않고, "이거 혹시 뭐가 잘못된 거 아닐까요?"라고 물었다. 나는 웃으며, "비언어 지능 검사는 객관식 시험처럼 잘 찍으면 어쩌다 운 좋게 좋은 점수를 받을 수 있는 그런 검사가 아니라 자신이 스스로 답을 만들어내야 점수를 받을 수 있어요"라고 설명했다. 희주의 지능이 생각보다 아주 높다는 것을 알게 된 후 희주 부모의 태도가 달라졌다. 희주에 대한 기대가 달라진 것이다. 루돌프연구소뿐 아니라 희주가 치료를 받고 있는 다른 기관도 희주에 대한 치료 목표가 달라졌을 것이다.

영재 성식이 ————·

초등학생 성식이는 루돌프연구소에서 검사할 당시 아이큐가 상위 0.4%에 속했다. 성식이는 아기 때 말을 빨리 배웠고 2세가 되기 전에 영어 알파벳을 스스로 터득했다. 사립 초등학교를 다니고 있었는데 공부를 아주 잘했고 그야말로 영재였다. 부모라면 누구나 자랑스럽게 생각할 수 있는 아이였다. 그런데 성식이는 학교에서 규칙을 잘 지키지 못하고, 눈치 없이 말해 여러 사람들의 빈축을 사기도 하고, 숙제나 신발주머니 같은 것들을 챙기는 데 관심이 없었다. 성식이의 이런 행동을 참지 못했던 담임선생님은 성식이를 따돌리도록 반 아이들을 부추겼다고 한다.

성식이 부모는 둘 다 명문대를 나와 대학교에서 일하고 있었고 남에게 함부로 보이지 않으려고 노력하는 지성인들이었다. 예의바르고 깍듯한 성식이 엄마는 모범생인 형과 너무나 다른 성식이를 키우면서 많이 당황했다고 한다. 성식이는 분명히 영리하고 말도 잘 알아듣는 것 같은데 아이들 앞에서 망신을 당해도 전혀 신경쓰지 않았다. 그런 성식이는 물리학에만 빠져 있었다. 성식이의 자랑은 자신이 물리학을 잘해서 상을 받은 것이고 엄마와 아빠도 모두 똑똑하고 명문대를 나온 것이다. 성식이의 머릿속에는 온통 학업 성취와 관련된 것들로만 가득했다. 담임선생님은 성식이를 거의 증오하는 수준이고, 친한 친구도 없고, 엄마는 성식이 때문에 신경쇠약을 호소할 정도로 힘들어하는데, 이런 상황에 대해 성식이는 그다지 신경쓰지 않고 있었다. 이런 것들이 성식이 자신에게는 하나도 중요하지 않기 때문이다.

성식이는 당시 진단명인 아스퍼거증후군 진단을 받았다. 그런데 워낙 똑똑한 아이가 받은 진단이어서 그런지, 가족들은 성식이가 어떤 문제를 보여서 진단을 받았다는 사실보다는 성식이 같은 아이가 받은 진단, 그러니까 아스퍼거증후군의 우수성에 대해 더 관심을 보이는 것 같았다. 윙이 말한 '자폐라는 자부심autism pride'은 바로 성식이 같은 아이에게 적용될 수 있을 것 같았다. 성식이는 사회성 치료를 잠시 받다가, 그것이 그렇게 중요하게 생각되지 않아서였는지 그만두었다. 수 년이 지난 후 물리학 영재 성식이가 물리학을 그만두었다는 이야기를 들었다. 성식이에게 자신의 관심사를 공유할 수 있는 친구가 있었다면, 자기가 어릴 때부터 특별하게 좋아한 물리학을 계속 하지 않았을까 하는 아쉬운 마음이 남는다.

똑똑한 자폐 위험한 자폐 ————

뉴턴, 다윈, 아인슈타인, 미켈란젤로, 모차르트, 앤디 워홀, 안데르센, 토마스 제퍼슨, 빌 게이츠, 스티브 잡스… 이 사람들에 대해 내가 일일이 설명할 필요는 없을 것 같다. 다만 한 가지, 이 천재들이 세상에 나오지 않았다면 우리는 지금 완전히 다른 세계에 살고 있지 않을까. 이 사람들 외에도 과학, 예술, 문학, 정치, 발명, 그리고 특히 IT 분야에서 세상을 놀라게 한 천재들이 자폐적이라는 이야기를 인터넷 여러 사이트에서 쉽게 찾아볼 수 있다. 그린커는 『낯설지 않은 아이들』에서 NASA는 자폐스펙트럼 천재들의 집합소라고 썼다. 내가 이 사람들을 직접 만나보지 않았으니 분명하게 말할 수는 없지만, 내가 직접 만났던 서울대, 포항공대, 카이스트 교수들뿐 아니라 예술가, 작가, 의사, 변호사, 회계사, 정치인, 디자이너, 셰프, 컴퓨터 프로그래머, 운동선수 등 다양한 전문가들 집단에서 남다르고 특별한 사람들을 쉽게 찾아낼 수 있었다. 이 사람들의 공통점은 특유의 집중력으로 자신만의 세계를 만들고 있는 사람들이다.

지능이 높은 자폐적인 사람들은 전문직에 종사할 가능성이 높다. 학교 다닐 때 공부를 잘 해서 그 방면으로 진출해 두각을 나타내거나, 학업을 일찍 중단하고 특별한 일에 집착해 파고들기 때문이다. 그런데 이 사람들 대부분은 다른 사람들과 어울리거나 다른 취미를 함께 즐기기보다는 혼자서 많은 시간을 자기 분야에 몰두한다. 안 그래도 다른 사람들을 이해하고 공감하는 것이 어려운 자폐적인 사람들이 자기 세계에만 빠져 편협한 사람이 되기 쉽다. 주변 사람들은 흔히 독특한 사람 혹은 괴팍한 사람이라고 뒷담화를 한다. 내 주변에는 괴팍함을 뛰어넘어 사회적 물의를 일으킨 '자폐적인 학자'들이 여럿 있다. 과학 분야의 교수 한 사람은 수업 중에 사회적 분위기를 파악하지 못하고 막말을 해 대학교에서 파면당했고, 또 다른 교수 한 사람은 학교에 문제를 제기했다가 받아들여지지 않자 반사회적 범죄를 저질러 감옥살이를 했다. 그러니까 이 지능이 높은 사람들에게는 자폐적인 성향이 언제 터질지 모르는 시한폭탄이었던 셈이다.

정말로 폭탄을 던진 사람이 있다. '유나바머Unabomber'로 알려진 시어도어 카진스키Theodore Kaczinski 말이다. 대규모 소통이 이루어지는 대학(University)과 항공(Airline)이 주도하는 산업화가 현대사회를 망치고 있다는 자기만의 독특한 논리를 만들고 실제 우편 폭탄을 이용해 많은 사상자를 발생하게 했다. 카진스키는 16세에 하버드대학교 들어가 25세에 미시간대학교에서 박사학위를 받은 후 캘리포니아대학교(UC 버클리) 역대 최연소 교수가 된 천재 수학자였다. 카진스키의 엄마는 남들과 어울리지 못하는 어린 아들을 당시 시카고대학교의 교수였던 부르노 베텔하임의 자폐 연구에 참여시키는 것을 고려했던 적이 있다.[47] 베텔하임은 이 책의 4장에서 자폐적인 아이들의 원인이 '냉장고 엄마' 때문이라고 주장했던 바로 그 사람이다.

이렇게 자폐적 지능의 스펙트럼이 소통 못하는 특별함을 통해 우리가 사는 세상에 만들어 내는 명암의 스펙트럼은 그 폭이 너무나 넓다.

지능의 균형 ————•

언어성 지능 검사에서는 말로 질문하고 말로 대답하는데, 주로 기억력과 언어적 사고력을 측정한다. 동작성 지능검사에서는 그림이나 도형 등 시공간적 자료들로 문제가 제시되고 신속한 손동작으로 사물을 조작해 문제를 푼다. 다 그렇지는 않았지만, 자폐적인 아이들의 지능은 언어성 지능과 동작성 지능 중 어느 한쪽이 더 높다. 자폐적인 증상이 심할수록 언어 발달이 늦기 때문에 언어성 지능이 더 낮다. 반면에 경미하게 자폐적인 아이들은 언어 발달이 비교적 잘 되기 때문에 대부분 언어성 지능에 비해 동작성 지능이 더 낮다. 자폐적인 아이들 모두에게 '자폐스펙트럼 장애' 진단을 하기 시작한 때는 2013년이다. 그 이전에는 자폐 장애와 아스퍼거증후군으로 진단이 분리돼 있었는데, 자폐 장애 진단을 받은 아이들은 언어성 지능이 낮고 동작성 지능이 높은 경향을 보인 반면 아스퍼거증후군 진단을 받은 아이들은 언어성 지능이 높고 동작성 지능이 낮은 경향이 있었다.

소통하지 못하는 뇌를 가진 자폐적인 아이들의 지능이 균형있게 발달하지 못하는 것은 당연할 수 있다. 그러나 지능검사 결과만을 보고 아이가 자폐적인지 아닌지 판단하라고 하면 그것은 어렵다. 자폐적인 아이들의 지능 프로파일이 있다고 말하는 전문가들도 있기는 하다. 예컨대 우리 유병률 연구에서 사용한 웩슬러 지능검사 3판(WISC-III)은 다양한 지적 능력을 측정하는 13가지의 하위 검사로 구성돼 있다. 지능이 균형 있게 발달하는 아이들은 13가지 하위 검사의 점수가 큰 차이 없이 비교적 고르게 나오지만 발달에 문제가 있으면 점수 프로파일이 균형 있게 나오지 않는다. 예를 들면, ADHD 아이들은 일반적으로 집중력을 요구하는 하위 검사들에서 점수가 상대적으로 낮게 나온다. 한편 정서적으로 문제가 있는 불안하고 우울한 아이들은 아는 것을 말로만 하는 언어성 하위 검사들에서보다 적극적으로 손을 움직여 빠르게 수행해야 하는 동작성 하위 검사들에서 점수가 낮은 경향이 있다. 나도 지능 프로파일을 보고 이 아이가 자폐적이지 않을까 하는 생각을 할 때가 있지만, '이런 지능 프로파일을 보이는 아이는 자폐적이다'라고 단정하지는 못한다. 지금까지 내 경험에 의하면 자폐적이든 아니든, 발달에 어려움이 있는 아이들은 균형 있게 지능이 발달하지 못하는 경향이 있다. 단지 자폐적인 아이들만의 문제는 아니다.

대응 방식이 다른 지능 ────·

지능검사를 하다가 이 아이는 자폐적이라고 심증을 굳히는 경우가 있다. 질문에 대한 대응 방식이 특이할 때다. 하루가 몇 시간인지 물었는데, 24시간이라고 하지 않고 "23시간 56분 4.0916초"라고 대답한 아이가 있었다. 질문을 자기 방식대로 알아듣는 아이도 있었다. 이웃집 창문에서 시커먼 연기가 나면 어떻게 하냐고 묻자, 주변 사람들에게 알리거나 소방차를 부른다고 대답하는 대신 "우리집 창문을 꼭 닫고 이웃집에 연기 좀 피우지 말라고 소리쳐요"라고 대답했다. 어떤 아이는 높은 수준의 지식은 알고 있지만 자신의 나이 수준에 맞는 상식은 잘 모른다. 아이큐가 124인 중학교 3학년 현주는 유리의 주성분이 무엇인지, 콜럼버스가 어떤 사람인지는 잘 설명할 수 있는데, 우리나라 서쪽에서 가장 가까운 나라가 중국인지는 몰랐다. 아예 질문에 동문서답을 하는 경우도 있다. 아이큐가 114인 중학교 2학년 상수는 "여우는 무엇인가요?"라는 질문에 '동물'이라고 대답하는 대신, "여우는 북극여우와 남극여우가 있어요. 사는 곳이 달라요"라고 대답했다. 아는 것은 매우 많은데 단순하게 기호를 보고 옮겨 적는 과제를 너무나 못하는 자폐적인 아이들도 있다. 소근육 협응이 원활하지 못한 아이들이라 그렇다. 글씨 쓰는 순서를 마음대로 하는 아이도 있다. 초등학생인 지찬이는 검사지에 이름을 쓸 때 자음만 먼저 쓴 다음에 모음을 채워서 이름을 완성했다.

아스퍼거가 1944년 논문에서 소개한 하로라는 아이는 지능 검사에서 학교에서 가르치는 것과 다른 자기만의 방식으로 산수 문제를 풀었다. 하로의 계산 방법을 몇 개 소개한다. 27 + 12 = 39. 12 곱하기 2는 24니까 27은 12×2+3, 거기에 12를 더하면 결국 12×3인 36에 3을 더하는 거니까, 36 더하기 3을 해서 39다. 34 - 12 = 22. 34 더하기 2는 36이니까, 거기에서 12를 빼면 24이고, (더했던) 2를 더 빼면 22가 된다. 그러고 나서 하로는, "다르게 계산하는 것보다 이렇게 하면 된다는 게 확 떠오르네요"라고 했다. 답은 모두 맞았지만 일반 아이들이 학교에서 배워서 하는 방식과는 완전히 달랐다.

아스퍼거는 '자폐적 지능'이라는 말로 표현했다. 아이들의 지적 능력은 한편으로는 자발적이고 창의적인 자기 고유의 사고 활동을 통해서, 그리고 다른 한편으로는 이미 확고하게 만들어진 기존의 지식을 배움으로써 발달한다. 그런데 자폐적인 아이들은 자신만의 방식과 새로운 창조에 집중하고 기존의 지식이나 방식은 잘 받아들이지 못한다. 이런 점 때문에 전통적인 시각에서 본다면 더 특별하게 보이거나 아니면 덜 우수하게 보일 수 있다고 설명하면서, 이런 지적 능력을 자폐적 지능이라고 표현했다. 자폐적인 사람들의 지적 능력을 정확하게 측정하려면 그들만을 위한 별도의 지능검사가 필요한지도 모르겠다.

3

자폐스펙트럼 장애를 가진 아이들의 성적인 발달을 간단하게 설명할 수 있는 방법은 없다. 자폐적인 증상이 심한 아이들의 사춘기가 늦은 편이고 성적인 발달도 늦다고 말하는 부모가 많다. 루돌프연구소 아이들 중에 자폐 증상이 경미하거나 진단의 경계를 넘나드는 아이들은 자폐적이지 않은 아이들과 크게 달라 보이지 않는다. 최근에는 성조숙증 치료를 받는 아이들도 자폐스펙트럼 장애 진단을 받는 경우가 간혹 있다. 다만, 성적인 행동도 사회적인 행동의 범주이기 때문에 성적 발달 과정에서 자폐적인 아이들이 어려움을 겪을 수 있다. 혼자 하는 성적인 행동도 있지만, 이 경우에도 무인도에서 살지 않는 한, 사회적인 상황으로부터 완전히 격리된 혼자만의 성생활이라 하기는 어렵다.

전통적인 성역할 발달의 어려움 ————

전통적인 성역할의 틀에서 보면, 남성의 역할은 '과제지향적'이고 여성의 역할은 '관계지향적'이기 때문에 관계 형성에 어려움을 만드는 자폐적인 증상들은 남성적인 역할보다 여성적인 역할을 수행하는 데 더 어려움을 겪게 한다. 아이들은 놀면서 성역할을 배운다. 부모들은 자녀의 성별에 맞게 장난감을 사주고 아이들은 그 장난감을 가지고 놀면서 자신의 성에 맞는 역할을 연습한다. 남자아이들은 자폐적이거나 아니거나 기차, 자동차, 공룡, 로봇, 팽이 같은 장난감을 좋아한다. 반면에 여자아이들은 일반적으로 상상력을 발휘해야 하는 소꿉놀이나 인형놀이를 좋아한다. 자폐적인 여자아이들이 인형을 좋아할 수도 있지만, 자동차나 총같이 남자아이들의 장난감을 좋아하거나 그냥 단순하게 몸으로 뛰어노는 것을 더 좋아하는 경우도 많다. 이런 남성적인 또는 중성적인 취향의 여자아이들은 자신의 성역할을 배울 수 있는 기회가 다른 아이들보다 적다.

자폐적인 아이들 중에는 장난감보다는 기계나 동식물같이 실제적인 것을 더 좋아하고 장난감을 아예 싫어하는 아이들도 많다. 장난감 중에서도 인형을 싫어하는 아이들이 있다. 어떤 아이들은 인형을 싫어하는 정도를 넘어 무서워하기도 한다. 사람 인형은 물론, 동물 인형도 소리를 내거나 작동을 하면 무서워한다. 예를 들어, 장난감 강아지가 짖으면서 다가오면 장난감이라는 사실을 모르고 도망가거나 벌벌 떨면서 울기도 한다. 동물 인형이든 사람 인형이든 인형을 싫어하면 누구를 배려하고 돌보는 연습을 할 놀이 기회가 없다.

장난감에 대한 선택뿐 아니라 같이 노는 또래 아이들의 성이 성역할을 배우는 데 영향을 미친다. 자폐적인 아이들은 어릴 때 동성보다는 이성과 쉽게 어울리는 경향이 있다. 어린이집이나 유치원에서 거칠게 뛰어노는 남자아이들 무리에 잘 끼지 못하는 자폐적인 남자아이를 여자아이들이 친절한 누나처럼 돌봐주는 경우가 흔하다. 자폐적인 여자아이들은 공감이나 섬세한 감정을 중요시하는 여자아이들 사이에 쉽게 끼지 못하고 몸으로 뛰어노는 남자아이들과 더 편안하게 어울리기도 한다.

아이들은 동성의 또래 아이들과 어울리면서 자연스럽게 자신의 성을 받아들이는 행동들을 배우거나 이성을 대하는 행동을 배운다. 만 5세 전후 나이가 되면, 남자아이들과 여자아이들이 동성끼리만 어울리려고 하면서 이성 집단에 대해 서로 비난하거나 놀리며 편가르기를 시작한다. 자신이 속한 집단의 성정체성을 배우는 과정이다. 자폐적인 성향 때문에 또래 집단에 잘 끼지 못하면 성정체감은 덜 발달할 수밖에 없다. 8개국에서 43명의 자폐적인 여성들을 온라인으로 조사한 연구에서, 자폐적인 성향이 여성적인 역할을 좋아하지 않거나 말괄량이처럼 성장하는 데 영향을 미쳤다고 보고했다.[48]

성에 대한 관심 ————

사춘기가 된 자폐적인 남자아이들 중에 아무 생각 없이 남들에게 자신의 성적 욕구를 드러내는 행동을 하는 아이들이 있다. 예를 들어, 학교 같은 공공연한 장소에서 자위행동을 하기도 하고 여성에게 무례한 방식으로 관심을 표현하는 아이들도 볼 수 있다. 다른 한편, 강박적으로 성적인 상상에 몰입하는 자신의 모습을 혐오해 자살을 결심했던 청소년도 있다. 부모들은 자녀의 문제를 알고 있지만 소통이 잘 안 되는 아이들에게 성적인 행동에 대해 어떻게 교육해야 할지 몰라 혼란스러워한다.

자폐적인 딸을 가진 부모들 역시 성에 관한 어려운 문제에 봉착하는데, 걱정해야 할 것들이나 위험한 일이 더 많을 수 있다. 사춘기가 된 소민이는 한 남자 선생님을 무척 좋아했다고 한다. 친한 친구나 아빠에게 하듯 그 선생님이 있으면 달려가서 팔짱을 끼고 친근감을 표현했다. 그런데 소민이의 그런 행동은 친구들이나 선생님들에게 받아들여지지 않았다.

중학생 혜리는 누가 봐도 똘똘하고 예쁜 어린 숙녀의 모습을 하고 있었다. 그런데 눈치가 너무 떨어지고 친구들 사이에서 빈번하게 부적절한 행동을 해서 엄마가 늘 걱정을 하며 키웠다고 한다. 아무래도 사회성 발달에 문제가 있는 것 같다며 검사를 의뢰했는데, 검사 결과 자폐스펙트럼 장애 진단 경계에 있다고 판단돼 진단은 보류하고 상담만 꼼꼼히 해준 케이스다. 당시에는 루돌프연구소에 청소년 그룹이 없었다. 혜리는 어릴 때 인형놀이를 좋아하지 않았고 여성스러운 모습과는 거리가 있었다고 한다. 눈치가 조금 없더라도 공부를 잘하니까 큰 문제는 없으려니 생각하고 키웠다. 그런데 사춘기가 된 혜리는

학원에 좋아하는 남학생이 생겼다. 학원에서 만날 때마다 다가가 쵸
콜릿이나 과자를 주며 자신의 존재를 드러내려고 노력했다. 학원에
서 있었던 일들이 학교에도 알려지게 되자 그 남학생은 혜리만 보면
피했다. 어느 날 혜리는 학원이 끝날 부렵 예쁘게 단장을 하고 남학생
에게 애정 고백을 할 참이었다. 혜리의 남다른 모습과 행동을 눈치 챈
학원 친구들에게서 그 이야기를 들은 남학생은 도망가고, 혜리는 혼
자 학원에 덩그러니 남아 있었다고 한다.

　적절한 방식의 성역할을 배우지 못하고 사춘기를 맞은 소녀들이
겪은 청소년기의 실례 두 경우를 살펴봤는데, 많은 자폐적인 여성들
이 관계지향적인 성역할을 제대로 하지 못해 고통을 받을 수 있다. 그
러나 대체로 자폐적인 아이들이 보이는 성에 대한 관심은 지극히 자
연스럽고 이후의 발달 과제들을 생각할 때 다행스러울 정도다. 하지
만 성적인 관심을 표현하거나 행동으로 실행할 때 어려움이 발생하
는 것은 불가피한 면이 있다. 자폐적인 아이들은 사회적 상황에 대한
통찰력이나 상황에 민감하게 적응하는 기술이 부족하다. 또한 또래들
끼리 교환하는 은밀한 정보들을 받아들이고 공감하는 능력도 제한적
이다. 어떤 성적인 행동이든 그것을 실현하는 능력은 부족한 반면에
특정한 생각이나 관심에 대한 몰입은 더 강해서 다른 또래아이들보
다 더 힘들게 성적인 발달 과정을 겪을 수 있다.

4

'자폐'라는 용어 때문에 자폐적인 사람은 폐쇄적이고 주변 사람들과 교류를 하지 않으려 한다고 생각하는 사람들이 많다. 어떤 사람들은 자폐적인 사람을 생각할 때, 두려움에 숨어 있거나 세상과 분리된 작은 공간에 들어가 웅크리고 있는 모습을 상상하기도 한다. 하지만 진단 기준에 나와 있듯이, 자폐 증상은 소통이나 교류를 못하는 것이지 소통이나 교류를 원하지 않는 것이 아니다. 다른 사람들과 잘 어울리지 못하면서도 교류하고 싶어하는 자폐적인 사람들은 아주 많다. 나는 지금까지 자기 가족으로부터 또는 자신에게 가장 중요한 사람으로부터 자신을 격리하려고 애쓰는 자폐적인 아이를 본 적이 거의 없다. 적극적으로 세상으로부터 멀어지려고 하는 모습은 청소년기 이후에나 간혹 나타나는데, 그런 사람들은 대부분 오랫동안 사회생활에 적응을 하지 못하고 사회생활에서 많은 실망과 어려움을 경험한 사람들이다.

우리나라에서 자폐스펙트럼 장애 진단 검사를 제대로 할 수 있는 전문가들이 거의 없던 당시 루돌프연구소에 실습이나 관찰을 하러 오는 의대생들이 종종 있었다. 자폐적인 사람들에 대한 경험이 부족한 수련과정의 의대생들이 가장 놀라는 경우는 내가 활달하고 외향적인 아이들에게 자폐스펙트럼 장애 진단을 할 때다. 이런 아이들은 우선 말이 많고, 검사자인 내 주의를 끌려는 행동을 하거나 자신이 한 것을 보라고 자랑을 하기도 한다. 그런데 그 과정에서 아이의 행동을 자세히 관찰하면, 눈맞춤이 적절하게 안 되고, 표정은 웃음으로만 한정되고, 말의 대부분이 자신의 관심사와 관련된 것들뿐이다. 차분하게 있지 못하고 행동이 산만하기 때문에 예비 의사들은 ADHD 아이들이라고 생각하기 쉽지만, 자세히 관찰하면 검사 테이블이나 까칠한 천으로 된 의자를 반복해서 만지며 촉감을 느끼거나, 시선을 가만히 안 두고 이리저리 특정한 것을 반복해서 보거나, 또는 손가락이나 물건들의 냄새를 맡는 등 감각적인 상동행동을 한다. 물론 이런 아이들 중 일부는 자폐스펙트럼 장애 진단과 ADHD 진단을 함께 받기도 한다.

성격을 결정하는 2가지 특성 ─────

나는 자폐적인 사람들이 얼마나 다양한 성격을 가지고 있는지 설명하기 위해 성격의 대표적인 두 축에 대해 이야기하려고 한다. 하나는 '내향적introverted'인가 또는 '외향적extrovered'인가 하는 것이다. 또하나는 '친사회적prosocial'인가 또는 '반사회적antisocial'인가 하는 것이다. 이 두 축을 기준으로 하면, 4가지 성향의 자폐적인 사람들로 분류할 수 있다. 즉, 내향적이고 친사회적인 사람, 내향적이고 반사회적인 사람, 외향적이고 친사회적인 사람, 그리고 외향적이고 반사회적인 사람, 이 네 가지 유형이다. 비슷한 수준의 자폐적인 증상과 지적 능력을 가지고 있더라도 성격 유형에 따라 자폐적인 증상의 발달이나 사회에 적응하는 정도는 크게 달라진다.

4가지 유형의 자폐적인 성향에 대해 이야기하기 전에 독자들의 이해를 돕기 위해 성격의 두 축에 대해 간단히 설명하고 가는 게 좋겠다. 인간의 성격을 구분하는 중요한 축으로 '내향성'과 '외향성'이라는 말을 처음 사용한 사람은 정신분석학자인 칼 융Carl Gustav Jung이다. 대부분의 성격이론이나 성격검사에서 중요한 성격요인으로 다루어지는데, 예를 들면 정신과 병원에서 하는 '다면적 인성검사MMPI: Minnesota Multiphasic Personality Inventory'나 일반적인 성격을 확인하기 위한 MBTIMyers - Briggs Type Indicator 검사에서 중요한 항목이다. 일반적으로 외향적인 사람들은 관심이 자신보다는 외부 환경에 있고, 말이 많고 활달하며 사람들과 함께 있는 것을 좋아한다. 반면에 내향적인 사람들은 자율성이나 독립성을 침해받기 싫어하며, 사람이 많은 상황보다는 소수와 함께 있기를 원하거나 혼자 있을 때 더 편안해한다. 그러나 2가지 성향은 한 축의 양극단이라기보다는 어떤 방향으로 더 향하고 있느냐에 따라 외향적이거나 내향적이라고 구분한다.

자폐적인 사람은 당연히 내향적일 것으로 일반 사람들은 생각한다. 아스퍼거가 논문에서 기술한 '자폐적인 사이코패스', 그러니까 훗날 '아스퍼거증후군'으로 불리는 장애를 가진 아이들을 내향적이라고 했다. 실제로 증증의 자폐 장애를 가지고 있는 아이들 중에 적극적으로 다른 사람들에게 관심을 보이는 아이들을 찾기는 어렵다. 그러나 경미하게 자폐적인 아이들 중에는 다른 아이들과 어울리고 싶어서 안절부절못하는 아이들이 많다. 하지만 사람들과 어울리는 방법을 잘 몰라서 눈치 없이 굴다가 퇴출당하거나 놀림을 당하기 일쑤다. 사람들과 어울리는 방법을 전혀 모르는 중증의 자폐적인 아이들부터 경미하게 자폐적인 아이들까지의 스펙트럼이 펼쳐질 때, 외향적인 성향이 자폐적인 성향을 넘어서는 경계가 존재한다. 이 경계를 넘어서면 사람들과 어울리는 것이 어렵고 힘들어도 사람들과 무엇인가 같이 하고 싶어 무척 노력하는 행동들을 관찰할 수 있다.

친사회성은 자기가 속한 집단이나 다른 사람들에게 이로운 행동을 하려는 성향을 말하는데, 돕고, 나누고, 협력하고, 공평하게 하려는 것들이 대표적인 친사회적 행동이다. 반면에, 반사회성은 자기가 속한 집단이나 다른 사람들에게 해를 가하는 성향으로, 폭력, 적대감, 규칙 위반, 범법 등의 방법으로 다른 사람들에게 고통을 주는 행동을 말한다.

내향적이면서 친사회적 ───────

내향적이면서 친사회적인 성향의 자폐적인 아이들은 조용히 자신의 일을 하며 다른 사람에게 친절하고 착하다. 모범생으로 학교를 다니면서 상을 받기도 하고 선생님들의 사랑도 받는다. 이 성향의 아이

5장. 너무나 다양해서 자폐스펙트럼

들은 문젯거리를 만들지 않고 규칙을 엄수하며 갈등이 생기면 양보한다.

호영이는 엄마 아빠에게 늘 사랑스런 아이다. 동생들에게도 물론 잘 했지만, 집 밖에 나가서도 자기 주장을 하지 않고 항상 양보만 하는 호영이가 속상한 마음으로 살아가는 것은 아닐까 걱정한 부모가 루돌프연구소를 찾아왔다. 지능검사와 성격검사를 해보니, 호영이는 지능이 평균 정도로 정상이고 정서적으로도 비교적 안정된 편인 반면 사회적 능력이 낮게 나왔다. 부모의 동의를 얻어 자폐스펙트럼 장애 진단 검사를 추가로 해보니까 호영이는 경미한 증상의 자폐적인 아이로 밝혀졌다.

검사자에게도 아주 친절하게 행동했던 호영이는 스스로도 자신을 아주 착하다고 생각하고 있었다. 나에게도 호영이는 한없이 순진해 보였다. 이렇게 착하고 어리숙할 정도로 양보만 하는 아이들 중에 자폐적인 아이들이 흔히 있다. 스스로 상황을 조절하고 통제하며 양보하는지, 아니면 협상과 설득을 할 자신이 없어서 양보만 하는지 정확히 알아볼 필요가 있다. 호영이 같은 아이들은 가만히 혼자 두면 별 문제가 생기지 않는다. 실제로 호영이는 어린이집이나 학교에서 문제를 일으키지 않았다. 오히려 주변 어른들의 사랑을 받았다. 태어날 때부터 아주 많은 행운이 따르는 아이라면 자폐스펙트럼 장애라는 것이 있는 줄도 모르고 살아갈지 모르겠다. 그렇지만 다른 사람들이 자신을 어떻게 생각하는지, 주변 상황이 도대체 어떻게 돌아가는지 모르면, 큰 무리 없이 세상을 살더라도 본인한테는 억울하고 분한 일들이 늘 일어날 수 있다. 그래서 이런 유형의 아이들은 잘 운다.

외향적이면서 친사회적 ──────·

지수는 사람들을 무척 좋아하는 착한 아이다. 너무나 아이들과 놀고 싶고 어른들에게 칭찬받고 싶어하나 항상 마음대로 안 됐다. 지수가 어린이집에 다닐 때 선생님들에게 많이 맞았다. 지수가 어린이집에서 무슨 일이 있었는지 정확하게 말을 하지 않아 엄마도 왜 맞았는지 몰랐다. 나중에 이야기를 들어보면 선생님이 꼼짝 말고 앉아 있으라고 했는데 지수가 그렇게 하지 않아 혼난 것 같다고 엄마가 말했다. 아마도 지수가 선생님 지시를 제대로 잘 따르지 못하고 성가시게 행동했던 것 같다. 작은 가게를 운영하는 엄마 아빠는 늘 바빴고 지수의 일을 하나하나 챙길 수 없었다.

초등학교 1학년 때 소아과 의사 선생님이 지수가 다른 아이들과 다르니 소아정신과 병원에 가보라고 했다. 그 병원에서 ADHD 진단을 받았다. 그룹 치료와 함께 주의력 약처방을 받았는데 부작용이 너무 심해서 그 약을 계속 먹지 못했다. 그러나 ADHD 그룹 치료는 아이들과 함께 놀 수 있어서 지수가 너무 좋아했다. 아이들과 어울리면서 행복한 아이가 된 것 같았다. 3학년 때는 담임선생님도 잘 만났다. 지수가 반 아이들과 어울리도록 도움을 많이 줬다. 드디어 지수도 반 아이들과 생일파티를 하는 날이 찾아왔다. 지수 엄마는 최선을 다해 생일파티를 준비했는데 그날 아들이 다른 아이들과 전혀 어울리지 못한다는 사실을 처음으로 목격했다. 아이들은 자기들끼리 어울렸고 지수는 끼지 못해 혼자 놀고 있었다.

지수가 중학교에 입학해서는 지수 엄마가 더 이상 참지 못하고 반격을 한 사건이 발생했다. 같은 학교 아이들 여러 명이 무거운 책을 한꺼번에 들고 옮기라고 해서 지수가 기꺼이 들어줬는데 아이들이 고마워하기는커녕 온몸에 멍이 들도록 때렸다. 엄마는 학교폭력위원회를 통해 지수를 괴롭힌 아이들 모두 처벌받도록 했다. 그 학교 폭력 사건이 정리될 즈음 중학교 일학년생 지수가 루돌프연구소를 찾아왔다. 지수는 말이 엄청 많았다. 나는 지수의 밝은 모습에서 어두운 과거를 읽기 어려웠다. 당시 지수는 영어와 지리에 빠져 있었다. 우리는 한국말과 영어를 섞어서 지리에 관해 많은 대화를 했던 기억이 생생하다. "지수야, 너는 언제 가장 즐거워"라고 묻자, "When I read a map, most exciting"라고 대답했다. 갑작스러운 영어에 내가 멈칫하자, 지수는 바로 "It's English"라고 했다.

지수는 대부분의 자폐적인 아이들과는 달리 나에게 질문도 무척 많이 했다. "선생님 어느 대학 나오셨어요? 우리 외삼촌(주일학교 선생님을 그렇게 불렀다)은 신학대학 나왔던데", "선생님 고향은 어디예요? 고 씨면 제주도예요?", "선생님 나이는 묻지 않을게요. 전 함부로 어른들 나이 묻고 그러거든요." 그리고 지수는 한반도 지도를 그린 다음 산과 강 이름들을 써넣어 나에게 선물로 주고 갔다. 대한민국의 중요한 산과 강의 이름을 많이 알고 있었다. 지수는 고등학생 때 학교에서 분리수거를 잘하는 학생으로 봉사상을 받았고, 대학생 때는 기숙사의 규칙을 잘 지켜서 모범상을 받았다.

자폐적인 친사회성 ──────·

호영이와 지수처럼 사람들에게 잘 하려고 노력하는 자폐적인 아이들이 있다. 어떤 아이들은 친구들에게 환심을 사고 싶어서 엄마의 지갑에 손을 대기도 한다. 친구들이 자신에게 관심을 보이고 함께 놀아주는 것이 좋아서 돈을 갖고 나가 간식이나 장난감을 사주려고 하는 것이다. 그런 마음을 이해하는 아이들보다 이용하는 아이들이 더 많은 것이 현실이다. 엄마들은 이런 일들을 내게 전하면서 씁쓸해한다. 어릴 때는 만 원짜리 한 장이면 친구들의 환심을 사는 데 충분하지만 어른이 되면 어떻게 될까. 자신의 형편을 생각하지 않고 단지 친구가 좋아서 빚보증을 서거나 큰돈을 빌려주고 못 받는 어른들이 생각나는 대목이다.

친사회적면서 자폐적인 여자아이들도 당연히 있다. 영지는 배려심이나 동정심이 무척 많은 아이였다. 눈치가 많이 부족해 친구들을 먼저 챙겨주는 일은 잘 하지 못했다. 그러나 길을 가다가 구걸하는 사람을 보면 주머니의 돈을 모두 줘버려 받은 사람을 놀라게 하거나, TV를 보다가 ARS로 어려운 사람을 위해 기부해달라는 광고를 보면 바로 전화를 걸었다. 하늘이는 마음이 아주 여리고 사람들을 너무 좋아했다. 아무 어른들이나 보면 다가가 말을 걸고 동생들을 보면 도와주려고 했다. 또래들하고 처음 만났을 때는 잘 지내는데 시간이 지나면 아이들이 하늘이를 귀찮아하고 같이 놀아주지 않았다. 하늘이는 어떤 경우든 "싫어"라고 말한 적이 없는데도 말이다. 아무도 놀아주지 않아 학교가 무섭다는 하늘이에게 내가 "너는 어떨 때 화가 나?"라고 묻자, "저는 나눔과 사랑이 너무 많아서 그런 걸 잘 느끼지 않아요"라고 했다. 사랑이 넘치는 하늘이는 자신의 사랑을 받아주지 않는 아이들을 견디지 못했는데도 그렇게 말했다.

'자폐와 공감'을 주제로 한 전문가 토론[22]에서, 자폐 분야 전문가이면서 아스퍼거증후군 진단을 받은 밀턴 박사가 한 말을 요약하면, 자폐적인 사람은 어떤 감정을 느낄 때 별로 대수롭지 않거나, 반대로 매우 강렬하게 느낀다고 한다. 영지나 하늘이 같은 아이들은 평소에 눈치 없이 굴다가도 누군가에게 관심이 생기면 피곤할 정도로 접근하거나 공감할 수 없는 수준으로 친절을 베푸는 행동을 한다. 성인이 돼 루돌프연구소를 다시 찾아온 여성들이나, 루돌프연구소에 다니는 아이들의 엄마 중에 자폐적인 성향을 보이는 엄마들의 일부는 우울증약을 먹고 있다. 대인관계에 지쳐 있고 혼란스러워하는 사람들이다. 주변 사람들과 정서적인 교감을 원하고 때로는 너무나 마음을 쓰는데, 생각과 결과가 다른 데서 오는 괴리감 때문이다.

내향적이면서 반사회적 ————

내향적이면서 자폐적인 아이들은 자신을 잘 표현하지 않는다. 특히 친사회적인 아이들은 화가 나도 잘 표현하지 않는다. 반면 반사회적인 아이들은 다르다. 말로 표현하지 못하면 행동으로라도 표현한다. 꽤 오래 전 일이다. 가끔 연구소 변기가 막혀서 수리공을 불렀는데, 그때마다 변기에서 비누가 나왔다. 이런 일이 반복되자 변기가 막힌 날 연구소에 온 아이들을 조사했는데, 정식이가 화장실을 나온 다음에 변기가 막힌다는 사실을 알아냈다. 치료사가 정식이를 조용히 불러 이야기를 해보니, 학교에서 화가 나면 혼나서 삭이지 못하고 루돌프연구소에 와서 분풀이를 한 것이다. 그때부터 루돌프연구소에서는 물비누를 사용한다.

좀 더 공격적인 지섭이는 평소에 아주 조용한 아이였다. 그러다가 갑자기 학교 선생님이나 아이들을 공격했다. 담임선생님으로부터 지섭이에게 사회성 문제가 있다는 말을 듣고, 지섭이 엄마는 루돌프연구소를 찾아왔다. 지섭이는 지적인 능력은 좋았지만 사회적 능력이 많이 부족했다. 문제가 발생하면 대화나 협상을 통해 해결하는 대신 공격성을 발휘했다. 그런데 지섭이의 행동에는 일정한 패턴이 있었다. 지섭이는 어릴 때부터 환경이 바뀌면 상황을 파악하기 위해 탐색하는 조용한 시간을 가졌다. 나름대로 적응 방식을 찾기 위한 시간이었을 것이다. 그러다가 자신의 방식에 맞지 않는 사람들이 나타나면 공격적인 행동을 보였다.

나는 지섭이의 발달 과정을 인터뷰하면서 지섭이에게 강박적인 면이 있다는 것을 찾아냈다. 지섭이는 첫돌 즈음부터 손에 무엇이 조금만 묻어도 바로 씻어야 했다. 길을 갈 때도 늘 가던 길로 가지 않으면 떼를 쓰고 가지 않으려고 했다. 조금 커서는 계획된 일정이 틀어지면

5장. 너무나 다양해서 자폐스펙트럼

무척 화를 냈다. 지섭이는 어릴 때부터 자기 생각이나 예측과 달라지는 것을 못 참는 아이였다. 지섭이는 사람들을 가려서 행동했는데, 자신이 예측할 수 있도록 일관되게 행동하는 어른들과는 크게 문제를 일으키지 않았다. 하지만 자신이 생각할 때 불합리하다고 생각하는 행동을 하는 어른들에게는 함부로 행동하고 자신의 생각을 내뱉었다. 일관성이 부족하고 아이들을 잘 다루지 못하는 선생님에게 "뚱돼지 바보"라고 욕을 한 적도 있다.

지섭이가 사람들에게 공격적인 행동을 한 것은 자기의 기준에 맞지 않게 행동하는 사람들에게 자기 나름대로 응징을 한 것이다. 지섭이와 같이 세상 사람들이 각자 자기 나름의 도덕관으로 세상을 판단하고 자기 나름대로 상벌 기준을 정해 행동으로 옮긴다면 세상은 어떻게 될까.

외향적이면서 반사회적

경빈이는 책을 보기 좋아하는 영특한 아기였다. 말을 시작하기도 전에 문자에 관심을 보여 2세 때 한글과 영어를 읽을 수 있었고 『마법 천자문』에도 관심을 보였다. 엄마가 붙들고 가르치지 않았는데 스스로 언어와 글자들을 익혔다. 영리한 경빈이가 잘 적응할 것 같아서 어린이집을 보냈는데 조금 지나자 가끔씩 아이들에게 물려서 집에 돌아왔다. 엄마는 영문을 몰랐지만 아이들이 어리니까 그럴 수도 있겠거니 하면서 경빈이를 계속 어린이집에 보냈다. 그런데 어느 날부터 경빈이가 아이들을 문다는 항의 전화가 오기 시작하더니 얼마 안 지나 '경빈이를 데리고 가라'는 통보를 받았다.

그때부터 계속 사건 사고가 이어지고 여러 교육기관과 의료기관을 전전하면서 영재라고 생각했던 보물 같은 아이가, 엄마 표현에 따르면 '웬수'로 바뀌었다. 경빈이 엄마는 수시로 학교에 불려 다니느라 일하고 있던 대기업 연구소를 그만두었다. 처음에는 병원에서 경빈이에게 '소아우울증' 진단을 해 놀이 치료나 미술 치료 같은 정서 안정을 도와주는 치료를 했다. 이 치료들이 효과가 없어서 찾아간 상담센터에서는 부모와 가정환경의 문제라고 해 가족 상담을 받았다. 또 다른 병원에서는 행동이 충동적이고 반항적이라고 ADHD 진단을 하고 약처방을 했다. 엄마가 볼 때 경빈이는 똑똑하고 사람들을 좋아하는 활달한 아이인데 왜 늘 문제가 발생하는지 이해할 수가 없었다.

경빈이는 모든 검사를 다 해보고 초등학교 3학년 때 루돌프연구소에 와서 마지막으로 자폐스펙트럼 장애 검사를 받았다. 검사가 진행되는 동안 경빈이 엄마는 그동안 경빈이와 함께 겪은 일들을 끝도 없이 풀어놓았는데 마치 한풀이를 하는 것 같았다. 어릴 때부터 경빈이는 아이들을 너무 좋아했다고 한다. 아이들을 보면 달려가 같이 놀았는데 5분이 안 지나 아이들이 울고불고 다툼이 생길 때가 많았다. 예를 들면, 경빈이는 한때 피카츄 카드를 많이 좋아해서 아이들이 갖고 있으면 어떻게든 뺏으려고 하기 때문에 싸움이 시작됐다. 그리고 경빈이는 자기가 놀이에서 지는 것을 받아들이지 않았다. 놀이를 하다가 자신이 불리해지면 놀이 규칙을 자신에게 유리하게 자꾸 바꾸고 아이들이 안 받아주면 때리고 싸우는 식이다. 집에 돌아와서도 분이 풀리지 않으면 화를 내고 엄마가 야단치면 자기 머리를 벽에 박았다. 그동안 이런 상황이 반복적으로 이어지고 있었다.

경빈이는 나와 처음 만났을 때, 묻지도 않았는데 자신은 프랑스에서 태어났고 고향은 파리라고 했다. 경빈이 엄마가 말했듯이 자기 과시 행동을 보였다. 경빈이는 자기 이야기를 하느라 내 이야기를 번번이 묵살했고 나는 검사자로서 상황을 주도하지 못해 힘든 시간을 보내야 했다. 경빈이는 자폐스펙트럼 장애 진단을 받았고, 충동적이고 반항적이라는 꼬리표도 달렸다. 경빈이는 루돌프연구소에서 사회성 치료를 받으면서 서서히 안정을 찾기 시작했다. 경빈이가 학교에서 사건을 일으키는 빈도가 확연하게 줄어들 때쯤 경빈이 가족은 프랑스로 떠났다. 지금은 청소년이 됐을 경빈이가 새로운 사회에서 어떻게 살고 있을지 많이 궁금하다.

자폐적인 반사회성 ─────

자폐적인 아이들은 다른 사람들에게 무관심하다고 생각하기 쉽다. 자폐적인 증상이 심각하지 않고 지능도 낮지 않아 다른 사람들과 어울려 생활하는 아이들은 또래 일반 아이들 못지않게 다른 사람들에게 관심이 많다. 다만, 관심을 잘 표현하지 못하거나 부적절한 방법으로 표현하는 것이 문제다. 지섭이나 경빈이 같은 아이들의 행동을 볼 때, 자폐적인 아이들이 친사회적인 행동을 하는 것도 쉽지 않은 만큼,

반사회적인 행동을 하는 것도 그렇게 쉽지만은 않은 것 같다. 자신의 이익을 추구하기 위해 교묘하게 비행을 저지른다기보다는, 자신의 생각 또는 방식과 다르게 행동하는 사람들이나 자신을 받아주지 않는 사람들에게 자기 나름의 규범으로 폭력을 사용했다고 보는 게 더 맞을 것 같다. 최근 중증 자폐를 가진 아이가 치료 센터에서 아기가 우는 소리를 견디기 어려워하다가 그 아기를 아래층으로 던진 사건이 있었다.

자폐적인 사람들이 반사회적인 행동을 하고 나서, 그 행동을 하게 된 이유를 상식을 벗어난 논리로 주장해 용서는커녕 동정조차도 받지 못하는 경우를 종종 본다. 앞에서 이야기한 카진스키가 이런 경우 아닐까. 평생 외톨이로 살아가다가 자신에게 특별한 이득이 없는데도 마치 분풀이를 하거나 자기만의 기준을 내세워 누군가를 응징하듯이 사회를 향해 범죄를 저지르는 사람들을 볼 때마다, 나는 비난하는 입장에 서지 못하고 남의 일 같지 않아 한동안 마음이 쓰인다.

5

연구를 진행할 때 가만히 연구소에 앉아서 찾아오는 아이들만 기다리면 안 된다. 아이들을 찾아다녀야 한다. 우선 자폐적인 아이들이 많은 특수학교에 찾아가야 한다. 처음 자폐 전문 특수학교에 가서 학부모들을 만났을 때 나는 적지 않게 놀랐다. 그 사람들은 예상했던 것과 너무 다르게 유쾌하고 밝은 모습이었다. 자기 아이가 자폐스펙트럼 장애 진단을 받는 순간 부모들이 슬퍼하는 모습에 익숙해 있던 나는 자폐 증상이 심각한 아이를 키우는 특수학교 학부모들도 비슷하거나 그 이상으로 힘들어할 거라 생각했었다. 하지만 현실에서, 증상이 심한 아이를 키우는 부모들은 아주 강하다. 그리고 부모들이 힘을 합하면 엄청나게 놀라운 결과를 낸다.

오랜만에 성민이 엄마와 동주 엄마를 만났을 때, 어린아이들을 키울 때 보였던 연약함은 찾아볼 수 없었다. 현재 두 사람은 '장애인부모연대'의 회원이다. 한 엄마는 자폐적인 아이들이 사회에서 보호받을 권리를 쟁취하기 위해 삭발을 하기도 했다. 그렇게 아이들의 미래를 챙기고 있었다. 평범한 아이들을 평범한 방법으로 키운 엄마들은 엄두를 못낼 일들을 앞장서 해나가면서 전사들이 된 것이다. 씩씩한 엄마들이 우리 사회를 바꾸고 있다.

갑자기 창밖이 시끄럽다. 산까치 10여 마리가 한꺼번에 울어대니 마치 비상 경보벨이 울리는 것 같다. 부화한 지 얼마 안 된 어린 산까치 한 마리가 둥지에서 뛰어내려 두 발로 통통 뛰면서 날려고 하고 있었다. 그 어린 산까치 주변에 어른 산까치들이 모여 경보를 울리고 있는 중이다. 무슨 일인가 둘러보니 어린 산까치를 향해 아랫집 고양이가 살금살금 다가오고 있었다. 어떤 산까치는 큰 소리로 울어대고, 어떤 산까치는 어린 산까치 앞을 막기 위해 저공비행을 하고, 어떤 산까치는 고양이에게 날아가 머리를 쪼아대고, 그야말로 내 눈앞에 '디스커버리 채널'이 펼쳐지고 있었다. 한 마리 어린 산까치를 살리기 위해 10여 마리 어른 산까치들 모두가 힘을 합치고 있는 모습이 내게는 큰 감동으로 다가왔다. 우리 아이들도 네 아이 내 아이를 구분하지 않고 지켜주는 어른들의 보호를 받아야 살아갈 수 있다.

무인도에서 살아가듯 ────•

동선이는 엄마 아빠와 함께 온 가족이 모두 와서 검사를 받았다. 이런 상황이 내키지는 않았지만, 담임선생님의 강력한 권유로 무언가를 해야만 했다. 엄마 아빠가 아주 늦게 결혼해서 동선이를 가졌기 때문에 다른 집과 비교하면 늦둥이 같은 아이다. 동선이는 눈치가 없는 데다 시끄럽고 산만해서 검사를 진행하면서 아주 힘들었다. 아빠가 받아야 하는 검사는 많지 않아서 여유 시간이 많았는데, 그 시간 대부분 연구소 사람들이 모두 들을 수 있을 만큼 큰소리로 전화 통화를 했다. 동선이 아빠는 건축사였는데, 아마도 건축주와 다툼이 있는 것 같았다. 동선이 엄마는 검사 과정에서 질문을 잘 이해하지 못해 동문서답을 하거나, 아이의 행동에 대해 기억이 나지 않는다는 말을 많이 했다. 이런 경우에는 아이에 대한 엄마의 진술보다 검사자가 직접 관찰한 것이 진단에 더 중요한 역할을 한다. 동선이 엄마는 아이나 아빠가 무엇을 어떻게 하든 별 상관을 하지 않았고, 소란한 상황이 아무렇지도 않은 듯 검사 중간에 시간이 나면 책을 꺼내 읽었다. 동선이는 학교에서 문제가 있었고 아빠는 자신의 고객과 문제가 있었는데, 엄마는 그런 상황에 무심한 듯 보였다.

얼마 후 검사 결과를 보고하는 날 동선이 가족은 또 다같이 왔다. 검사 상황에서 동선이가 한 행동들 중에 어떤 것들이 자폐적인 행동인지, 그런 행동을 하는 원인은 무엇 때문인지, 진단이 어떻게 내려지는지, 앞으로 어떻게 아이를 교육하고 치료해야 하는지 하나하나 설명하는 동안 동선이 부모는 말없이 고개를 끄덕이며 수긍하는 모습이었다. 내 경험에서, 이런 유형의 부모는 아이의 진단을 조용히 받아들이는 경우가 많지 않기 때문에 보고를 마칠 때쯤 나는 조금 긴장하고 있었다. 동선이 아빠가 먼저 잘 들었다고 하며 가볍게 자리를 털고 일어섰다. 내가 조금 의외라고 생각하는 참에, 문을 나서던 아빠가 한

마디 했다. "결과가 틀렸다고 생각하지는 않지만, 내 아이는 나를 그대로 닮았고, 내가 아무 문제 없이 세상을 잘 살아가고 있으니까, 지금처럼 아이를 키우면 앞으로 별 문제가 없을 것 같습니다."

자폐적인 행동도 물려주는 부모 ————·

현석이가 치료 시간에 또 오지 않았다. 루돌프연구소에서 그룹 치료 프로그램을 진행할 때 규칙 지키는 일을 매우 중요시한다. 그중에서도 프로그램 시간 약속을 철저히 지키게 한다. 정해진 시간에 그룹 치료에 참여하는 것은 그룹을 끌고 나가는 치료사 선생님뿐 아니라 그룹에 참여하는 다른 아이들과의 약속이기도 하다. 현석이는 오는 날보다 빠지는 날이 더 많았다. 결석 가능 일수를 넘기면 다른 아이들이 피해를 보는 일을 막기 위해 치료 프로그램에서 제외시킨다는 규정이 있다. 그런데 현석이는 결석할 때마다 매번 불가피하게 보이는 결석 사유 증명서를 잘도 준비해 왔다. 아파서 병원에 갔다거나, 학교에서 행사가 있었다거나, 외국 여행을 갔다왔다는 증빙 서류들이다. 현석이 아빠는 법학과 교수여서 편법으로 상황을 빠져나가려고 하는 것에 대해 연구소 직원들은 어처구니없어했다.

치료 프로그램의 목적은 자폐적인 아이들의 사회적 능력을 키우는 것이다. 주 1회 진행하는 그룹 치료에 결석이 잦으면 일단 치료 효과를 기대하기 힘들다. 현석이는 결국 결석 가능 일수가 초과돼 더 이상 프로그램에 참여하는 것이 금지됐다. 이 소식을 듣고 현석이 부모가

　　　　　　　　5장. 너무나 다양해서 자폐스펙트럼

항의하러 루돌프연구소에 왔다. 현석이 부모에게 프로그램 규칙을 여러 차례 설명했고, 결석을 자주 하면 그룹 치료 프로그램 진행에 방해가 돼 다른 아이들에게 피해가 돌아간다는 경고도 여러 번 했다. 이런 말을 들을 때마다 현석이 부모는 늘 그랬듯이 이번에도, "그렇지만 이제 우리 아이는 어떻게 해요. 아픈 아이에게 이래도 되나요?" 현석이가 처음에 루돌프연구소에 검사 받으러 온 날, 현석이에 대한 걱정이 무엇인지 내가 현석이 엄마에게 물었을 때 "현석이가 상황을 파악하지 못하고 자기 하고 싶은 말만 하는 것"이라고 했다. 현석이 부모의 행동 속에 현석이의 행동이 보였다.

자폐적인 행동을 하는 중요한 이유가 자폐적인 유전자를 갖고 태어났기 때문이라고 이 책의 4장에서 설명했지만, 비슷한 성향의 부모 행동이 아이의 자폐적인 행동 방식을 강화시킬 수 있다. 현석이 부모는 현석이를 치료에 잘 참여하게 하지 않으면서 왜 계속 치료 프로그램에 등록하려고 했던 것일까? 이미 납부한 치료비들을 다 환불해주고 나서도 의문은 여전히 남아 있다.

어쩔 수 없는 것들은 그대로 받아들이자 ————

지금은 성인이지만 어릴 때 규진이는 그당시 진단명인 '아스퍼거 증후군'을 가진 개구장이 아이였다. 규진이 엄마는 늘 스스로 일을 찾아 완수해야만 직성이 풀리는 성격의 소유자이며 모든 일들을 능숙하게 해결하는 워킹맘이었다. 규진이에 대한 일들을 의논할 때면 규진이 엄마는 늘 이런 식으로 말했다. "규진이의 문제는 선천적인 것들 이잖아요. 그렇다면 쉽게 바뀔 수 없으니 내가 그걸 고려해 교육해야 지요. 노력해도 어쩔 수 없는 건 내가 그냥 받아들이는 게 맞잖아요." 맞는 말이다. 맞는 말이지만, 누구나 그렇게 생각하고 또 그것을 쉽게 실천하지는 못한다. 많은 부모들이 '왜 내 아이는 이렇게 행동할까, 왜 내 아이는 저 아이와 다를까?'라고들 하는데, 나는 규진이 엄마에 게서 그런 모습을 한 번도 본 적이 없다.

규진이가 엄마와 모처럼 여유있게 시간을 보낼 기회가 있었다. 나 를 만나면 늘 아이 얘기만 했는데 그날은 자기 이야기로 흘렀다. 규진 이의 외할아버지인 친정아버지는 동네에서 천재로 불렸다. 선견지명 이 있어서 누구보다 앞서 새로운 생각을 해내고 새로운 사업을 시작 했는데 너무 앞서갔기 때문에 늘 실패했다고 한다. 주변 사람들의 인 식이 달라져 호응을 받을 만하면 자본이 다 떨어진 규진이의 외할아 버지는 망했고, 그 방식을 모방한 후발 사업가들이 큰 부자가 됐다. 어느 정도로 앞서갔냐면, 규진이 아빠의 식구들이 규진이 외가로 처 음 상견례를 갈 때 규진이 엄마도 미래의 시댁 식구들과 함께 고향에 도착했는데, 규진이 외할아버지가 처음 보는 큰 봉고차를 타고 마중 을 나왔다. 규진이 엄마가 놀라서 이 차가 어디서 났냐고 물어보니까, "네가 결혼을 하면 앞으로 아이들도 생기고 식구들이 많이 늘어날 것 에 대비해, 타고 다니던 승용차를 팔고 이 봉고차를 샀다"고 할 정도 였다. 이런 남편과 살아온 규진이 외할머니는 사람들이 동네 대소사 를 의논할 정도로 사회성이 뛰어났고 웬만한 일에는 눈 하나 깜짝 안

하는 대범한 분이라고 했다. 우리나라가 가난했던 시절, 동네 거지들을 가끔 집으로 데려와 밥을 대접했고, 수박을 사도 리어카 통째로 사서 사람들에게 나눠주는 통 큰 사람이라고 했다. 언젠가는 지방 공항에서 비행기 탑승을 기다리다가 모기가 많다고 모기향을 피워서 사람들의 이목을 끈 적도 있다고 했다. 이런 가족들 사이에서 자란 규진이 엄마는 친정아버지 못지않게 독특한 남편이 남다르다고는 단 한 번도 생각한 적이 없었다. 규진이가 루돌프연구소에서 아스퍼거증후군 진단을 받은 날, 규진이 아빠가 검사 보고서를 읽고 나서 규진이가 자기 같다는 말을 할 때까지도 규진이 엄마는 남편의 행동들이 아들과 비슷하다는 생각을 전혀 못했다고 한다.

나는 간혹 한 사람은 자폐적이고 한 사람은 사회적 능력이 뛰어난 부모에게서 태어난 사람들을 발견할 때가 있다. 이 사람들은 양 극단적 성향을 모두 잘 이해해서 마치 수륙양용 장갑차처럼 양쪽을 자유자재로 넘나들었다. 포용 범위가 넓어서인지 사람들에게 인기도 많은 편인데, 규진이 엄마가 그런 사람이다. 규진이가 루돌프연구소 사회성 치료 프로그램에 참여하는 동안 같은 그룹의 아이들은 물론 부모들도 모두 사이좋게 잘 지냈다. 당시 규진이 엄마는 늘 새로운 아이디어를 가지고 나타났다. 규진이가 앞으로 사회에 잘 적응하려면 다양한 경험을 하는 게 좋을 것 같아서 그해 여름 방학에는 규진이를 지리산 청학동 서당으로 보낼 예정이라고 했다. 나는 흔쾌히 지지하기는 했지만, 한학과 유교적인 규범이 규진이 같은 미래세대가 살아가는 데 얼마나 도움이 될지 확신이 잘 서지 않았다.

내가 최근에 만난 규진이 엄마 말에 의하면, 지금 성인이 된 규진이에게 진정한 우정을 나누는 친구가 있는지 확신할 수는 없지만 엄청나게 다양한 친구들과 어울린다고 한다. 아이의 문제를 찾아내 열심히 치료하려고 노력하고, 그래도 안 되는 어쩔 수 없는 것들은 있는 그대로 받아주려고 노력하는 규진이 엄마에게 박수를 보낸다.

6

맞춤 교육
프로젝트

자폐적인 아이를 키우는 부모의 가장 큰 고민은 학교 선택일 것이다. 특수학교를 선택해야 하는 경우에도, 어떤 방향으로 특화된 특수학교를 선택해야 할지, 선택한 학교에 자리가 없으면 어떻게 해야 할지, 집 가까이 특수학교가 없으면 어떻게 해야 할지 걱정할 게 한두 가지가 아니다. 진단명이 자폐 장애에서 자폐스펙트럼 장애로 확대된 후 고민은 더 넓어지고 깊어진 것 같다. 특수학교를 가는 것이 적절한 아이부터, 특수반이 있는 일반 학교에 가서 통합 수업을 받는 것이 더 나은 아이, 그리고 일반학교를 다니지만 아이들 무리에 끼지 못하는 아이까지 그야말로 스펙트럼이 만들어졌다.

학교 선택 ————·

입학을 앞둔 자폐적인 아이의 부모들이 가장 많이 하는 질문이 학교 선택에 관한 것이다. 10년 전만 해도, 나는 "특수학교를 알아보는 것이 좋겠어요"라는 말을 부모들에게 쉽게 하지 못했다. 특수학교라는 말 자체에 알레르기 반응을 하는 부모들이 많았기 때문이다. 지금은 상황이 달라졌다. 특수학교를 권유하는 내 말에 요즈음 엄마들은 눈시울이 붉어지다가도 "선생님, 솔직하게 말씀해주셔서 감사해요. 사실 일반학교에 다니면서 여러 가지 치료를 계속 하는 게 돈이 많이 들어 부담돼요"라고도 한다.

실제로 특수학교에 가보면, 내가 방문했던 미국 시카고에 있는 특수학교 이상의 시설을 갖추고 있다. 어떤 학교는 미국의 학교들을 벤치마킹했는지 거의 비슷한 형태의 학습공간들을 갖추고 있다. 한 교사가 담당하는 아이들의 수도 적고 무엇보다 아이들에게 필요한 수업을 한다. 현재는 입학 희망자가 많아 특수학교에 들어가는 것이 어려운 실정이다.

특수학교를 가지 않더라도 지금은 많은 일반학교에 도움반이 생겼다. 도움반을 잘 활용하면 일반학교에 다니면서 증상이 심지 않은 자폐적인 아이들을 교육시킬 수 있다. 일반학교를 선택할 때, 사립이 좋을지 공립이 좋을지, 큰 학교가 나을지 작은 학교가 나을지, 교육열이 높은 학교가 적절한지 그냥 풀어놓는 학교가 적절한지를 결정하는 것은 경험이 없는 젊은 부모들에게 아주 어려운 일이다. 나는 '공부를 너무 많이 시키지 않는 작은 학교'가 사회적 능력이나 순발력이 부족한 자폐적인 아이들에게 좀 더 수월할 것이라고 말한다.

매년 경기도 고양시에서 9,000명에 가까운 초등학교 1학년 아이들에게 설문지를 통해 자폐적인 아이들을 찾아내면, 보통 규모의 학교에서 평균 2~3명이 연구 대상으로 선정된다. 그런데 최근 한 학년에 반이 2개밖에 없는 작은 학교에서 같은 반 아이들 4명이 연구에 참여한 적이 있다. 아마 다른 전문가들도 나와 비슷하게, 경미한 증상의 아이들에게 맞는 작은 학교를 찾아보라고 부모 상담을 하지 않았나 싶다. 담임선생님은 우리가 연락하기도 전에 이미 부모의 동의를 받아 아이들 4명의 검사를 의뢰하면서, "이번 학기 우리 반은 매일 폭탄 맞은 것 같아요. 저는 지금 제정신이 아니에요"라고 하소연을 했다.

우리나라 부모들은 선택 가능한 상황이라면 누구나 가고 싶어서 경쟁이 치열한 학교를 선택한다. 초등학교부터 상급학교로 올라갈수록 더 들어가기 어려운 학교에 자기 아이를 보내려 하지 경쟁이 필요없는 학교에 보내려 하는 부모는 거의 없다. 내가 독일에서 유학을 시작했을 때, 초등학교 4학년을 마친 똘똘한 자기 아이를 대학 입학을 목표로 하는 김나지움이 아니라 기술을 배우는 학교에 보내는 부모를 보고 충격을 받았다. 독일 대학은 학비도 없는데 말이다. 그런데 독일 친구들은 오히려 나를 이해하지 못했다. 아이가 똑똑해도 공부하는 것을 좋아하지 않는다면 김나지움에 가서 너무 큰 스트레스를 받는다고 말했다. 이 말을 한 나의 친구 리타는 초등학교 교사였다. 석사학위를 받고 2년 간의 인턴 과정을 마쳐야 하는 교사는 독일에서도 엘리트 그룹에 속한다. 리타의 남자 친구는 초등학교 4년을 마치고 실업계 학교를 나와 직장 생활을 하면서 경력을 쌓은 후 자기 분야에 대한 지식을 더 넓히기 위해 전문대학 과정을 마친 사람이다. 리타는 남자 친구보다 자신의 월급이 적은 것이 불만이라고 말한 적은 있지만, 남자 친구가 자기보다 학벌이 부족하다고 아쉬워하는 모습을 한 번도 보지 못했다. 아이의 미래를 위해 아이의 능력과 성향을 함께 고려하는 독일 사람들의 학교 선택은 매우 실용적이다.

이상적인 학교 ————·

나는 언제부턴가 자폐적인 아이의 부모들에게 이렇게 말한다. "아이가 학교를 모두 마치고 다 자란 다음의 모습을 상상해보세요. 내 아이가 '앞으로 어떤 학교를 가야 할까'가 아니라, 다 큰 내 아이를 앞에서 되돌아보면서 '이런 학교를 다녀서 정말 다행이었어'라고 말하고 있는 자신을 상상해보세요. 내 아이가 아주 행복하게 어린 시절을 보낼 수 있었던 그 학교는 과연 어떤 학교일까요?"

대한민국의 부모들은 절벽에 매달려 동아줄을 잡고 있듯 아이가 반드시 다녀야 하는 학교에 매달려 있다. 그렇게 안간힘을 쓰며 매달리는 그 학교가 내 아이가 다녀서 정말로 다행인 그 학교일까. 수영이는 어릴 때 루돌프연구소에 다녔는데, 수영이 엄마는 자기 아이가 따돌림을 당해도 '주류'에서 벗어나지 않도록 하기 위해 일반 중학교를 선택했던 자신의 행동을 아이가 다 큰 다음에야 후회했다. "왜 그때는 그렇게 했는지 모르겠어요. 지금 다시 아이를 키운다면, 절대로 따돌림을 당하는 학교에는 보내지 않을 거예요. 차라리 홈스쿨링을 하며 아이가 하고 싶어하는 걸 마음껏 하게 할 거예요"라고 했다. 실제로 이렇게 하는 부모도 있다. 하지만 우리나라에 다양한 학교가 있어서 아이에게 맞는 학교를 선택해 다닐 수 있다면 그것보다 좋은 일은 없을 것이다. 예를 들면, 공부하는 걸 아주 좋아하는 아이들을 위한 학교, 책상에서 하는 공부보다는 눈으로 보고 손으로 만지면서 배울 수 있는 학교, 세상을 살아가는 데 필요한 것들을 경험할 수 있는 학교들이 다양하게 있다면, 자폐적인 아이들에게 훗날 얼마나 다행한 일이겠는가.

오랜만에 원진이 엄마와 통화를 했다. 원진이는 초등학교 때 같은 반 아이에게 괴롭힘을 당했는데 거꾸로 가해자로부터 명예훼손 고소를 당했다. 다행스럽게 원진이네는 몇 년 간의 재판 끝에 승소했다. 나는 원진이 엄마를 의지의 한국 여성이라고 생각한다. 지금은 원진이가 고등학교 3학년생으로 대학 입학 준비를 하고 있다. 미술을 전공할 예정이라고 한다. 원진이 엄마는 경제적으로 여유가 있어서 그런지 생각하는 스케일이 다르다. 지금까지 아이를 키운 경험을 살려서 발달에 어려움이 있는 아이들을 위한 학교를 만들고 싶다고 했다. 나는 원진이 엄마라면 끝까지 목표를 완수할 것 같아 적극 지지한다고 했다. 전화를 끊고 나서 인터넷 검색을 해보니 발달 장애를 가진 자녀들을 키우는 학부모들이 만든 대안학교들이 현재 제법 많이 있다. 한편 바람직하게 보이면서도, 국가가 당연히 해야 할 일인데 부모들이 직접 나서야 하는 현실이 안타깝다.

학교 선생님의 역할 ──────

　자폐적인 아이들이 학교생활 적응에 성공하느냐 실패하느냐 하는 문제는 학교 시스템보다 어떤 선생님을 만나는가에 더 크게 좌우된다. 많은 자폐적인 아이들이 '새학기증후군'을 앓는다. 변화에 순발력 있게 대처하지 못하는 아이들인데, 학기 초에는 항상 많은 변화가 있기 때문이다. 그중 새로운 담임선생님을 만나는 것은 자폐적인 아이에게 굉장히 큰 일이며 담임선생님이 어떤 사람이냐에 따라 그 아이의 학교생활이 결정된다고 해도 과언이 아니다. 경미한 증상의 자폐적인 아이가 담임선생님을 잘 만나면 특별한 노력 없이 한 해가 무사히 지나갈 수도 있다. 그런 담임선생님은 아이를 배려해주면서 생활을 잘 하도록 도와줄 수 있는 능력이 있다.

　능력 있는 선생님은 도움이 필요한 아이를 도울 수 있는 친구부터 만들어준다. 아이가 학급에서 잘할 수 있는 역할을 주고 그 아이의 장점을 다른 아이들이 발견할 수 있도록 한다. 자폐적인 아이들이 잘할 수 있는 것으로는, 도서목록처럼 아이의 관심사와 일치하는 것을 조사하기, 학교 비품 정리하기, 학교에서 키우는 동식물 돌보기나 일지 쓰기, 인터넷 검색으로 아이들이 관심있는 정보 알려주기 등 찾아보면 의외로 많다. 선생님들이 마음만 있다고 다 잘할 수 있는 것은 아니다. 자폐적인 장애가 있거나 적응을 잘 못하는 아이들을 도와줄 수 있는 방법을 교육하는 프로그램은 특수교사뿐 아니라 모든 선생님들에게 필요하다.

조기 치료 ————·

자폐스펙트럼 장애는 선천적인 발달 장애다. 어떤 치료로도 100% 완치할 수는 없으나, 그렇다고 불치의 병은 아니다. 치료를 통해 더 나은 삶을 살 수 있기 때문이다. 자폐적인 아이들에 대한 치료 목표는 발달이 순조롭게 진행되도록 도와주고 소통과 교류하는 방법을 가르쳐서 세상 사람들과 조화롭게 살아가도록 돕는 것이다. 이런 목표를 달성하기 위해 과학적으로 분명하게 입증된 치료 방법으로는 크게 2가지가 있다. 행동 치료와 약물 치료이다.

치료 방법에 대해 이야기하기 전에 먼저 짚고 넘어가야 하는 문제가 조기 치료이다. 자폐적인 아이를 가진 엄마들이 치료를 고려할 때, 가능하면 치료를 빨리 시작해야 한다는 말을 많이 듣는다. 근거가 있는 말이다. 이 장의 뒷부분에서 다시 이야기하겠지만, 캐나다 온타리오주에서는 자폐적인 증상이 심한 아이들에게는 5세가 되기 전 행동 치료사들이 진행하는 집중 치료를 제공한다.

이 책의 4장에서 자세히 이야기한 것처럼, 자폐적인 아이들의 뇌 발달 문제는 뇌신경세포의 수상돌기 가지치기 활동이 또래 아이들과 다르게 진행되기 때문에 나타난다. 아기가 태어난 후 2년까지 뇌신경세포들이 연결되는 시냅스가 과도하게 만들어졌다가 불필요한 것들은 제거되고 중요한 것들은 강화되는 가지치기가 진행된다. 뇌에서 열심히 사용하는 부분은 적절한 가지치기가 진행돼 정보들을 효율적으로 전달할 수 있도록 잘 정비되지만, 잘 사용하지 않는 부위에서는 가지치기가 제대로 진행되지 않는다.

　가지치기는 대체로 감각이나 운동 영역에서 먼저 시작되고 종합적인 정보처리 능력과 관련된 전두엽 부위에서 가장 늦게 진행된다. 시냅스 밀도가 가장 높은 시기는 뇌 부위에 따라 다른데, 시각 영역은 1세 때, 청각 영역은 1~5세 때, 그리고 전두엽은 5세 때 가장 높다.[34] 뇌신경들이 연결되고 가지치기가 활발하게 진행되는 뇌 발달의 초기에 집중하는 치료는 자폐적인 아이의 뇌신경가소성을 바꿀 수 있다는 뇌 과학 분야의 연구 성과에 근거한다.

오해받는 행동 치료 ————

　희범이는 방임이나 학대와는 거리가 멀어 보이는 자상한 엄마 아빠와 함께 루돌프연구소에 검사 받으러 왔다. 한 정신과 병원에서 희범이에게 내린 진단은 부모로부터 방임이나 학대를 당한 아이들이 주로 받는 '반응성 애착 장애'였다. 간혹 태어나서부터 자신이 원하는 대로만 하면서 자란 자폐적인 아이들이 있는데 희범이가 바로 그런 아이였다. 아기가 말이 늦거나 소통이 잘 안 되면 부모는 아기가 원하는 것을 해주려고 최대한 노력한다. 정상적으로 성장하는 아이라면 엄마 아빠의 눈치도 보고, 사랑 받기 위해 스스로 노력도 하고, 부모와 타협도 하면서 조금씩 세상을 배워나간다. 자폐적인 성향 때문에 돌보는 사람의 마음을 읽지 못하고 소통과 타협이 안 되는 아이가 부모의 사랑이 부족해서 발병했다는 '반응성 애착 장애' 진단을 받으면,

아이와 부모 사이에 애착을 방해하는 '가상적인 마음의 상처'를 상정하고 그 원인을 제거하기 위해 아이의 마음을 거스르는 행동을 하지 않으려고 노력한다. 반면 아이는 이런 상황을 자신이 원하는 것을 얻게 해주는 책략으로 활용하고, 이것이 통했던 경험들을 바탕삼아 세상을 살아가는 자신만의 원리를 터득한다.

희범이는 검사 시작부터 나를 많이 당황하게 했다. 희범이는 초등학교에 다니고 있었고 당연히 말도 할 수 있었는데 전혀 소통이 안 됐다. 검사 상황에서 작은 비행기를 발견하자 갑자기 "선생님, 이 비행기 저 주세요"했다. "희범아, 그 비행기 마음에 드니? 그런데 희범이가 그 비행기를 가지고 가면 나중에 여기 오는 아이들이 가지고 놀 수 없어. 지금 선생님하고 재미있게 가지고 놀자. 그리고 나중에 엄마에게 사달라고 하자"라고 내가 말하자마자, "안 돼요. 지금부터 이 비행기는 내 거예요"라고 하더니 희범이는 다른 장난감들을 던지기 시작했다. 나는 위험하기도 해서 제지하려고 희범이 팔을 잡았는데, 희범이가 갑자기 "악! 사람 살려, 선생님이 날 죽이려고 해요. 살려주세요"라고 악을 썼다. 그러면서도 희범이는 새로운 과제가 시작돼 새로운 장난감이 나올 때마다 다시 검사에 참여했고, 자신이 원하는 대로 되지 않을 때마다 "사람 살려요, 나 죽어요, 나갈래요. 나가게 해주세요"라고 악쓰는 것을 반복했다. 검사가 다 끝나고 내가 나가도 좋다고 하니까, 희범이는 방을 뛰쳐나가자마자 그대로 연구소 문을 열고 달려나가 차고에 주차한 자동차 위로 올라갔다. 상황을 모르는 지나가는 사람들이 희범이를 봤다면 무슨 큰일이 일어난 줄 알았을 만한 행동이었다.

　나는 희범이 부모에게, 또래 아이들은 다 할 수 있는데 희범에게는 발달되지 않은 행동들, 그리고 또래들은 하지 않는 자폐적인 행동들을 하나하나 설명했다. 그리고 희범이는 지금 보이고 있는 부적응적이고 공격적인 행동들을 줄이고 자신이 원하는 것을 말로 표현해 다른 사람들과 적절하게 협상할 수 있는 기술을 행동 치료를 통해 배워야 한다고 제안했다. 검사실 밖에서 희범이가 악쓰는 소리를 듣기만 했던 부모는 내가 아이에게 진짜로 무섭게 대했다고 생각한 것 같다. 그런 부모에게 나의 조언은 냉정하게 아이의 행동을 다 바꾸자는 식으로 들렸을 것도 같다. "우리 아이는 그냥 놀이 치료로 정서 안정을 도와주는 것이 맞을 것 같아요" 하고 간 희범이네는 나를 다시 찾아오지 않았다.

행동주의와 응용행동분석

　현재 자폐적인 아이들에게 가장 많이 적용되고 응용행동분석ABA Applied Behavior Analysis 치료의 근간이라 할 수 있는 초기 행동주의는 사람을 기계적으로 통제하고 교육시켰다는 비난을 받았다. 러시아의 생리학자 파블로프Ivan Petrovich Pavlov는 개에게 밥을 주기 전에 종을 쳐 식사시간을 알려주는 상황을 반복했다. 이렇게 훈련받은 개는 음식이 없이 종소리만 들어도 침을 흘렸다고 하는데, 이것이 그 유명한 파블로프의 개 실험이다. 이 학습 원리를 염두에 둔 행동주의 이론의 대부인 존 왓슨John Watson은 "내게 12명의 아이들을 데려온다면, 어떤 능력과 소양을 가진 누구든지 의사, 법관, 예술가, 상인뿐 아니라 거지, 도둑까지도 만들어줄 수 있다"는 과격한 주장을 했다. 왓슨의 이 표현은 상당한 논란을 일으켰는데, 앞에서 소개한 피츠제럴드의 책 『천재적인 유전자』에서 왓슨이 아스퍼거증후군을 가지고 있었을 것이라고 주장했다.

사회성 발달이 원활하게 진행되지 않은 자폐적인 아이들을 관찰하면, 그 나이에 발달돼야 했을 적응적인 행동이 보이지 않기도 하고, 사회생활에 방해가 되는 부적응적인 행동을 보이기도 한다. 이런 아이들에게 필요한 행동을 가르치고 부적절한 행동을 수정하려면 행동 치료를 해야 한다. 행동주의 원리를 받아들이기는 하지만 현재의 행동 치료는 역사 속의 행동주의자들이 사용한 방법과는 많이 다르다. 자폐적인 아이를 키우는 부모라면 응용행동분석을 뜻하는 ABA라는 단어를 한 번쯤 들어봤을 것이다. 공인 행동 치료사BCBA: Board Certified Behavior Analyst이며 ABA 분야의 국내 최고 전문가인 연세대학교 박주희 교수에게 ABA를 알기 쉽게 설명해달라고 부탁했더니 아래와 같이 정리했다.

ABA는 행동주의의 원리를 근거로 해 아이들의 행동을 이해하고 행동을 변화시키는 원리를 찾고 적용하는 행동과학이다. ABA가 활용하는 행동 치료 기법들은 다양하지만 공통적으로 다음과 같은 기본 원리에 충실해야 한다.[49]

1 · 관찰 가능하고 측정 가능하며 사회적으로 의미있는 행동을 치료 대상으로 한다.

2 · 치료 전략과 개입 전략들은 누구나 반복할 수 있도록 정확하게 제시돼야 한다.

3 · 치료 효과는 데이터에 기초해 객관적으로 검증돼야 한다.

4 · 변화된 행동은 학습된 상황을 넘어서 일반화돼야 한다.

이런 기본 원리를 적용해 행동 치료사들은 행동의 '촉발 요인'과 그 행동의 결과인 '환경 요인'을 분석해 이것들을 바꾸려고 노력한다. 환경 요인이란 아이 주변의 모든 자극을 말하는데, 부모 또는 타인의 행동, 반응, 물리적 환경이 모두 해당된다. 우리나라에 BCBA가 몇 명 없던 때부터 루돌프연구소의 수석 치료사로서 자폐적인 아이들을 치료해 온 이현경 BCBA에게 치료 사례를 하나 소개해달라고 했다. 다음 사례를 보면, 행동 치료사들이 어떻게 아이들을 치료하는지 쉽게 이해할 수 있다.

초등학교 1학년 동빈이는 담임선생님과 반 아이들에게 장난이 심하고 아이들을 괴롭힌다는 비난을 받고 있었다. 자폐스펙트럼 장애를 가지고 있는 동빈이는 상황에 적절한 사회적 행동을 하지 못했고, 눈치가 부족해 다른 사람들이 자신의 행동을 어떻게 생각하는지 알 수가 없었다. 행동 치료를 위해 가장 먼저 해야 하는 일은 동빈이가 고쳐야 할 문제행동을 찾는 것이었다. 문제행동을 찾기 위해 엄마 면담을 했고 동빈이의 행동들을 관찰하기 시작했다. 그 다음에는 문제행동을 일으키는 '촉발 요인'과 그 행동의 결과인 '환경 요인'을 찾기 위해 행동분석에 들어갔다. 행동분석 결과, 비난을 받았던 동빈이의 문제행동은 '툭툭 치고 메롱' 하기였다. 처음에는 동빈이의 그 행동에 아이들이 놀라거나 웃었고 어른들은 귀여워했다. 그러나 같은 행동이 반복되자 아이들은 화를 내고, 담임선생님은 동빈이가 문제가 있는 아이라고 생각하기 시작했다. 그런데도 동빈이가 이런 행동을 계속한 것은 행동의 결과들 때문인데, 아이들의 관심을 끄는 데 매번 성공했고, 상황을 회피하고 싶을 때마다 상대방을 '툭툭 치고 메롱' 하면 그 상황이 그냥 넘어가서 편했기 때문이다.

행동 치료사는 이러한 분석을 근거로 구체적인 행동개입 계획을 세웠다. 첫째, '툭툭 치고 메롱' 하는 행동을 대신할 수 있는 행동들을 교육했다. 예를 들어, 아이들의 관심을 끌기 위해 자신의 장난감을 보여주거나, 아이들이 좋아하는 게임에 대해 이야기하면서 다가가도록 했고, 부탁을 들어주고 싶지 않을 때는 "미안하지만 안 되겠어"라는 말로 거절하도록 가르쳤다. 둘째, 아이에게 교육할 행동을 그룹 놀이를 통해 실제로 자신도 해보고 다른 친구들이 하는 모습도 관찰하게 했다. 그리고 바람직한 행동이 나올 때마다 칭찬해서 그 행동을 강화했다. 셋째, 동빈이가 '툭툭 치고 메롱' 하는 행동을 할 때마다 무시하거나 또는 그런 행동을 해도 부탁을 포기하지 않도록 주변 사람들을 교육시켰다. 넷째, 매주 그룹 치료에서 동빈이가 '툭툭 치고 메롱' 하는 행동을 몇 번이나 하는지 계속 세어서 경과를 평가하고, 부모와 담임 선생님도 동빈이의 행동에 일관되게 반응하도록 지속적으로 개입

했다. 동빈이가 '툭툭 치고 메롱' 하는 행동을 하지 않게 되자 선생님과 아이들의 비난이 줄어들었고, 동빈이의 사회 적응 능력은 발달하기 시작했다.

루돌프연구소가 설립된 2005년에 BCBA 자격을 가진 행동 치료사들은 우리나라에서 손가락으로 꼽을 정도였다. 그나마 대부분 대학교에서 강의를 하고 있어서 그 당시 행동 치료를 받았던 자폐적인 아이들은 극소수였다. 지금은 BCBA를 희망하는 학생들이 많아져서 국내 여러 대학교에서 대학원 과정을 운영하고 있다. 우리나라에서 시험을 통해 미국에 있는 ABA 본부가 승인하는 BCBA 자격을 얻을 수 있어서 그런지 행동 치료사들이 점점 늘어나고 있다. 2019년 현재 BCBA 자격을 갖춘 한국 국적의 행동 치료사들은 108명이며 ABA 홈페이지에서 그 명단을 확인할 수 있다.

다양한 치료들 ────

우리나라에서 자폐적인 아이들이 받고 있는 치료는 매우 다양하다. 언어 치료, 작업 치료, 감각 통합 치료, 인지 치료, 놀이 치료, 음악 치료, 미술 치료, 심리 운동 치료 이외에 내가 모르는 치료도 있을 것 같다. 자폐스펙트럼 장애 증상의 다양성을 생각할 때, 어떤 치료를 해야 하고 어떤 치료를 하지 말아야 한다고 말하기는 어렵다. 다만, 몇 가지 반드시 고려할 것들이 있다.

첫째, 치료 계획은 맞춤옷을 재단하듯 아이의 증상과 특성에 맞게

세워야 한다. 루돌프연구소를 찾아오는 엄마들 중에 간혹 자폐스펙
트럼 장애의 치료는 언어, 놀이, 감각 통합, 이 3가지가 기본 세트라고
하는데, 나는 이런 '이론'에 대해 아직까지 학술적인 연구 결과로 접
해 본 적이 없다.

둘째, 치료를 위한 비용과 시간이 적절한지 잘 따져보아야 한다. 증
상의 정도나 아이의 특성을 고려하지 않고 주변에서 좋다고 하는 치
료들을 무작정 아이에게 쏟아붓는 부모들이 많다. 아이가 기회를 놓
치지 않도록 하나라도 더 잘 해주려고 노력하는 부모의 마음은 이해
하지만, 아이가 다 성장한 후에 과연 그게 최선이었는지 후회하는 부
모들을 종종 본다. 어릴 때 무작정 쏟아부었던 비용을 아껴두었다가
성인이 된 후 자립을 돕는 비용으로 사용했어야 했다고 후회하는 엄
마도 있었다. 가장 안전한 방법은 아이의 증상을 정확하게 검사 받은
후 전문가와 상의해 적합하고 효율적인 치료 계획을 세우는 것이다.

약물 치료 ────·

사람들과 소통을 잘하게 해주는 마법 같은 자폐 특효약은 아직 없
다. 그러나 아이가 생활하는 데 도움을 주는 약들은 있다. 집중력을
높여주거나, 불안과 강박을 줄여주거나, 충동성이나 우울감을 낮추거
나, 감정 조절을 위해 처방하는 약들이 있다. 약물 치료를 결정할 때
우선 고려할 일은 약물 치료를 해서 얻는 것이 더 많은지 부작용이 더
큰지 꼼꼼하게 따져보는 것이다. 약물 치료는 무엇보다 아이를 위해

하는 것이다. 약을 먹고 나서 아이의 행동이나 모습이 안정돼 보이면 실제로 아이가 편안함을 느낀다고 봐야 한다. 똑같이 자폐스펙트럼 장애 진단을 가지고 있어도 자폐적인 증상이 개인에 따라 다르기 때문에 적용되는 약도 개인의 증상에 맞춰 다르게 처방된다.

전문의가 아이의 증상에 대해 정확하게 파악하고 나서 약을 권한다면, 나는 고민하는 부모들에게 약 복용을 적극 권한다. 약 복용의 효과가 좋으면 행동 치료만 하는 것보다 훨씬 작은 노력으로 더 빠른 시간 안에 더 좋은 결과를 기대할 수 있기 때문이다. 약물 치료 후 아이에게 부작용이 나타나거나 별다른 효과가 없다면 그때 그만두면 된다. 불안한 기질을 가지고 있거나 강박적인 성향이 있는 아이에게는 당장 필요하지 않더라도 위기 상황에 대비한 하나의 방안으로 약물 치료를 미리 생각해두는 게 좋다.

7

3년 전 일이다. 연구소에 출근해 컴퓨터를 켜고 전자 메일함을 열어보니 캐나다에서 모르는 사람으로부터 온 메일이 한 통 있었다. 캐나다의 한 인권변호사가 보낸 것이다. 그 변호사는 캐나다의 온타리오에서 태어난 3세 어린이 소담이를 위해 조지워싱턴대학교의 그린커 교수로부터 소개를 받아 내게 메일을 쓴다고 했다.

소담이는 아이들이 5명 있는 탈북자 가족의 막내아들인데 '자폐스펙트럼 장애 3수준' 진단을 받았다고 했다. 자폐스펙트럼 장애는 1수준부터 3수준까지 진단을 하는데, 그중 가장 중증일 때가 3수준이다. 우리나라로 치면 가장 심각한 장애 등급인 '자폐 장애 1등급'을 받은 것과 비슷하다. 소담이 가족은 캐나다에 정착하기 위해 재판 중인데, 이 재판에서 패소하면 추방된다고 했다.

온타리오의 이름으로 ————•

소담이가 살고 있는 온타리오주에는 자폐스펙트럼 장애를 가지고 태어난 아이들을 위한 전문가위원회가 있어서 과학적인 연구 결과에 기초해 가장 이상적인 치료를 조언한다. 또한 온타리오주에서는 소담이처럼 중증의 자폐를 가진 아이들에게는 치료 효과가 가장 좋은 2세부터 5세 이하 시기에 조기 심화 행동 치료EIBI: Early Intensive Behavioral Intervention를 주당 20~40시간 1~2년 간 제공하는데, 완전 무상 치료 지원을 하는 캐나다에서 몇 안 되는 곳이다.

소담이 가족에 대한 상황으로 시작한 편지에는 온타리오주에서 자폐적인 아이들을 위해 하는 일들이 아주 구체적으로 쓰여 있었다. 온타리오주의 아동청소년부에서는 2000년부터 중증의 자폐적인 아이들에게 심화 행동 치료를 지원하기 시작했다. 하지만 대기하는 아이들이 많거나, 중증 자폐가 아니어서 심화 행동 치료 대상이 아니거나, 효과적인 치료의 결정적인 시기가 지난 5세 이상의 아이들에게 주 2~4시간의 ABA 치료를 2~6개월 간 제공한다. 필요한 경우 ABA 치료를 몇 번 더 반복해 받을 수 있다. 그 외에 부가적인 서비스로, 치료 기관과 집 사이 이동 편의 제공, 학교 선생님들 교육, 부모들이 휴식을 취할 수 있도록 아이들을 수영, 볼링, 스케이트, 캠핑 등에 데리고 가는 일까지 한다. 이러한 서비스를 받은 아이들이 온타리오주에 2,000명이 넘는데, 그 수를 더 늘리기 위해 예산을 1억 9천만 달러에서 3억 3,300만 달러로 증액할 예정이란 내용까지 편지에 써 있었다.

소담이의 자폐 증상이 현재 많이 심각하기 때문에 잘 치료를 한다 해도 평생 국가의 지원을 받아야 할 것으로 보이는데, 온타리오주에서는 자폐스펙트럼 장애를 가진 성인들에게도 교육을 지원하고 직업을 갖도록 돕는다. '온타리오 장애자 지원 프로그램'에서 1,000캐나다 달러(한화로 약 100만 원)를 월 생활비로 지급하는데, 장애자 지원금을 받지 못하는 사람들은 온타리오주 소통사회서비스부에서 제공하는 '패스포트'라는 기금의 서비스를 받을 수 있다. 이 기금은 장애를 가진 사람이 독립적인 생활을 하도록 돕기 위한 목적으로 운영하는데 장애인 지원금과 비슷한 액수 또는 그 이상을 지원한다.

자폐스펙트럼 장애를 가진 사람들의 취업을 돕기 위해 연방정부도 예산을 늘리고 있다고 했다. 경미한 증상의 자폐적인 사람들을 위해 후속 교육 프로그램도 운영한다고 하는데, 이것은 고등학교 졸업 이후의 전문학교나 대학에서의 후속 교육을 말한다. 은퇴 후 프로그램도 있다. 노인을 위한 시설은 물론, 노후에 올 수 있는 불안, 우울, 외로움 같은 문제들을 관리하는 프로그램이다. 노후를 위한 저축도 돕는데, 저소득층의 경우 매월 100만 원 정도를 저축해 평생 2억 원까지 모을 수 있게 도와준다고도 했다.

편지 내용에 숨이 찰 정도였다. 편지의 마지막 부분은 다음과 같은 뉘앙스의 질문이 기다리고 있었다. "그러니까, 소담이가 온타리오에서 부모와 함께 살 수 있도록 당신도 도와야 마땅하지 않겠습니까?" 나는 대한민국이나 북한으로 소담이 가족이 돌아가는 것보다 온타리오에서 사는 것이 소담이를 위하는 일이라는 편지를 썼지만, 보내지 않았다. 그때부터 나는 소담이와 소담이 가족이 받을 수 있는 우리 정부와 지자체의 지원을 조사했다. 대한민국에서도 소담이는 내가 생각했던 것 이상의 다양한 지원을 받을 수 있다. 장애를 가진 아이를 키우는 탈북자라면, 지원 액수는 캐나다보다 적지만, 정부나 지자체 그리고 다양한 기관으로부터 여러 가지 지원을 받을 수 있도록 법적으로 비교적 잘 돼 있다.

그러나 소담이와 같은 중증의 자폐적인 아이들에게 심층적으로 행동 치료를 지원하는 프로그램은 우리나라에 아직 없다. 캐나다에서 제공하는 주 20~40시간의 행동 중재 치료 프로그램을 한국에서 받으려면 중산층의 부모가 자신의 수입을 모두 치료에 써야 한다. 우리나라 대기업 중에 장애를 가진 직원들의 자녀에게 상당한 액수의 치료비를 지원하는 곳이 있긴 하다. 하지만 이 지원은 일반 국민이 받을 수 있는 것이 아니다. 우리나라에서 자폐 장애를 등록하면 바우처 형태로 일부 치료 지원을 받는데, 행동 치료사가 충분하게 확보되지 않아서 행동 치료가 아닌 다른 대체 치료들을 받는 경우가 많다. 하지만 행동 치료사들이 꾸준히 늘고 있는 추세여서 국가에서 무상으로 제공하는 행동 치료를 받는 날이 가까운 미래에 올 것이라고 믿는다.

다음 날 캐나다 변호사로부터 답을 재촉하는 메일이 또 왔다. 상황이 급박한 것 같았다. 나는 온타리오 재판부에 편지를 보냈다. 한국의 전문가로서 소담이가 현재 최적의 지원을 받을 수 있는 곳은 온타리오라고 했다. 메일을 보내고 나니 마음이 씁쓸했다. 장애를 가진 국민에 대한 국가의 역할을 한참 동안 생각했다.

전국장애인부모연대 ————·

장애를 가진 아이들의 인권과 권익을 주장하는 사람들은 어느 나라 어느 사회에서나 부모들이다. 국가와 싸우며 법을 만들고 복지 시스템을 만들어 가는 사람들도 부모들이다. 부모들이 모인 여러 단체들이 있긴 하지만, 전국에 153개 지회를 가진 '전국장애인부모연대'(이후, 부모연대)는 우리나라에서 가장 규모가 크다. 그 큰 규모만큼 큰일들을 이루어냈다. 2007년에는 장애인등에 대한 특수교육법, 2011년에는 장애아동복지지원법, 2014년에는 발달장애인 권리보장 및 지원에 관한 법률이 제정되는 데 중요한 역할을 했다. 부모연대에서는 아직 시행 초기 단계에 있는 법령들이 집행되기 위해 정부가 상응하는 예산을 지원하도록 요구하고 또 제대로 집행되는지 감시하고 있다.

장애 관련 법들이 시행되면서 발달 장애를 가진 아이들의 교육권과 생존권에 큰 변화가 일어나고 있다. 예컨데 발달 장애를 보이는 영유아들이 어린이집을 다니기 시작하면서부터 특수교사의 보살핌을 받고 있으며, 이런 사례들이 빠른 속도로 증가하고 있다. 부모연대에서 추구하는 목표는 장애를 가진 아이들이 자신이 살고 있는 삶의 터전에서 스스로 살아가는 데 필요한 만큼의 지원을 받는 것이다.

자폐스펙트럼 장애를 가진 아이들을 진단하고 치료하는 일을 하다 보면, 장애를 가진 아이들을 한 사회의 구성원으로 키우고 또 안전하게 살아가게 하는 일은 부모나 개인이 할 수 있는 차원을 넘어선다는 것을 알게 된다. 제대로 된 국가라면 장애가 있든 없든 어린아이들이 건강하게 자라도록 지켜주는 일을 우선순위에 놓아야 한다고 생각한다. 소담이가 온타리오에서 사는 것이 좋겠다는 편지를 내가 쓴 이유는 캐나다의 조건들이 우리나라보다 더 좋다는 판단 때문만은 아니다. 내가 경험한 미국이나 유럽의 모든 선진국들 중에 캐나다가 소박하고 따뜻한 마음을 가진 사람들이 가장 많이 사는 나라이기 때문이다. 그래서 온타리오에서 온 편지에 담겨 있듯이 장애가 있는 아이들에게 많은 정성을 쏟는 나라가 됐다고 나는 생각한다.

6장

자폐스펙트럼 장애,
어디까지 진단해야 하나?

자기 아이에 대한 기대와 사랑이 크지 않은 부모는 없을 텐데, 그 아이가 자폐스펙트럼 장애 진단을 받았을 때 마음이 무너져 내리지 않는 부모는 없을 것이다. 증상이 심각하든 경미하든 자폐적인 아이들의 삶은 보통 아이들의 삶과 다르다. 그래도 경미한 경우가 낫다고 생각하기 쉬우나 아이의 증상이 경미하다고 고통이 더 적고 더 행복하게 보이지는 않는다. 지금까지 내 경험에서, 자살을 생각하고 극단적인 시도까지 하는 아이들은 모두 아주 경미하게 자폐적이고 똑똑한 아이들이었다. 거꾸로 증상이 크다고 더 불행하고 더 고통이 많아 보인다고 할 수도 없다.

'자폐증'이 '자폐스펙트럼 장애'로 진단명이 바뀌면서 진단의 범위가 확대되고 유병률이 갑자기 증가한 것은 사실이다. 부모들은 반기기도 하고 우려하는 모습을 보이기도 한다. 사회 적응을 못하는 아이가 도대체 무슨 문제를 가지고 있는지 몰라서 고통 받던 부모들은 정확한 진단을 받고 나면 이제는 대부분 '안도'한다. 하지만 아이의 증상이 경미한데도 진단을 받으면 혹시라도 사회에서 차별을 받게 될까봐 여전히 걱정하는 부모들이 있다. 다른 한편으로 중증의 증상을 보이는 아이들의 부모 입장에서는 큰 어려움이 없어 보이는 경미한 아이들 때문에 심각한 어려움을 가진 자기 아이들이 주목받지 못하거나 국가의 보호를 덜 받을 수 있다는 우려를 하기도 한다. 평생 독립적으로 살아갈 수 없는 아이를 두고 세상을 먼저 떠나는 것이 가장 두렵다는 부모들을 지금까지 나는 많이 만났다.

　내가 지자체 예산으로 자폐적인 아이들을 돕는 사업을 할 때 일이다. 시의회에서 의결한 예산을 받지 못해 그 사업이 중단될 위기에 처했다. 담당 공무원이 중증의 자폐 장애를 가진 아들의 아버지였는데, 일반 학교에 다니는 아이들에게 지자체 예산으로 치료 혜택을 주는 것이 부당하다고 결재를 안 했기 때문이다. 이유를 모른 채 그 사업이 계속 미루어지다가 다른 공무원들의 도움으로 다행히 진행될 수 있었다.

1

자폐라는 퍼즐을
완성하기 위한
스펙트럼 조각들

자폐 연구의 발전에 지대한 공헌을 한 영국의 정신의학자 윙의 딸은 경미하지 않은 자폐 증상을 가지고 있었다. '아스퍼거증후군'을 자폐의 범주에 포함시키고 '자폐증'을 '자폐스펙트럼 장애'로 확대하려고 노력한 과학자로서의 윙 그리고 엄마로서 윙 모두 나는 전적으로 이해한다. 특히 과학자로서의 윙에게는 자폐라는 퍼즐을 완성하기 위해 스펙트럼 조각 하나하나가 모두 필요하지 않았을까.

연구하는 사람들은 연구 결과가 어떻게 나오든 자신이 연구하는 것의 근본을 알고 싶어한다. 내가 아주 경미하게 자폐적인 아이들의 사소한 행동일지라도 놓치지 않고 관찰할 수 있는 것은 그 행동의 뿌리를 중증의 아이들에게서도 보기 때문이다. 거꾸로, 중증의 아이들이 반복적으로 어떤 행동을 하는 이유를 경미한 아이들을 관찰함으로써 이해할 수 있었다. 자폐적인 사람들의 뇌가 어떻게 기능하는지 fMRI를 이용해 추적하는 뇌기능 연구자들에게 협조한 경미한 증상의 자폐적인 사람들이 없었다면 자폐적인 뇌에 대한 이해가 지금 수준에 이르지 못했을 것이다. 연구자들의 부단한 노력은 완치를 향한 도전이다. 완치가 무엇을 의미하는지에 대한 합의는 아직 없지만 말이다.

경미한 자폐 증상을 가진 아이들도 어릴 때는 중증 아이들의 전형적인 상동행동들을 많이 한다. 윙은 경미한 아스퍼거증후군을 가진 사람들의 다양한 어려움을 발견하면서 자폐를 스펙트럼으로 보아야 한다고 생각을 발전시켰다. 아스퍼거 교수의 사례들과 자신의 아스퍼거증후군 사례들을 함께 연구하여, 아스퍼거가 당시에 생각지 못했고 알지 못했던 것들을 찾아냈다.[9]

첫째, 아스퍼거증후군을 가진 아이들은 언어 발달에 어려움이 없다고 알려졌는데 윙은 그 아이들이 모두 말을 잘한 것은 아니라고 했다. 언어 발달이 다소 늦어지는 경우도 일부 있었고, 일상적인 자연스러운 말이 아니라 책이나 다른 사람들로부터 듣고 배워 기억한 말들을 부적절하게 사용하는 경우들이 흔하다고 했다. 나도 많이 관찰하는 것들이다.

둘째, 아스퍼거는 자폐적인 아이들의 창의적인 발상이나 생각을 매우 중요하게 여겼는데, 윙이 관찰한 바에 의하면 사고 범위가 좁고 지나치게 구체적이며 대부분 사고가 연속적인 논리의 틀 속에 한정된다고 했다. 다만, 상식에 반하는 엉뚱한 아이디어들이 참신하다는 느낌을 줄 수 있다고 했다. 윙의 생각이 틀린 것은 아니지만 나는 윙보다는 아스퍼거의 생각에 더 동의한다. 자폐적인 아이들의 발상이 엉뚱한 경우가 많기는 하지만 그 엉뚱한 생각들이 모두 쓸모없지는 않다. 오히려 그 반대일 수도 있다. 아름다운 사람들이나 풍경이 아닌 통조림 깡통을 그려야겠다는 발상이 팝아트라는 새로운 미술 세계를 열었다. 컴퓨터와 전화기를 하나로 합쳐 손안에 넣고 다니겠다는 발상이 우리 호모사피엔스의 생활을 완전히 바꾸어놓았다.

셋째, 사회 적응이 어렵지만 지적인 능력이 떨어지지 않는 아이들이 성장해가면서, 자신의 정체성에 대한 부적절감 그리고 사회 부적응 등으로 인한 우울, 불안, 피해의식, 그리고 심한 경우에는 조현병 같은 정신 질환에 취약했다고 한다. 내 경험에도 자폐적인 증상이 경미할수록 본인이 지각하는 정신적인 혼란이나 고통은 더 커 보였다.

우리의 유병률 연구가 2011년《미국정신과학회지》에 발표되고 학술지《네이처》에 올해의 주요 연구로 선정됐을 때, 자폐스펙트럼 진단 검사(ADI, ADOS)의 주요 저자인 캐서린 로드Catherine Lord가 네이처에 그 연구 결과를 해설했다.[50] 그녀는 그 당시까지 1% 남짓하다고 생각해 온 자폐스펙트럼 장애 유병률이 한국에서 남자는 3.74%, 여자는 1.47%(전체 2.64%)로 나와서 놀랍다고 했다. 통상적으로 병원이나 치료 센터 등의 임상 현장에서 대상자들을 찾아내 유병률을 산출하는데 한국 연구에서는 '일반 학교'에서도 자폐스펙트럼 장애를 가지고 있는 아이들을 찾아내려고 시도한 것도 놀랍다고 했다. 그러면서 학교를 잘 다니고 일상 생활에 어려움을 겪지 않는 아이들까지도 진단하는 것이 맞는지 의문을 제기했다.

이런 생각을 하는 사람은 로드 하나만이 아니다. 지금도 루돌프연구소는 자폐스펙트럼 장애 진단을 과도하게 한다는 이야기도 듣고,

ADHD 아이들도 자폐스펙트럼 장애로 진단한다는 이야기도 듣고 있다. 하지만 우리가 일반 학교에서 찾아낸 자폐적인 아이들은 일상생활에 문제가 없는 아이들이 아니었다. 그 당시 우리나라에서는 자폐의 대표적인 몇 가지 증상을 빈번하고 뚜렷하게 보이는 극히 소수의 아이들만 진단을 받았다. 뿐만 아니라 아이들이 정신과의 도움을 받는 것 자체가 큰 불행이라고 생각했다. 어려움이 없었던 것이 아니라 어려움이 방치되고 있었던 것이다.

2

어른으로 성장한
자폐적인 아이들

이제부터 루돌프연구소에 찾아왔던 경미한 증상의 자폐적인 아이들이 어른으로 성장한 사례들을 소개하겠다. 어릴 때 루돌프연구소에서 자폐스펙트럼 장애 진단을 받고 치료한 후 성인이 된 남자 3명과 성인이 되도록 자기에게 자폐스펙트럼 장애가 있는지 모르고 살아오다가 최근에 루돌프연구소를 찾아온 청년 한 명, 그리고 자폐적인 여자아이들에 대해 이야기하려고 한다. 이 사람들은 어릴 때 언어 발달이 또래보다 늦은 경우도 있었지만 지금은 모두 말을 유창하게 잘한다. 지능도 평균 이상인 아이들이었으며 영재에 속하는 아이도 있었다. 미국에서 진단을 받고 귀국한 수영이를 제외하고, 나머지 사람들은 루돌프연구소를 찾아오기 전까지 자폐스펙트럼 장애 진단을 받은 적이 없었고, 따라서 사회성 발달을 위한 치료도 받은 적이 없었다. 이 사람들의 사례를 통해, '자폐스펙트럼 장애 진단을 어느 수준까지 해야 하는가?'라는 내 고민을 독자들에게 전달하고 싶다.

미국에서만 진단을 받을 수 있었던 수영이 ————

걷기 시작한 수영이는 엄마가 공을 던져주어도 그냥 무심하게 지나쳤다. 걱정이 되기는 했지만 유학 중인 엄마 아빠는 검사를 미루다가 수영이가 4세가 되고서야 자신들이 공부하고 있는 대학의 병원에 가서 검사를 받았다. 언어 발달이 너무 늦어지는 것을 더 이상 방치할 수 없었기 때문이다. PDD-NOS(달리 상세할 수 없는 전반적 발달 장애)진단을 받았다. PDD-NOS는 2013년까지 사용된 DSM 4판에 나와 있던 진단명인데, 일반적인 발달 장애를 보이는 아이들이 여기에 해당한다. 치료가 필요한 자폐 증상을 보이기는 하지만 증상이 경미해 딱히 자폐 장애라고 진단하기 어려울 때 또는 자폐 진단 이외에 더 적절한 다른 진단을 하기 어려울 때 받는 진단명이다. 병원에서는 PDD-NOS 진단을 주기는 하지만 '자폐스펙트럼 장애'라고 봐야 한다고 했다. 당시는 자폐스펙트럼 장애라는 현재의 진단명이 공식적으로 나온 DSM 5판 사용 이전이었다.

수영이의 치료가 시작됐다. 엄마와 아빠는 자폐적인 아이들에게 가장 적합한 치료가 ABA 행동 치료라는 말을 듣고 수영이가 하루 2시간씩 주 10시간 치료 받도록 했다. 행동 치료사인 티나의 주도로 수영이의 치료 계획을 짰다. 나중에 한국에서 살 것을 고려해 한국말을 하는 두 명의 한국인 도우미를 구해서 엄마 아빠와 함께 수영이를 양육했다. 지능이 좋은 것 같으니 글자를 먼저 가르치자는 티나의 제안으로 통문자를 하나씩 보여주며 가르쳤는데 예측이 맞았는지 금방 말을 시작했고 사회성도 조금씩 발달했다. 소통이 잘 안 되는 수영이 같은 아이를 치료할 때 부모와 치료사에게 가장 필요한 덕목은 따뜻한 마음과 인내심이다. 수영이 부모는 자폐적인 아이들의 '부모 서포터' 그룹에 가끔 참석했는데, 이미 비슷한 과정을 겪어본 그룹 리더의 따뜻한 위로의 말들이 큰 용기를 줬다고 한다.

2000년대 초반 수영이 가족은 유학을 마치고 한국으로 돌아왔다. 수영이 치료를 지속하기 위해 지인들에게 소개받은 상담센터와 권위 있는 대학병원들을 찾아다녔다. 미국에서 가지고 온 검사 보고서와 진단서를 보고도 한국 의사들은 엄마와의 애착 문제나 엄마의 양육 방식 문제들을 지적하면서 치료 방안보다는 엄마의 역할을 강조했다고 한다. 한국에서 초등학교에 입학하면서 새로운 상황에 잘 적응하지 못하는 수영이의 불안이 점점 더 커졌다. 수영이가 루돌프연구소를 찾아 온 것은 초등학교 3학년 때였는데, 그 당시 한 대학병원에서 항우울제를 처방받아 복용하고 있었다. 이 처방은 새로운 상황에서 불안이 커지는 수영이에게 도움이 된 것 같았다.

수영이가 엄마와 함께 루돌프연구소에 온 첫날의 기억이 아직도 또렷하다. 수영이는 소위 '밀덕'이었다. 밀덕은 '밀리터리 오덕후'의 준말이며 군대나 총기 정보에 대한 광팬 또는 매니아라고 인터넷 사전에 나온다. 수영이는 뽀얗고 귀여운 인형 같은 느낌을 주는 아이다. 내가 인형이라고 표현한 것은 수영이의 표정 변화가 거의 없고 기계적인 단조로운 말투 때문이다. 착하고 친절한 마음이 전달될 만큼 예의바르게 행동하려고 노력하는 수영이는 내게 군인들 피규어에 대해 한참 동안 이야기를 했다. 수영이는 초등학교 고학년이 되면서 몇 년간의 사회성 치료의 성과로 얻은 사회적 능력과 사회생활에 대한 자신감을 가지고 루돌프연구소를 '졸업'했다. 수영이 정도면 자폐 증상도 경미하고 공부도 잘하고 또 치료도 어느 정도 되었으니 큰 문제 없이 잘 살아갈 것이라고 생각했다.

최근에 만난 수영이 엄마는 "대학생이 된 수영이를 키우면서 가장 힘든 순간이 언제였나요?"라는 질문에 수영이가 중학교에 들어간 때였다고 대답했다. 중학교는 초등학교와 달랐다고 한다. 야생마 같은 동급생들은 수영이를 장난감처럼 건드리고 괴롭혔다. 결국 학폭(학교폭력위원회)에 호소할 수밖에 없었고, 수영이 부모는 학폭위원들 앞에서 여섯 페이지에 달하는 사유서를 읽었다고 한다. 중학교 2학년 때 무조건 '학교를 탈출해야 한다'는 생각으로 수영이 엄마는 회사에 휴직계를 내고 수영이와 미국으로 떠났다. 미국 학교의 아이들은 자신들과 다른 수영이를 괴롭히지도 않았고 조심해서 대했다고 한다. 항우울제를 더 이상 먹지 않아도 될 정도였다. 밀덕 동호회에서 회원들과 어울리기도 하고 드럼도 배우면서 스마트폰이 없어도 불편해하지 않았다고 한다. 자폐적인 우리나라 아이들이 유럽이나 미국에 가서 평화로운 시기를 보내고 온 경우들을 나는 적지 않게 만나보았다. 아마도 그 나라들이 인권에 대한 교육이 더 잘 돼 있기 때문이 아닐까 하는 생각을 해 본다.

수영이는 고등학교에 들어가기 위해 귀국했다. 그런데 이번에 수영이에게 두려움을 안겨준 것은 같은 반 학생들이 아니라 담임선생님이었다. 사병을 훈련하듯 엄격하게 반을 운영하는 선생님을 학생들은 뒤에서 '사무라이'라고 불렀다. 청소년기에 미국식 교육을 받았을 뿐 아니라 불안한 성향을 가진 수영이에게 '사무라이' 담임은 악몽이었다. 두려움 때문이었는지 수영이는 저항의 방법으로 '자살하겠다'는 말을 자주 했다고 한다. 학교 창문에서 뛰어내리겠다고 하는가 하면 집에서 칼로 목 뒤를 긁기도 했다. 나는 이야기를 듣다 놀라서 "얼마나 다쳤는데요?" 물으니, "조금 긁힐 정도로요"라며 수영이 엄마는 웃었다. 지금은 웃지만 당시에는 얼마나 놀랐을까. 수영이처럼 불안한 성향의 자폐적인 아이는 한 가지에 빠지면 너무 빠져서 헤어나기 어렵다. 두려움을 갖게 되면 두려움에 대한 상상이 지나쳐서 너무나 비약하게 되고 점점 더 헤쳐 나오기 어려워진다.

수영이 엄마가 지금 가장 크게 후회하는 것은 아이가 그렇게 힘들어하는데 학교를 보낸 것이라고 한다. "그냥 홈스쿨링하면서 아이가 좋아하는 공부를 시킬 걸 그랬어요"라고 한다. 자폐 증상이 경미하지 않다면, 나는 엄마들에게 이렇게 권한다. "내 아이가 다른 아이들과 똑같은 과정으로 커야 한다는 생각을 버리세요. 그 보다는 아이의 먼 미래를 상상해보세요. 내 아이가 어떻게 자라면 가장 행복하게 자신에게 필요한 공부를 하면서 성장할 수 있을지 생각해보세요." 그러나, 만약 아이의 증상이 경미하고 지능도 높다면 이렇게 말 할 자신이 없다.

이제 수영이 엄마의 걱정은 한 가지다. 수영이가 '소속될 곳이 어디인가'이다. 수영이는 여전히 정신과에서 약을 처방받고 있으며 상담을 받기도 한다. 최근에는 동네 정신과 병원에 다니는데, 의사 선생님이 좀 이상하긴 하지만 그 사람에게 약을 처방받고부터 수영이가 아주 편안해 보인다고 했다. 의사 이름을 듣고 나는 바로 이해했다. 내가 만난 적이 있는 그 정신과 의사는 자폐적인 성향이 있는 의사다. 어쩌면 환자를 아주 잘 이해해서 정확하게 필요한 약을 처방하고 있을지 모르겠다는 말을 하니 수영이 엄마도 수긍이 된다며 나와 함께 빙긋이 웃었다.

천진난만한 영재 소년 지석이 ─────

이제 간신히 6개월이 된 아기가 보행기에 앉아 유리창 밖 철길을 오가는 기차를 하염없이 쳐다보고 있다. 마치 신기한 현상을 관찰이라도 하는 듯 미동도 없이 빠져있다. 지석이는 언어 발달이 늦었다. 2세가 지나고 나서 또래들은 문장으로 쫑알거릴 때 처음으로 "담쥐(다람쥐)"라고 말했다. 사실 지석이는 말하기 전부터 알파벳을 알고 있었고 흰양말에 집착하거나 아기 우는 소리가 나면 귀를 막고 힘들어 하는 모습이 첫째 아이와 달랐다. 대학 병원에서 진료를 받기도 하고 발달센터에서 놀이 치료를 받아보기도 했다. 무엇이 문제인지 알 수 없었고 딱히 달라지는 것도 없어서 초등학교에 입학하면 잘 할지 지석이 엄마는 늘 걱정했다. 루돌프연구소에 처음 왔을 때 지석이는 5학년이었다. 언어성 IQ가 148점으로 만점에 가까웠고 기억력과 수계산 능력이 최고점이었다.

지석이는 한 번 마음에서 꽁 하면 절대로 잊지 않는 아이였다. 한번은 엄마 친구 딸에게 놀림을 당해 서로 다투었는데, 엄마는 둘 사이에 좋은 결말이 나오지 않을 것을 알고 싸우는 도중에 집으로 데리고 왔다. 1년 후 엄마는 그 친구를 다시 만났는데, 지석이는 엄마 친구의 딸을 보자마자 달려가 뺨을 때렸다고 한다. 영리하고 공부를 잘해서 그랬는지 저학년 때는 별 무리 없이 지냈는데 고학년으로 올라갈수록 아이들과 문제를 일으켰다. 지석이가 눈치 없는 행동을 하거나 이기적인 행동을 하면 아이들이 지석이를 놀리는 패턴의 연속이었다. 심지어 어떤 아이들은 '바보'나 '장애아'라고 놀렸다. 영재라고 할 정도로 똑똑한 아이가 너무 자기중심적으로 판단하고 행동했기 때문인 것 같다. 예를 들어 지석이는 유아 시절부터 양보라는 게 없었다. 친구들과 과자를 나누어 먹으라고 해도 절대로 나누어주지 않았다. 지석이 엄마는 아이가 학교에서 아무리 공부를 잘 해도 또래들에게 어떻게 대우를 받을지 잘 알았기 때문에 진단을 받자 곧바로 루돌프연구소에서 치료를 받기 시작했다.

사회성 발달 프로그램에 참여하면서 지석이는 아주 많이 달라졌다. 여자 친구가 생겼기 때문이다. 6학년 때 동갑인 영지가 같은 치료 그룹에 들어왔는데 나이도 같았고 서로 좋아했다. 루돌프연구소에 항상 일찍 와서 창밖으로 영지가 오는지 보고 있다가 나타나면 바로 뛰쳐나가서 손잡고 들어오기도 하고 때로는 영지를 업어주기도 했다. 서로 예쁘고 잘 생겼다고 쓰다듬어주기도 하고, 자기 것을 절대로 나누어주지 않던 지석이가 맛있는 것이 생기면 영지의 입에 넣어준 적도 있다. 루돌프연구소 치료사들은 이성을 대하는 방법에 대해 가르치지 않았는데 이런 예기치 않은 상황에 당황했고, 두 아이들의 애정 표현이 너무 유치하거나 과해서 민망할 때도 있었다. 다른 아이들이 놀리지 않을까 걱정도 했지만 같은 그룹의 나머지 4명 그 누구도 지석이와 영지를 놀리지 않았다. 동성의 또래집단에서 성정체감을 키운 경험이 별로 없는 루돌프 아이들에게는 이들의 행동이 별로 거슬리지 않았던 것 같다.

지금 지석이는 대한민국에서 가장 들어가기 어려운 대학을 졸업했고 대학원에서 학업을 계속하고 있다. 나는 오랜만에 지석이 엄마를 만나서 루돌프연구소를 떠난 이후에 대해 알아보았다. 이런 저런 이유로 초등학교 고학년 때부터 시작된 따돌림과 괴롭힘은 지석이가 고등학생이 될 때까지 지속됐다고 한다. 한번은 심하게 맞고 온 적도 있었는데 가해자 측에서 잘못을 인정하고 사과해 그냥 넘어갔다고 한다.

고등학교에 들어가서는 상황이 많이 좋아졌다. 지석이가 워낙 공부를 잘 하는 아이라 다른 아이들이 그냥 예외 취급을 하고 아무도 건드리지 않았다. 학교에서 수학 동아리 활동을 하면서 단짝까지는 아니지만 친구들과 어울릴 수 있었다. 지석이처럼 어릴 때 사람들과 어울리는 사회성 기술을 배운 아이들은 호의적인 사람들과 비교적 잘 지낼 수 있다. 점점 커가면서 지석이 주변은 원만하게 교류할 수 있는 사람들이 많아졌고, 이제는 다툼이나 갈등으로 고민하는 모습을 거의 보지 못한다고 했다. 주로 공부에만 몰두하는 사람들에게 둘러싸여 있어서 그런지 기숙사 룸메이트를 정하거나 학업을 수행하는 데 어려움이 없는 듯하다. 하지만 진정으로 마음을 나누는 단짝 친구가 있는지는 지석이 엄마도 모른다고 했다.

아무리 사람들과 갈등 없이 지낸다고 해도 자기중심적으로 생각하는 경향을 버릴 수 없는 자폐적인 사람들은 화가 날 때가 많다. 자기 생각대로 안 되거나, 사람들이 자기 방식을 따라주지 않거나, 자기 기준으로 누군가가 옳지 않거나, 전혀 예기치 않은 일들이 일어날 때 그렇다. 지석이가 일본 애니메이션에 빠지거나 다트 동호회 모임에 나가서 스트레스를 풀기도 하지만 자기를 화나게 만드는 일들을 다 막을 수는 없다. 한번은 지석이가 여행 중에 엄마에게 카톡을 했는데, 유적지에 관광객들이 낙서해 놓은 것을 보고 분개해서 사진 찍어서 보냈다. 하지만 어릴 때처럼 난리를 치지는 않았고 엄마에게 알려주는 정도로 흥분을 가라앉힌 것 같다.

지금 엄마의 걱정은 지석이에게 여자 친구가 없는 것이다. 여자를 사귀기에는 눈치나 기술이 너무 부족하다고 속상해 하며 다른 아이들처럼 결혼을 할 수 있을까 걱정했다. 나는 지석이가 어릴 때 여자 친구인 영지가 생각났다. 그 당시 이기적이라고만 생각했던 지석이가 너무나 많은 사랑을 마음에 간직하고 있어서 놀랐던 기억이 났다. 나는 지석이가 사랑하는 사람에게 자상하니까 훌륭한 신랑감이라고 말했다. 덧붙이면, 내가 최근에 만난 지석이는 잘생기고 예의바른 청년으로 성장해 있었다. 내가 정확하게 이해했는지 모르겠지만 현재 지석이는 역동적인 물리현상을 수식으로 기술하는 연구를 하고 있다고 했다. 대한민국의 과학을 이끌어가는 젊은 과학도로 성장한 것이다.

낭만파 규진이 ————

2006년 여름 상담을 원한다고 루돌프연구소에 메일을 보냈던 규진이 엄마가 꼭 11년이 지난 2017년 여름 다시 메일을 보냈다. 규진이 엄마가 첫 메일을 보냈을 때, 자신이 느낀 배신감이 소중한 자기 아들 때문인지 아니면 아이의 담임선생님 때문인지 매우 혼란스러운 상황이었다. 그런데 11년이 지나서 보낸 두 번째 메일에서는 규진이가 진짜로 배신자가 될 것 같은 매우 긴박한 상황이었다.

활달하고 영리하고 거기에 잘생기기까지 해서 모든 부모들이 탐을 낼만한 그런 아이가 바로 규진이였다. 자기 하고 싶은 대로 내버려 두었는데도 규진이는 초등학교 입학 전에 국어, 영어, 한자를 알았고, 고학년들이 하는 퍼즐을 맞출 정도였고, 맛있는 게 있으면 아이들에게 나눠줬다. 그런데 주변의 관심을 독차지했던 규진이는 학교에 들어가는 처음부터 삐걱거렸다. 수업이 마음에 안 들면 그냥 교실 밖으로 나가버렸다. 선생님의 지시나 꾸지람은 귓등으로도 안 듣는 것 같았다. 아이들과 게임을 하면 무슨 수를 써서라도 이기려고만 했다. 자기는 아이들에게 장난을 치면서 아이들이 규진이를 건드리면 참지 못했다. 맛에도 예민해 급식을 할 때 물컹하는 음식을 먹으면 바로 토했다. 선생님과 규진이가 함께 폭발한 것은 규진이가 나비를 그리다가 일어났다. 규진이는 선 밖으로 색이 벗어나도 안 되고 다시 그리기 위해 지운 자국이 종이에 남아 있는 것도 못 참았다. 규진이가 성질을 참지 못하고 난리를 치는 동안 참다 못한 담임선생님은 바로 엄마를 호출했다. 규진이에게 ADHD가 있다는 선생님의 주장이 마음에 안 들기도 했지만, 알고 지내는 관련 분야 대학교수와 상담한 결과 ADHD가 아니라는 말을 들은 규진이 엄마는 담임선생님이 틀렸다는 것을 입증하기 위해 그때부터 인터넷 검색에 들어갔다. 어떤 기준에서 그랬는지 몰라도, 규진이 엄마는 루돌프연구소가 바로 자신이 원하는 것을 해줄 수 있는 곳이라고 생각해 메일을 보낸 것이다.

검사 받으러 온 규진이는 개구쟁이 그 자체였고 말을 아주 잘 했다. 같이 놀다가 "혹시 너 이거 필요하면 말해"라고 하자, 곧바로 경쾌하게 "역시나 적시나 필요해요"라고 했다. 피규어들을 가지고 상상놀이를 하자고 했는데 집먼지진드기 이야기를 했다. 지능 프로파일은 영역에 따라서 완전히 널을 뛰었다. 잘하는 영역은 거의 만점에 가까운 점수를 받았고 못하는 영역에서는 지체 수준의 점수가 나왔다. 말로 하는 것은 대부분 잘 했고 손으로 조작하는 것은 엉망이었다. 규진이는 자신의 방식대로 사는 아이였으며 자신의 기준에서 합리적이지 않은 것들은 어떤 것도 받아들이지 못하는 아이였다. 규진이는 아스퍼거증후군(그 당시 DSM 4판 기준)진단을 받았다. 규진이가 충동성과 산만한 행동도 보여서 ADHD 진단도 필요하다고 생각했다. 지금은 진단 방법이 바뀌어 2가지 진단을 다 해주는 것이 맞지만, 그 당시 진단 기준에서는 아스퍼거증후군 진단을 하면 ADHD 진단은 따로 더 하지 않았다.

회계사인 규진이 아빠는 엄마에게 자상하고 아이들에게 부드러운 사람이었다. 아이들은 그렇게 자라는 것이고 엄마와 선생님이 모두 과도하게 반응한다고 생각했다. 다만 규진이 엄마가 힘들어하니 뒤에서 그 과정을 조용히 따르고 있었을 뿐이었다. 검사 결과가 나왔을 때 규진이 엄마는 아스퍼거증후군이 정확하게 뭔지 모르는 상황에서 진단이 중요한 게 아니라 아들을 어떻게 해야 하는지에만 관심이 있었다. 그런데 조용히 있던 규진이 아빠가 보고서를 다 읽고 나서, "규진이가 나하고 너무 비슷하다고 생각하지 않아?"라고 물었다. 내가 볼 때 규진이 아빠와 규진이는 성격이 아주 달랐지만 행동 성향은 매우 비슷했다. 활달하고 제멋대로인 규진이와 달리 규진이 아빠는 아주 조용하고 차분하게 자기 방식대로 세상을 살아가는 사람이다. 한번은 가족 여행을 계획하고 있는데 가방이 하나 더 필요하다고 하자, 규진이 아빠는 탄식을 하며 두 달 안에 가방을 구매하는 것은 불가능하다고 했다고 한다. "요즘은 가방의 종류가 너무 많아서 다 검색하고 비교하려면 그 시간 안에 살 수 없다"는 것이다.

규진이는 사회성 발달 그룹 치료에 참여하는 동시에 '콘써타'라는 ADHD 처방약을 한동안 먹었다. 그런데 입맛이 없어지고 부작용이 심해서 결국 두 달 정도 먹다가 약 복용을 중단했다. 지금은 ADHD 성향의 아이들에 대한 약물 연구가 많이 진행되면서 다양한 약들을 처방받지만 당시에는 한정된 몇 종류의 약만 처방받았다. 반면 그룹 치료는 규진이가 좋아하기도 했고 사회성이 아주 좋은 여동생과 함께 참여했기 때문에 5년 동안 온 가족이 매주 루돌프연구소에 같이 왔다. 루돌프연구소에서는 치료 과정에서 배운 것을 집에서도 자연스럽게 하도록 형제자매들이 같이 참여하는 것을 환영했다.

규진이 엄마가 보낸 첫 번째 메일은 7세 규진이의 사회성과 감정 조절 문제에 대한 것인 반면, 두 번째 메일 주제는 고등학생 규진이의 진로와 군대 문제였다. 그 당시 규진이의 엄마 아빠는 아들이 고등학교를 그만둬야 하는지, 또 그 상황을 어떻게 극복해야 하는지 몰라서 어찌할 바를 모르고 있었다. 메일을 받기 전까지 내 기억 속의 규진이는 5년 동안 루돌프연구소의 치료를 '졸업'한 꽤 의젓하고 괜찮은 5학년 소년이었다. 메일 내용은 이랬다. 머리가 좋아서 그냥 놀아도 늘 나쁘지 않은 점수를 받았던 규진이는 중학교에 가서도 자신이 좋아하는 과목만 열심히 하면서 점점 성적이 떨어졌다. 그런 규진이가 고등학교 입학을 앞둔 시점에 갑자기 고등학교에 가면 공부를 열심히 해보겠다고 마음 먹었다. 이런 결심을 한 규진이는 어렵기로 유명한 '메가스터디 윈터스쿨' 고1 선행반을 무사히 완수했고 새로 들어간 고등학교에서 힘찬 출발을 했다. 규진이가 자기 방식대로 할 수 있는 것이 별로 없는 빡빡한 고등학교 생활을 잘 버틴다 했는데, 아니나 다를까 점점 싫증을 내기 시작하더니 느닷없이 요리를 배우겠다고 선언했다. 규진이 부모는 맛에 민감한 규진이의 선택이 나쁘지 않다고 생각해 받아들였다. 규진이는 고등학교 2학년 때부터 요리사를 지망하는 아이들을 위한 요리 실습 위탁학교에 다녔다.

규진이 부모는 규진이가 좋아하기도 하거니와 규진이의 자폐적인 성향이 열정을 발휘해줄 것이라고 굳게 믿었다. 그런데 도제 제도 방식이 여전히 통용되는 요리 세계는 규진이가 이해할 수 없는 일들이 한둘이 아니었다. 규진이가 요리하다 화가 나면 소리를 지르고 주변의 물건을 던지기도 했다. 요리하는 곳에는 칼도 있고 펄펄 끓는 기름 냄비도 있다. 요리 선생님들 눈에는 규진이가 그야말로 시한폭탄이나 마찬가지였을 것이다. 공부는 더 이상 하지 않아도 되는 위탁학교에서 쫓겨나 본교로 돌아온 규진이가 고3 수업을 견디는 것은 너무 힘들었다. 학교 졸업이 불가능해 보이는 상황인데다가 그나마 고등학교를 마치더라도 규진이 앞에는 군 입대가 기다리고 있다.

루돌프연구소를 떠난 지 6년 만에 다시 찾아온 규진이 부모는 그래도 고민을 털어놓을 곳이 있다는 안도감 때문인지 메일 내용보다는 안정된 모습이었다. '어떻게 하든 고등학교를 마치고 보자'로 결정한 것 같았다. 나는 예전에 같이 그룹 치료를 한 아이들의 엄마들 모두에게 연락해 모이자고 했다. 오랜만에 만난 엄마들은 금방 예전으로 돌아갔다. "고등학교를 졸업하든 못하든 세상은 달라지지 않아"라며 같이 웃기도 하고, 아이들의 옛 추억들을 즐겁게 회상하다보니 규진이의 현안은 더 이상 중요하지 않았다.

결국 규진이는 수업 일수를 채우고 고등학교를 졸업했다. 요리 전문학교에 입학했고, 국제요리대회에 나가 상도 받았다. 그렇다고 규진이의 좌충우돌이 없어진 것은 아니다. 규진이는 늘 싫증을 내고 새롭고 재미있는 일을 찾는다. 그리고 그것들을 즐기기 위해 사람들을 사귀고 광범위한 인간관계를 만들고 있다고 한다. 하지만 그 사람들과 충돌이 생길 때 해결 못하면 그냥 멀어져서, 규진이 곁에 남아 있는 사람들은 이해심이 아주 많을 거라고 규진이 엄마는 말한다.

규진이가 항상 사건을 만들기는 하지만 그래도 루돌프연구소에서 치료 받은 후에는 자신의 감정을 스스로 조절해야 하고 사람들을 사귀어야 한다는 생각을 하는 것 같다고 엄마는 말했다. 늘 친구들을 만들려고 노력하는 규진이는 정의파이기도 하다. 한번은 알바 일을 하는 식당에서 알바 직원들에게 월차를 지급하지 않는 것을 알고, 사장에게 요구하여 당당하게 동료들의 월차를 받아냈다. 규진이가 알바 자리를 잃지는 않았지만 규진이 엄마는 염려되는 바가 있어서 규진이에게 "식당에서 뭐 달라진 거 없어?"라고 물었다. 그랬더니, 늘 그렇듯 무심하게, "몰라, 없어… 아, 하나 있다. 알바 하나가 잘리고 사장이 대신 일하는데 일 대따 못해"라고 했다고 한다. 규진이 엄마는 아들이 하는 일들을 뒤에서 지켜보면서 늘 마음을 놓지 못한다.

규진이 엄마가 늘 아쉬운 것은, 그렇게 많은 사람들에게 둘러싸여 있고 때로는 과분한 사랑을 받기도 하는 규진이에게 서로를 공감하고 모든 것을 함께 하는 진정한 친구가 있는지를 확신할 수 없다는 점이다. 규진이는 드디어 군대에 간다. 늘 자신 있고 긍정적인 규진이가 스스로 입대를 하겠다고 나섰다. 신체 검사에서 현역 1등급을 받고 나서 1등 했다고 무척이나 좋아했다고 한다. 규진이 엄마와 나는 규진이가 지금까지 보여준 변화무쌍한 모습들을 이야기하면서 규진이가 군대를 뛰쳐나올 만일의 경우를 대비한 계획을 의논하고 헤어졌다.

여자아이들 ————

지금까지 남자아이들이 성장한 사례들을 소개했다. 그렇다면 여자아이들은 어떻게 성장했을까? 어릴 때 루돌프연구소를 찾아오는 여자아이들은 남자아이들과 증상의 차이가 크게 다르지 않다. 주로 2~3세 전후로 발달이 늦어서 많이 찾아오고, 생활 환경이 급격하게 달라지는 초등학교 입학을 전후해서는 학교 적응 문제 때문에 많이 찾아온다. 그런데 루돌프연구소를 찾는 여자아이들의 수는 남자아이들에 비해서 현저하게 적다. 우리의 유병률 연구 결과에서 남자아이들의 유병률은 3.74%, 여자아이들의 유병률은 1.47%였으므로, 남자아이들이 3~4명 찾아올 때 여자아이들이 1~2명 찾아와야 정상이다. 그러나 현실은 전혀 그렇지 않다. 현재 루돌프연구소에서 사회성 치료에 참여하고 있는 아이들의 성별을 조사해보니까 남자아이들이 여자아이들보다 6배 이상 많다.

한편 사춘기가 시작되는 시기부터 청소년기에 처음으로 루돌프연구소를 찾아오는 경우는 남자아이들보다 여자아이들이 더 많다. 엄마들은 대체로 딸과의 소통이 어렵다고 여기면서 아직 어려서 그렇겠거니 생각하다가, 딸들이 친구를 사귀지 못하고 겉돌거나 아이들 그룹에 끼지 못하면 그때서야 심각하게 받아들인다. 일반적으로 사춘기 여자아이들은 친구 몇 명과 매우 친밀한 관계를 만들고, 가족들보다 더 많은 비밀을 공유하면서 그들만의 특별한 관계를 유지하려고 한다. 이렇게 사회적 능력을 요구하는 관계 만들기는 아무리 증상이 경미하더라도 자폐적인 여자아이들에게 어려운 일이다. 이런 아이들이 병원을 방문하면 주로 불안 장애나 우울증 진단을 받는다. 혹은, 정서가 매우 불안정해져서 감정의 기복이 심하다는 말을 듣기도 한다.

남자아이들 3명의 성장기를 소개했으니 적어도 여자아이의 성장기 하나쯤은 소개하는 것이 좋을 텐데, 자신의 이야기를 해도 좋다고 허락한 성인 여성이 없다. 본인뿐 아니라 엄마들도 자신의 딸에 대해 이야기하지 말기를 바랐다. 한 엄마는 미디어에 나온 아스퍼거증후군이 있는 여자아이들에 대한 매우 안 좋은 기사들에 대해 이야기하면서, 세상 사람들이 아무도 자폐스펙트럼 장애에 대해 다루지 않았으면 좋겠다고 말했다.

　현실적으로 가능한 소망일까? 그리고 아무도 자폐스펙트럼 장애에 대해 다루지 않는 게 진짜로 좋은 일이라면 무엇 때문에 수많은 연구자들이 이 문제를 해결하려고 노력하는 것일까? 내가 ADOS 검사를 할 때 아이들에게 늘 하는 질문이 있다. "너는 외계인에 대해 어떻게 생각해?"라고 물으면, 대부분의 아이들이 바로 "괴생물체… 눈이 하나예요" 또는"지구를 공격해요"라고 한다. 외계인이 공주나 왕자 같이 멋있을 것이라고 말한 아이는 하나도 없었다. 지금까지 내가 본 모든 영화와 드라마에서 흉직하게 생겼거나 아주 사악한 존재들이었다. 스티븐 스필버그가 감독한 영화 〈ET〉의 주인공으로 나오는 인자한 외계인 과학자 ET도 특이하게 생겼기에 보는 사람마다 처음에는 소리 지르고 도망친다. 자신과 다르기 때문에 또는 모르는 대상에 대한 두려움과 막연한 적대감 때문이다.

　우리 사회에서 자폐적인 여성들이 '외계인' 취급을 받고 있는 것은 아닌지 걱정된다. 동물학자 템플 그랜딘Temple Grandin이나 환경운동가 그레타 툰베리는 본인이 자폐스펙트럼 장애를 가지고 있다는 사실을 숨기지 않고 자신이 사랑하는 것들에 대한 열정으로 세상의 관심과 인정을 받는 여성들이다. 하지만 선진국에서도 많은 여성들은 자신의 자폐적인 모습을 숨기려고 노력한다.

자신을 숨기고 살아가기 ————

사람들은 사회에 잘 적응하기 위해 자신이 하고 싶은 것을 억누르고 다른 사람을 따라서 하거나 다른 사람이 기대하는 대로 행동할 때가 있다. 그런데 어떤 자폐적인 사람들은 자신을 감추고 다른 사람들과 다르지 않게 행동하려고 훨씬 더 많이 노력한다. 마치 물고기가 보호색으로 위장하고 숨는 것처럼 자신의 행동이 드러나지 않게 노력하는 행동을 '위장하기camouflaging'라고 한다. '위장하기'는 자신이 속한 사회에서 거부당하지 않고 살아 남기 위한 혼신의 노력이다.[51]

섬세한 여성일수록 그리고 주변을 실망시키지 않고 사람들의 기대에 어긋나지 않게 행동하려는 사람들일수록, 늘 주변을 세밀하게 탐색하고 실수하지 않으려고 노력한다. 그리고 행동하고 나서도 자기가 잘 했는지 늘 불안해하면서 지치고 힘들어한다. 이런 유형의 자폐적인 사람들 특히 여성들은, 학교 선생님은 물론 의사나 치료사들도 그들에게서 자폐적인 증상들을 발견하기 어려워 진단을 받지 못할 수 있다. 그들은 자신이 바르게 행동했는지 늘 걱정하고 불안해 하다보면 우울해지고 세상을 살아갈 자신감을 잃게 된다. 자신의 정체감에 혼란이 오기도 한다. 선생님은 모범생이라고 칭찬하는 아이가 집에만

들어서면 엄마에게 짜증을 내 미칠 것 같다고 말하는 엄마들도 있다. 아이가 심신이 지쳐 돌아와 자신을 받아주는 유일한 사람인 엄마에게 퍼붓는 것이다. 심성이 착할수록 자신을 더 억압하고 더 감추려는 행동을 할 수 있다. 꼭 여성이 아니어도 영리한 모범생이라면 그렇게 행동할 수 있다. 지금부터 이야기할 민수도 그런 경우다.

자신에 대한 오래된 악몽을 떨쳐버린 민수 ————

자신에게 문제가 있다고 생각하면 그게 무엇인지 반드시 알아내야 하는 사람이 있다. 민수는 스무살 때 루돌프연구소를 찾아왔다. 정신과 병원에서 조현병 진단을 받고 나서부터 민수는 정신장애에 대해 집요하게 인터넷 검색을 했다. 첫 검색어가 무엇이었는지 물었을 때 놀랍게도 '사이코패스'라고 했다. 자기는 다른 사람의 마음을 공감하지 못하는 나쁜 사람이라는 생각을 늘 했기 때문이라고 했다. 나는 민수야말로 아주 착한 청년이라고 생각한다. ADOS 검사 도중 잠깐의 휴식시간에 민수는 아이들이 놀다가 다칠까봐 한쪽 귀퉁이가 망가진 장난감을 고치고 있었다. 이런 행동은 평소의 습관이며 그 사람의 성품을 알려준다. 민수는 아스퍼거증후군이 조현병과 관련이 있다는 것을 발견했고, 자신이 아스퍼거증후군이라는 결론을 내렸다. 이것을 확인하기 위해 루돌프연구소를 검색해 찾아온 것이다.

민수와 함께 온 엄마는 지금까지 민수에게 일어난 일들을 도무지 이해할 수 없다고 말했다. 민수는 첫돌이 되기 전에 걸었고 남자아이인데 언어 발달도 빨랐다. 소리에 예민한 점이 있었고 옷에 물이 묻으면 참지 못해 외출했다가 급하게 옷을 사 입히고 들어온 적은 있지만, 이런 것들은 민수를 평가할 때 크게 신경쓸 일이 아니었다. 민수는 누구에게나 사랑받는 아이였기 때문이다. 민수는 어릴 때 별명이 두 개 있었다. 어른들은 '착하고 영감' 같은 아이라고 했고 아이들은 '공룡박사'라고 불렀다. 유아기 때 민수는 놀이터에 가서 아이들에게 먼저 말을 걸지는 않았지만 어쩌다 아이들과 어울리게 되면 한 시간씩 그네를 밀어주거나 아이들이 원하면 다 양보했다. 장난감을 선택할 때도 아이들에게 "다 고르고 쓸모없는 것은 나를 주면 돼"라고 말했다고 한다. 엄마는 민수가 너무나 남을 배려하고 자신을 낮추는 행동이 안쓰러웠다. 엄마의 우려와는 달리 민수는 공부를 잘했고 친구들에게 잘하고 늘 모범적으로 행동해 담임선생님들은 당연히 민수를 반장감으로 생각했다. 초등학교뿐 아니라 중학교, 그리고 고등학교 1학년 때까지도 민수는 줄곧 반장을 했다.

이런 민수가 고등학생 때 갑자기 "다른 사람들과 얘기할 때 언제 무슨 이야기를 해야 할지 모르겠다"는 말을 했다. 그 당시 민수는 자신의 감정을 강박적으로 숨기려고 했다고 한다. 학업을 중단할 정도로 급속하게 불안해져 정신과에서 약물 치료를 받기 시작했다. 주변 사람들이 자신을 싫어한다는 피해의식을 보이기도 했고 가족들과도 갈등이 심해져 본의 아니게 자살 시도까지 했다. 고등학교를 마치지 못해서 검정고시를 통해 대학교에 입학했는데 어느 날 갑자기 환각이 시작됐다. 학교 가는 길이 순식간에 안개로 가득 차며 자기 몸에서 마치 영혼이 빠져나가듯 무언가가 혹 빠져나가는 느낌이 들면서 쓰레기 썩는 냄새가 났다고 한다.

민수는 병원 기록을 모두 가져왔는데, 5세 때 틱 장애 진단을 받은 소아과 기록을 보면 놀랍게도 민수는 2세 때부터 틱 증상을 보였다. 자신을 너무 억압하고 참아서 그런 것 같다는 의사의 소견이 있었다. 내가 검사할 때 민수는 눈을 빠르게 깜빡이는 틱을 수시로 보였는데, 18년 동안 지속된 틱이다. 민수 엄마에게 민수가 어릴 때 어떻게 놀았는지 물으니까, 자동차나 공룡을 똑바로 길게 줄세우려고 노력했고 동생이 그것을 건드리면 너무나 힘들어했다고 했다. 자동차를 가지고 놀면 엎드려서 바퀴가 굴러가는 것을 보면서 굴리고 놀거나 자동차를 뒤집어서 바퀴를 굴려보고 그것을 관찰했다고 한다. 민수 엄마가 무엇보다 신기하게 생각한 것은, 자갈이 있는 곳에 가면 너무 좋아해 잔뜩 주워 오고 나사 같은 기계 부속품들도 모은 것이다. 이런 행동들은 모두 자폐적인 아이들이 하는 전형적인 상동행동이다.

민수는 자폐스펙트럼 장애 진단을 받았다. 검사 결과를 들으러 엄마, 아빠와 민수 이렇게 3명이 함께 왔다. 내가 검사 결과를 설명하는 동안 부모의 어두운 표정과는 달리 민수의 모습은 씩씩했다. 드디어 고통스러웠던 긴 터널을 간신히 빠져나온 사람같이 보였다. 그날 나는 민수가 틱을 하는 것을 보지 못했다. 그리고 그 이후로도 더 이상 틱을 보이지 않았다. 민수가 다시 나를 만나러 왔을 때 자폐스펙트럼 장애 진단을 받고 나서 뭐가 달라졌는지 물어보았다. 민수는 그동안 항상 자신에 대해 궁금했다고 한다. 다른 사람들을 이해하고 공감하는 것이 어려운 자신이 아주 나쁜 사람인지, 앞으로 자신이 어떤 사람이 될지, 그리고 자신이 무엇을 해야 할지 모른다는 생각이 들 때 마다 늘 자신감을 잃었다고 한다. 어릴 때는 그냥 어른들이 하라는 대로 그렇게 해야 하나 보다 하며 살았는데, 초등학교에 입학하면서 '알 수 없는 세상'에 대한 두려움이 시작됐고 자기 자신에 대한 '끔찍한 의혹'이 점점 깊어졌다고 한다. 민수는 14년 만에 왜 자신이 다른 사람들과는 달리 세상을 살아가는 것이 그렇게 어려웠는지 그 이유를 알게 됐고 자신을 향했던 온갖 부정적인 의혹으로부터 비로소 해방됐다.

에필로그

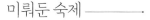

미뤄둔 숙제 ————▸

그리스에 코스 아일랜드라는 이름의 섬이 있다. 제주도의 6분의 1 정도 되는 크기니 그다지 큰 섬은 아니다. 기원전 460년경에 이 섬에서 히포크라테스가 태어났다. 나는 루돌프연구소의 오픈을 준비할 때 시의적절하게도 코스 아일랜드에 갈 일이 있었다. 히포크라테스가 공부하거나 동료 또는 제자들과 논쟁을 할 때 증인처럼 서 있던 히포크라테스의 나무는 2,500년 이상을 살아남아서 지금도 여전히 사람들에게 그의 정신을 다시 생각해보게 한다. 마치 연로한 노인이 지팡이를 짚고 서 있듯이 지지목으로 받쳐진 채 늘어진 나뭇가지들이 세월의 무게를 알려주고 있었다. 나는 경건한 마음으로 나무 앞에 서서 의사가 아니어도 아픈 사람을 대하는 자세와 윤리를 전수받을 수 있었다.

발달에 장애가 있는 아이들을 어떻게 대하고 도와줄 것인가를 생각하는 과정에서 가장 먼저 떠오른 것은 루돌프라는 빨간 코를 가진 사슴이었다. 유별나게 눈에 띄는 그 매우 반짝이는 코 때문에 놀림감이 되었고 또 외톨이가 된 어린 사슴 루돌프. 하지만 너무나 밝은 코를 가지고 있어서 안개가 자욱한 밤에도 산타 할아버지가 착한 아이들에게 선물을 무사히 가져다 줄 수 있도록 중요한 역할을 했던 루돌프 사슴이 왠지 자꾸만 떠올랐다. 그리고 히포크라테스 할아버지가 태어난 고향에서 나는 '루돌프 아이들'을 위해서 일해야 한다는 결심을 했다.

밀린 일들 틈바구니에서 여분의 시간을 쪼개어 꾀부리지 않고 꾸준히 해야 하는 일이 늘 즐거운 것만은 아니었지만, 책을 쓰는 동안 한 번씩 머리를 스치는 변함 없는 생각은 이런 책을 쓸 수 있는 '나는 정말 운이 좋다'는 것이었다. 15년 전 한국 아이들의 자폐스펙트럼 장애 유병률 연구를 시작할 때, 나는 심리학 분야와 정신과학 분야의 연구자로서 결코 적지 않은 경력을 가지고 있었지만 역학 연구에 관해서는 초보자나 다름 없었다. 너무 고생한 나머지 한번 하고 나면 다시는 하지 않는다는 역학 연구에 불쑥 발을 들여놓은 이후로 벽에 부딪힐 때마다 연구를 완수할 수 있을까 매번 두려웠다. 그런 과거를 되돌아보며 동료 연구자들과 서로를 격려하며 극복해 갔던 일들이 하나씩 떠오를 때마다 내게 그런 기회가 있었던 사실에 지금은 너무도 감사한다.

후학을 가르쳤던 대학에서, 그리고 진단과 치료를 하는 연구소에서, 그리고 역학 연구의 현장에서 나는 나 자신을 성장시키고 단련할 수 있는 절호의 기회들을 밟아올 수 있었다. 루돌프연구소를 찾는 아이들을 통해서 배우고 또 직접 내가 연구하는 아이들이 살고 있는 현장을 찾아다닌 셈이다. 무엇보다 이 분야의 연구자들 중에서도 극소수만이 경험하는 역학 연구를 한다는 것은, 스스로는 절대로 찾아오지 않을 사람들 그리고 여러 가지 상황 때문에 절대로 찾아오지 못하는 사람들까지도 찾아내고 또 직접 만나게 된다는 것을 의미한다. 그 때문에 매우 다양한 증상을 가진 사람들과 다양한 환경에 있는 사람들을 알게 된다. 발로 뛰면서 역학 연구를 하는 사람들의 특권이며 연구자들이 갖고 싶은 최고의 선물이다.

같은 분야의 동료들끼리 정보를 나누는 학술 논문이 아니라, 그리고 부모들을 위한 자녀에 대한 보고서가 아니라, 미지의 독자들을 대상으로 책을 쓰는 일 또한 내게는 전혀 새롭고 낯선 일이다. 언젠가는 내가 했던 일들을 정리하겠다는 마음은 있었지만 선뜻 시작하지 못했는데 어릴 때 다녀간 아이들이 성인으로 성장하는 모습을 보면서 생각이 조금씩 달라졌다. 연구자들은 미친 듯이 몰두해서 연구를 완료하고 학술지에 결과를 발표하고 나면 모든 것을 완수했다고 생각한다. 그런데 어느 날, 10여 년 전에 연구에 참여했던 한 엄마가 "예전에 그 연구 결과는 어떻게 나왔나요?"라고 물었을 때 나는 뒤통수를 한 대 맞은 기분이었다. 연구자들이 얼마나 자기중심적인지 그리고 얼마나 폭 좁은 생각을 하고 사는지 불현듯 깨달은 것이다. 같은 분야의 전문가가 아닌 엄마들이 어떻게 외국 학술지에 발표된 결과를 알겠는가? "그 당시 연구 결과가 여러 신문과 방송에 나왔는데 혹시 못 보셨어요?"라고 변명을 해보긴 했지만 내 자신이 너무 어리석다는 생각이 들었다.

이 책을 쓰기 위해 자료들이 있었지만 좀 더 정확하게 하기 위해서, 그리고 더 확인하고 싶은 것이 있어서 아이들을 다시 만났을 때도 나는 아이들이 어떻게 컸나 궁금한 마음이 앞섰다. 그런데 내 궁금증 이상으로 아이들 역시 자신이 어떤 사람인지 그리고 어떻게 살아야 하는지 궁금해하고 있었다. 나는 그들이 아주 어릴 때 진단을 했지만, 엄마나 아빠가 아닌 본인들에게 직접 무엇에 관한 진단을 했고 그것이 무슨 의미인지 설명하지 못했다. 이제라도 그들에게 설명을 해주어야 한다는 절박감이 나로 하여금 컴퓨터 앞에 앉아서 쉬지 않고 이 미뤄둔 숙제를 하게 만들었다.

자폐적인 사람들은 자폐적이지 않다 ————

루돌프연구소를 거쳐 간 아이들에게 나는 가장 먼저 "자폐스펙트럼 진단을 받은 사람들은 절대로 자폐적이지 않아!"라는 말을 해주고 싶다. 검사 시간 내내 눈도 맞추지 못하고 말도 못하고 그저 무표정하게 자신의 머리를 때리려고 안간힘을 쓰던 현오가 검사실 밖의 엄마를 발견하자 천천히 걸어가서 안겼다. 평가가 불가능한 수준이어서 우리는 현오의 지능이 얼마인지 모른다. 다만 관찰할 수 있는 자폐 증상이 아주 많다는 것만 안다. 하지만 현오가 엄마를 좋아한다는 것은 확신한다.

말도 없고 그저 순하기만 했던 성민이는 특수학급 친구들이 좋았다. 지적 장애와 자폐 장애를 함께 가지고 있었던 성민이와 달리 지적 장애만 있었던 여자 친구들은 같은 반의 자폐적인 친구를 살뜰히 챙겨줬다. 함께 영화 보러 가던 날 멀리서 여자 친구들이 부르니 성민이가 환하게 웃으며 달려갔다는 이야기를 전하는 엄마의 표정은 정말 행복해 보였다.

영리한 형진이는 어릴 때 전철역과 자동차 바퀴에만 빠져 있었는데 크면서 심각한 가정불화를 경험했다. 직장을 막 때려치운 새내기 사회인으로 다시 찾아왔을 때 그의 머릿속에는 인간에 대한 불신과 혐오 그리고 복수심이 가득했다. 그런 형진이가 여자 친구 이야기를 할 때는 영리하고 따뜻했던 소년의 모습으로 돌아왔다. 여자 친구를 한번 안아보고 싶다고 했다. "그 친구를 안고 있으면 금방 마음이 따뜻해질 것 같아요. 하지만 안 된대요. 그래서 아직 안아보지 못했어요"라고 수줍게 말했다. 형진이의 모습이 사랑스러웠다! 그는 사랑에 빠져 있었다.

자신이 원하는 즐거운 일을 하려면 친구들이 필요하다는 생각을 일찍부터 깨달은 규진이는 어릴 때는 물론이고 성인이 된 지금도 닥치는 대로 친구를 사귀고 있다. 비록 관계를 잘 유지하지 못해 놓치는 친구들도 있지만, 오늘도 규진이는 사람 사는 세상에서 자신이 원하는 삶을 살기 위해 친구 만드는 일을 멈추지 않고 있다.

지난 15년 동안 내가 만난 수많은 자폐적인 사람들 중에 다른 사람들과 함께하고 싶어하지 않는 사람을 보지 못했다. 세상과 마주하고 싶어 하지 않는 것처럼 보이는 중증의 자폐적인 아이들부터 아주 경미하게 자폐적인 아이들을 보면서 나는 그들이 자폐自閉적이라기보다는 타폐他閉적이라는 생각을 자주 했다. 스스로 자기 세계에 갇혔다는 생각보다는 세상에 나갈 수 없어서 못 나가고 있다고 생각했다. 어릴 때 놀이터에 가면 뺑뺑이라는 놀이기구가 있다. 이 놀이기구에 익숙하거나 겁이 없는 아이들은 달려가서 훌쩍 올라탔는데 나는 꽤 오랫동안 무서워서 올라가지 못하고 겁먹었던 기억이 있다. 자폐적인 아이들에게는 세상이 그렇게 무섭게 돌아가는 뺑뺑이와 같이 느껴지지 않을까?

  '자폐적'이라는 말은 정신분석학자들이 처음 한 말이다. 외부 환경이 못마땅하여 사람들과의 교류를 차단하고 자신만의 환상과 자신만의 세계에 빠져서 세상 밖으로 나오지 않으려는 모습을 묘사한 말이다. 내가 본 자폐적인 사람들은 바깥세상으로 나가는 문을 찾지 못해 헤매는 사람들에 더 가까웠고 좋아하는 사람들과 함께 있을 때 편안해 보였다. 세상 사람들에게 너무나 치여서 아주 가까운 사람들하고도 관계하고 싶어하지 않는 자폐적인 사람들이 없다는 말은 아니다. 그러나 처음부터 스스로 세상과의 교류를 거부했다고 생각되는 사람은 없었다. 자폐적인 사람들은 스스로 세상을 등지기로 결심하고 태어난 사람들이라고 여전히 믿는다면 80년 전 정신분석학자들의 망령에 사로잡힌 사람들이다.

너무나 다양한 그리고 특별한 ————·

아이들을 검사할 때 아주 간혹 '이 아이는 내가 아는 누구와 비슷해'
라고 생각할 때가 있다. 그러나 새로운 아이들을 볼 때마다 나는 매번
새로운 케이스를 만난다는 생각을 했다. 3,000명의 아이들이 모두 달
랐다고 해도 과언이 아니다. 그런 이유 때문인지 자녀의 자폐스펙트럼
장애 진단을 받아들이지 않았던 부모들이 종종 있었다. 그 부모들은
자신들이 알고 있는 자폐적인 아이들과 자신의 아이가 전혀 다르다고
생각하고 있었기 때문이다. 자신의 아이는 다른 자폐적인 아이들과 다
르다는 말에, "네, 맞아요 정말 달라요"라고 맞장구를 쳐주는 내가 이
상하게 보였을 것이다. 그러나 그것은 사실이었다. 모두가 달랐다.
　자폐적인 아이들은 그러나 공통적으로 보지 못하는 것이 있다. 다
른 사람들의 마음을 잘 들여다보지 못한다. 보이지 않으니 이해하고
공감하는 것이 어렵다. 소통이 안 돼서 서로 엇갈리고 오해와 잘못된
판단으로 좋은 관계를 유지하는 것이 쉽지 않다. 눈치가 빠르지 못하
고 순발력과 융통성이 부족하여 단선적으로 사고하거나 자기중심적
으로 행동하기도 한다. 자기 생각대로 안 되거나 자기 마음대로 안 되
면 분노하기도 하며, '무슨 사정이 있나?', '그 입장이라면 그럴 수도
있겠구나'라고 입장을 바꾸어 생각하고 마음을 정리하는 것이 어렵
다. 하지만 남의 눈을 신경쓰지 않는 자폐적인 아이들은 한없이 순진
하고 솔직하다. 자신을 꾸미고 감추는 데 미숙하며 예의라는 관습의
옷을 똑바로 입지 못하고 민낯을 그대로 드러내는 아이들이다.

그들은 특별한 유전자를 선물로 받았다. '소통 못하는 특별함'이다. 이 소통하지 못하는 특별함 때문에 주변에 쉽게 동화되지 않고 자기만의 세계를 구축한다. 다수의 의견에 함부로 휩쓸리지 않으며 남다르거나 엉뚱생뚱한 생각에 빠진다. 시대에 뒤떨어지기도 하지만 너무 앞서가기도 하며, 심지어 기이한 상상력으로 보통 사람들은 생각할 수 없는 새로운 세계를 연다.

선물의 대가가 과해서 누군가의 도움이 없으면 생존에 위협을 받는 아이들도 있다. 소통하고 공감하며 유연하게 협력하는 능력은 호모 사피엔스들의 삶에 매우 중요한 도구이며 본능이다. 이러한 능력을 갖지 못한 아이들은 다양한 어려움을 감수하며 살아간다. 자폐적인 사람들이 무기력한 소수 집단으로 남지 않도록 협력하고 그들의 생존을 지키기 위해서 노력해야 하는 일은 인류가 자신들의 유전자를 지키고 대를 물려가는 과정에서 놓치지 않고 해야 할 중요한 의무다. 자폐스펙트럼 장애 외에도 인류가 극복해야 할 과제들은 굉장히 다양하고 많겠지만 그 모든 어려움들을 하나씩 극복해가며 인류의 진화를 지속해 나가는 일은 우리 모두의 책무다. 인류 공동체가 함께해야만 하는 일이다.

따뜻한 가슴 별난 생각 ————

서울에서 끝내지 못한 일을 들고 시골집으로 내려온 주말에는 왠지 나 자신에게 미안하다. 그 미안함을 덜기 위해 지친 간에 특효약이

루돌프 코는 정말 놀라운 코

라는 다슬기를 먹으러 가곤 한다. 솔안마을을 나와서 구례 쪽으로 가다보면 섬진강이 나온다. 물만 흐르는 다른 강들과는 달리, 넓은 모래 둔덕이 많은 섬진강은 흐드러진 나무들과 어우러져 바라만 보아도 응어리진 마음을 모두 풀어놓게 한다. 섬진강을 건너면 맛집으로 유명한 다슬기 수제비집들이 있다. 초록빛 다슬기 국물을 한 방울도 남기지 않고 먹고 돌아오는 길은 뿌듯함이 가득하다. 다시 섬진강을 건너 집으로 돌아가는 길에, 금방이라도 개구쟁이 꼬마들이 우루루 뛰쳐나올 것 같은 작은 시골 초등학교가 있다. 그 간문초등학교 입구에 세워놓은 동그랗고 납작한 바윗돌에 이렇게 쓰여 있다.

"따뜻한 가슴, 별난 생각"

교훈인가 보다. 다정해 보이는 그 학교에 딱 어울리는 교훈이다. 교훈을 만든 분의 마음 씀씀이와 마음의 폭넓음이 느껴진다.

우리는 지속가능한 지구촌을 유지하기 위해서 언제부터인가 다양한 사람들의 다양한 아이디어들을 소중하게 생각하기 시작했다. 지식이 많은 사람보다 남다른 생각, 창의적인 생각을 하는 사람들을 찾기 시작했다. 나는 자폐적인 사람들의 별난 행동과 별난 취향이야말로 별난 생각을 가능하게 한다고 생각한다. 이 별난 생각들이 우리 인류에게는 축복이다. 비록 따뜻한 마음을 표현하는 데 서툰 점이 많이 있을 수는 있으나 이들이 가지고 있는 특별함이야말로 별난 생각들로 가득 찬 마음을 가능하게 한다. 그들이 가진 특별한 유전자, 그 '소통 못하는 특별함'이 우리 인류에게 얼마나 소중한 것인지를 잊지 말아야 한다.

· 참고문헌 ·

서문 ┐

[1] American Psychiatric Association: Diagnostic and Statistical Manual of Mental Disorders: DSM-IV. 4th ed. Washington, DC, American Psychiatric Association, 1994

[2] Couteur AL, Lord C, Rutter M: Autism Diagnostic Interview-Revised. Los Angeles, Western Psychological Services, 2003

[3] Lord C, Rutter M, Dilavore P, Risi S: Autism Diagnostic Observation Schedule. Los Angeles, Western Psychological Services, 2003

[4] Fitgerald M, O'Brien B: Genius genes: How Asperger Talents Changed the World. Kansas, Autism Asperger Publishing Company, 2007

1장 ┐

[5] Kanner L: Autistic disturbances of affective contact. The Nervous Child 1943; 2: 217-250

[6] Asperger H: Die Autistischen Psychopanthen im Kindesalter. Archiv für Psychiatrie und Nervenkrankheiten 1944; 117: 76-136

[7] 스티브 실버만 저, 강병철 역: 뉴로트라이브. 서울, 알마, 2018

[8] American Psychiatric Association: Diagnostic and Statistical Manual of Mental Disorders: DSM-5. 5th ed. Washington, DC, American Psychiatric Association 2013

[9] Wing L: Asperger's syndrome: a clinical account. Psychological Medicine 1981; 11(1): 115-129

[10] 로이 리처드 그린커 저, 노지양 역: 낯설지 않은 아이들. 서울, 애플트리테일즈,

2008

[11] Evans B: How autism became autism: The radical transformation of a central concept of child's development in Britain. History of the Human Science 2013; 6(3): 3-31

[12] Creak M: Schizophrenic syndrome in childhood. British Medical Journal 1961; 2: 889 - 890

[13] Lotter V: Epidemiology of autistic conditions in young children. Social Psychiatry 1966; 1: 124 - 137

[14] Kolvin I: Psychoses in childhood - a comparative study. In M Rutter, editor. Infantile Autism: Concepts, Characteristics and Treatment. London, Churchill Livingstone, 1971; 7-26

[15] Baron-Cohen S, Leslie AM, Frith U: Does the autistic child have a 'Theory of Mind?' Cognition 1985; 21: 37 - 46

[16] Rutter M: Childhood schizophrenia reconsidered. Journal of Autism and Developmental Disorders 1972; 2: 315 - 337

[17] Wing L: Language, social, and cognitive impairments in autism and severe mental retardation. Journal of Autism and Developmental Disorders 1981; 11(1): 31-44

2장 ⎯⎯⎯┐

[18] Koch K, McClean J, Segev R, Freed MA, Berry MJ, Balasburamanian V, Sterling P: How much the eye tells the brain. Current Biology 2006; 16(14): 1428-1434

[19] Willis J, Todorov A: First impressions: Making up your mind 100 ms exposure to a face. Psychological Science 2006; 17; 592-598

[20] 애덤 윌킨스 저, 김수민 역: 얼굴은 인간을 어떻게 진화시켰는가. 서울, 을유문화사, 2018

[21] 유발 하라리 저, 조현욱 역: 사피엔스. 파주, 김영사, 2011

[22] Nicolaidis C, Milton D, Sasson NJ, Sheppard L, Yergeau M: An expert discussion

on autism and empathy. Autism in Adulthood 2018; 1(1): 4-11

[23] 시오반 로버츠 저, 안재권 역: 무한공간의 왕: 도널드 콕세터, 기하학을 구한 사나이. 서울, 승산, 2009

3장 ──┐

[24] Ehler S, Gillberg C, Wing L: A screening questionnaire for asperger syndrome and other high-functioning autism spectrum disorders in school age children. Journal of Autism and Developmental Disorders 1999; 29(2): 129 – 141

[25] Kim YS, Leventhal BL, Koh YJ, Fombonne E, Laska E, Lim EC, Cheon KA, Kim SJ, Kim YK, Lee H, Song DH, Grinker RR: Prevalence of autism spectrum disorders in a total population sample. American Journal of Psychiatry 2011; 168(9): 904-912

4장 ──┐

[26] Bai D, Yip BHK, Windham GC, Sourander A, Francis R, Yoffe R, Glasson E, Mahjani B, Suominen A, Leonard H, Gissler M, Buxbaum JD, Wong K, Schendel D, Kodesh A, Breshnahan M, Levine SZ, Parner ET, Hansen SN, Hultman C, Reichenberg A, Sandin S: Study estimates contribution of genetic, nongenetic factors to ASD risk. JAMA Psychiatry. Published online July 17, 2019. doi:10.1001/jamapsychiatry.2019.1411

[27] Bettelheim B: The Empty Fortress: Infantile Autism and the Birth of the Self. New York, Free Press, 1967

[28] Huguet G, Benabou M, Bourgeron T: The Genetics of Autism Spectrum Disorders. In Sassone-Corsi P, Christen Y, editors. A Time for Metabolism and Hormones. Berlin, Springer, 2016; 101-129

[29] Wilfert AB, Sulovari A, Turner TN, Coe BP, Eichler EE: Recurrent de novo mutations in neurodevelopmental disorders: Properties and clinical implications. Ge-

nome Medicine 2017; 9: 101

[30] 리처드 도킨스 저, 홍영남, 이상임 역: 이기적 유전자. 서울, 을유문화사, 1993

[31] Eagleman D: The Brain. New York, Pantheon Books, 2015

[32] Tang G, Gudsnuk K, Kuo SH, Cotrina ML, Rosoklija G, Sosunov A, Sonders M, Kanter E, Castagna C, Yamamoto A, Yue Z, Arancio O, Peterson BS, Champagne F, Dwork A, Goldman J, Sulzer D: Loss of mTOR-dependent macroautophagy causes autistic-like synaptic pruning deficit. Neuron 2014; 83: 1131-1143

[33] Supekar K, Uddin LQ, Khouzam A, Phillips J, Gaillard WD, Kenworthy LE, Yerys BE, Vaidya CJ, Meson V: Brain hyperconnectivity in children with autism and its links to social deficits. Cell Reports 2013; 5(3): 738-747

[34] Blackmore S: The Social brain in adolescence. Nature Reviews Neuroscience 2008; 9: 267-277

[35] Thomas MSC, Davis R, Karmiloff-Smith A, Knowland VCP, Charman T: The over-pruning hypothesis of autism. Developmental Science 2016; 19(2): 284-305

[36] Lange N, Travers BG, Bigler ED, Prigge MB, Froehlich AL, Nielsen JA, Cariello AN, Zielinski BA, Anderson JS, Fletcher PT, Alexander AA, Lainhart JE: Longitudinal volumetric brain changes in autism spectrum disorder ages 6-35 years. Autism Research 2015; 8(1): 82-93

[37] Kim SY, Choi US, Park SY, Oh SH, Yoon HW, Koh YJ, Im WY, Park JI, Sonh DH, Cheon KA, Lee CU: Abnormal activation of the social brain network in children with autism spectrum disorder: An FMRI study. Psychiatry Investigation 2015; 12(1): 37-45

[38] Safar K, Wong SM, Leung RC, Dunkley BT, Taylor MJ: Increased functional connectivity during emotional face processing in children with autism spectrum disorder. Frontiers in Human Neuroscience 2018; 12: 408

[39] Ha S, Kim N, Sim HJ, Cheon K: Characteristics of brains in autism spectrum disorder: Structure, function and connectivity across the life span. Experimental Neurobiology 2015; 24(4): 273-284

[40] Uddin LQ, Supekar K, Menon V: Reconceptualizing functions brain connectivity in autism from a developmental perspective. Frontiers in Human Neuroscience 2013; 7: 458

[41] Belluck P: Study Finds that Brains with Autism Fail to Trim Synapses as They Develop. The New York Times 2014

[42] Kim HJ, Cho MH, Shim WH, Kim JK, Jeon E-Y, Kim D-H, and Yoon S-Y: Deficient autophagy in microglia impairs synaptic pruning and causes social behavioral defects. Molecular Psychiatry 2017; 2: 1576-1584

[43] Maxmen A: Cells that trim brain connections are linked to autism. Nature 2017. doi:10.1038/nature.2017.21978

[44] 리처드 도킨스 저, 이용철 역: 눈먼 시계공. 서울, 사이언스북스, 2004

[45] Mandelbrot B: How long is the coast of Britain? Statistical self-similarity and fractional diemsion. Science 1967; 156(3775): 636-638

5장 ──┐

[46] The Brainstorm Consortium: Analysis of shared heritability in common disorders of the brain. Science 2018; 361(6409): 1323-1324

[47] Karr-Morse R, Wiley MS: Scared Sick: The Role of Childhood Trauma in Adult Disease. 2th ed. New York, Basic Books, 2012

[48] Kourti M, MacLeod A:'I don't feel like a gender, I feel like myself': Autistic individuals raised as girls exploring gender identity. Autism in Adulthood 2018; 1(1): 1-8. doi:org/10.1089/aut.2018.0001

[49] Cooper JO, Heron TE, Heward WL: Applied Behavior Analysis. 2nd ed. Boston, Pearson, 2007

6장 ──┐

[50] Lord C: Epidemiology: How common is autism? Nature 2011; 474(7350):

166-168. doi:10.1038/474166a

[51] Hull L, Petrides KV, Allison C, Smith P, Baron-Cohen S, Lai MC, Mandy W: "Putting on My Best Normal": Social camouflaging in adults with autism spectrum conditions. Journal of Autism and Developmental Disorders 2017; 47: 2519–2534

ㄱ

가족력 34, 165, 174

가지치기 217~221, 226, 301~302

감정 표현 59, 92

강박증 130~135, 161~163, 204

건강한 학교 만들기 사업 199~200

공감 115~118

공격적 행동 66, 248~249

공인 행동 치료사BCBA 305~306, 308

국제 질병 사인 분류ICD 58

궤변 81

그랜딘, 템플Grandin, Temple 341

그룹 치료 104, 155, 209, 307

기능성자기공명영상진단장비fMRI 220

기분 장애 238

ㄴ

낯가림 106

낯설지 않은 아이들Unstrange Minds 41, 262

냉장고 엄마 42, 210, 264

냉정한 엄마cold mom 209~210

놀이 치료 284, 308

뇌신경망 221, 225~226

뇌신경세포 217~218, 223

눈맞춤 87~92, 147, 223, 233

ㄷ

다운증후군 251

대안학교 176, 254, 299

도미노 28

도킨스, 리처드Dawkins, Richard 215, 230

동문서답 76~79, 225

동작성 지능검사 264~265

ㄹ

로드, 캐서린Lord, Catherine 323

로터, 빅터Lotter, Victor 47

레인맨 228~229

루돌프 사슴코 7

ㅁ

마음이론Theory of Mind 49, 113

마이크로 환경 185

마이크로글리아Microglia 222

매너리즘 120~121

매크로 환경 187

몰입 28~29, 137

무관심 31, 63, 101

무의식 40, 45~46

물건 돌리기 36, 123

미국국립보건원NIH 53, 201

미국소아정신과학회 97

미국질병관리본부CDC 52, 202~203

미술 치료 284, 308

Ⓗ

바론-코헨, 사이먼Baron-Cohen, Simon
　49

반응성 애착 장애 12, 64, 204, 302

반향어 48, 63, 124~125

발달성 협응 장애 162, 241

백신 소동 211~212

베이블레이드 80, 144

베텔하임, 부르노Bettelheim, Bruno 210,
　264

불안 246~247, 327, 340, 342

블로일러, 오이겐Bleuler, Eugen 39~41

비언어 지능검사 258~260

Ⓢ

사회성 200, 240, 252, 280, 285

사회성 발달 프로그램 198, 201, 240,
　331

사회성 치료 105, 198, 285, 328, 336

사회적 거리감 105

사회적 교류 31, 33, 39~40, 49~50,
　72~74

사회적 부적응 34~35, 305

사회적 욕구 99, 101, 116, 253

상동적 언어 행동 69, 239

상동적 반복적 행동 50, 226

상동행동 119~122, 147, 322, 345

상상놀이 50, 107~112

상상 결핍 49~50

세계보건기구WHO 58

소아정신과 58, 190, 240~241, 278

소통 49, 222, 226~229

수상돌기 218~219, 301

시냅스 217~219, 221, 223, 301

신경 장애 238, 243

신경 발달 장애 59, 238

사이코패스 38, 275, 343

소시오패스 38

Ⓞ

아동기의 자폐적인 사이코패스들 "Die
　autistischen psychopathen" im Kinde-
　salter 33, 38

아스퍼거, 한스Asperger, Hans 14, 30, 33

아스퍼거증후군 37, 51, 97, 265,
　321~322

약물 치료 243~245, 309~310

언어 발달 68, 73, 168, 238~239, 264, 322

얼굴 표정 92~95, 225

역학 연구Epidemiological Study 46~50, 181~184, 348~349

염색체 이상 251~252

오티즘 스픽스Autism Speaks 53, 181

외골수 81, 141

우울증 161~163, 237, 284, 340,

운동 발달 29, 96, 168

웩슬러검사Wechsler test 256~258, 265

위장하기 342

윌리엄스증후군 238, 252~254,

윙, 로나Wing, Lorna 33, 38, 49~51

유병률 10, 48, 52~53, 179~185, 189~191, 194~197, 202~205

유연한 협력 115

유전형 213

음악 치료 162, 308

응용 행동 분석ABA 304~305, 312, 326

인지 치료 162, 308

ⓧ

자기방어 103~104

자기유사성 231~232

자폐 연구를 위한 국가 연맹NAAR 181~182

자폐 장애 등록 176, 178, 314

자폐 진단을 위한 부모 인터뷰 검사

ADI-R 11, 52, 183, 244, 323

자폐 진단을 위한 피검사자 관찰 검사 ADOS 11, 52, 183, 250, 323

자폐스펙트럼 선별 질문지ASSQ 192~194

자폐적 반사회성 285

자폐적 유전자 53, 188, 208, 213~216 230~232

자폐적 지능 35

자폐적 친사회성 280

자폐적인 뇌 217~218, 220~221, 321~322

자폐증은 어떻게 자폐증이 되었는가? How autism became autism? 46

자해 66~67, 151, 169, 171, 219

잠재적 지능 259

장애등록법 178

전두엽 218, 225, 302

정서적인 접촉의 자폐적 방해 Autistic Disturbances of Affective Contact 31, 33

정신 장애 진단 및 통계 편람DSM 10, 37, 45, 50, 58~60, 62, 241, 326

정신과적 장애 237~238

정신분석학 40~42, 46, 275, 352

정신분열직증후군 47, 49

제스처 64, 91, 95~97

조기 진단 167

조기 치료 301

조현병 32, 39, 59, 237~238, 249~250,
　　343
주의력 결핍 과잉행동 장애ADHD
　　59~60, 237~241
줄 세우기 36, 123~124
지능지수 256~259
지리멸렬 59, 82~85
지연반향어 69, 124~126
지적 장애 59~60, 239~241, 251, 256
집단활동 170~171
집착 31~32, 47, 63, 137~138, 145,
　　147, 149, 152, 154~155, 157

ㅊ
청각 장애 68, 97, 173, 238

ㅋ
캐너, 레오Kanner, Leo 30~32
크레펠린, 에밀Kraepelin, Emil 45,
크릭, 밀드레드Creak, Mildred 47

ㅌ
툰베리, 그레타Thunberg, Greta 142,
　　341
특수학교 64, 130~131, 134, 163, 287,
　　295~296
틱 장애 161~162, 239, 243, 345

ㅍ
펙스PECS 73
표현형 213~215, 230~232
프랙탈 이론 231~232
프로이트, 지그문트Freud, Sigmund 40

ㅎ
학습 장애 진단 161
한국윌리엄스증후군협회 253~254
함묵증 73, 247
합병증 237
행동 치료 304~308, 312~ 314, 326
홈스쿨링 191, 298, 329

루돌프 코는
정말 놀라운 코

1판 1쇄 찍음 2020년 2월 20일
1판 1쇄 펴냄 2020년 3월 2일

지은이 고윤주

주간 김현숙 | **편집** 변효현, 김주희
디자인 이현정, 전미혜
영업 백국현, 정강석 | **관리** 오유나

펴낸곳 궁리출판 | **펴낸이** 이갑수

등록 1999년 3월 29일 제300-2004-162호
주소 10881 경기도 파주시 회동길 325-12
전화 031-955-9818 | **팩스** 031-955-9848
홈페이지 www.kungree.com | **전자우편** kungree@kungree.com
페이스북 /kungreepress | **트위터** @kungreepress

ISBN 978-89-5820-635-4   03180

값 20,000원